Sonia Mattalia

La ley y el crimen
Usos del relato policial en la narrativa argentina
(1880-2000)

Ediciones de Iberoamericana

Serie A: Historia y crítica de la literatura
Serie B: Lingüística
Serie C: Historia y Sociedad
Serie D: Bibliografías

Editado por
Mechthild Albert, Walther L. Bernecker,
Enrique García Santo-Tomás, Frauke Gewecke,
Aníbal González, Jürgen M. Meisel,
Klaus Meyer-Minnemann, Katharina Niemeyer

A: Historia y crítica de la literatura, 41

Sonia Mattalia

La ley y el crimen
Usos del relato policial en la narrativa argentina
(1880-2000)

IBEROAMERICANA • VERVUERT • 2008

Bibliographic information published by Die Deutsche Nationalbibliothek
Die Deutsche Nationalbibliothek lists this publication in the Deutsche Nationalbibliografie;
detailed bibliographic data are available on the Internet at <http://dnb.ddb.de>.

Iberoamericana, 2008
Amor de Dios, 1 — E-28014 Madrid
Tel.: +34 91 429 35 22
Fax: +34 91 429 53 97
info@iberoamericanalibros.com
www.ibero-americana.net

Vervuert, 2008
Elisabethenstr. 3-9 — D-60594 Frankfurt am Main
Tel.: +49 69 597 46 17
Fax: +49 69 597 87 43
info@iberoamericanalibros.com
www.ibero-americana.net

ISBN 978-84-8489-415-5 (Iberoamericana)
ISBN 978-3-86527-450-2 (Vervuert)

Depósito Legal: S. 1.681-2008

Ilustración de cubierta: fotomontaje de W Pérez Cino
Diseño de cubierta: Michael Ackermann

Impreso en España
The paper on which this book is printed meets the requirements of ISO 9706

Índice

Presentación

Este libro es efecto de una necesidad: siempre he sido una lectora compulsiva del género policial. Recuerdo el placer que me producía entrar en las librerías de ocasión en Tucumán, cuando salía de la facultad y compraba un libro sucio, ya usado. Inmediatamente me sentaba en un bar y empezaba la aventura. Cuando vivía en Buenos Aires leía, en noches de bastones largos, relatos policiales. Esas lecturas me permitían —creo— cavilar sobre esos tiempos desdichados. Esa reflexión y ese placer se han mantenido a lo largo de mi vida

Crimen y ley. Esta pareja es el meollo del relato policial. Junto con ello un concepto: el «uso» que hace la narrativa argentina del policial y que me permite mostrar, desde otro punto de vista, la relación tangencial entre la narrativa argentina y el policial. La propuesta de «usos del policial» implica tanto la utilización del género, de sus matrices formales, de sus figuras, como las causas y el movimiento que provoca la apropiación del género por la narrativa argentina contemporánea.

Dice Borges en su apología del género policial: «En esta época nuestra, tan caótica, hay algo que, humildemente, ha mantenido las virtudes clásicas: el cuento policial sin principio, sin medio, sin fin... Yo diría, para defender la novela policial, que no necesita defensa; leída con cierto desdén, está salvando el orden en una época de desorden». Quizá por eso la narrativa argentina hizo y hace uso intenso del policial.

En este trayecto me acompañaron: mi maestro, Juan Carlos Rodríguez, que varias veces veló por mí; mi amiga Rosa Pellicer, con la que comparto la pasión del policial y que me cuidó cuando yo estaba casi encarcelada en Zaragoza; mis hadas luminosas que me ayudaron ha tramar e inventar este libro: Lorena

Rodríguez Mattalia, Nuria Girona y Eva Llorens; mis príncipes: Juan Miguel Company, Sebastián Rodríguez Mattalia, José Manuel Escarp y Giusep Chiner que me auxiliaron en viajes imposibles.

Primera parte
Alrededores del relato policial

«Una jaula salió en busca de pájaro».

Franz Kafka: *Aforismos*

«Entre el turista y el viajero se marca la diferencia del que sabe los límites de su itinerario y el que se entrega a la lógica abierta del viaje. Buenos Aires. De momento, un viaje de ida con la vuelta más indeterminada que nunca, como en aquellos tiempos en que viajar le era más necesario que la vida».

Manuel Vázquez Montalbán:
El quinteto de Buenos Aires

1. Los «usos» del policial: consideraciones

Sobre el lugar del policial y sus usos, considero ejemplar esta admonición de Vázquez Montalbán:

> La novela policíaca pertenece a esa clase de expresiones culturales que constantemente han de estar pidiendo perdón por haber nacido. Se cierne sobre ella o bien la mirada ignorante de los que la reducen a una prolongación de la novela de aventuras, exigiendo que así se comporte, sin atender otras pretensiones, o las de los que le dedican la sonrisa irónica que se ejerce desde las altas torres de las más altas literaturas o, finalmente, la de los que la denuncian como una conjura de la literatura 'de género' contra la Literatura. No hubo problemas mientras la novela policíaca se contuvo en los límites de la literatura de fórmula y entretenimiento, acompañada de todas las textualidades minimizadoras al uso: ediciones baratas, portadas chillonas y resúmenes de portada redactados por cualquier gángster emparentado con el editor. Precisamente el problema se plantea cuando las novelas policíacas empiezan a estar bien escritas y a ofrecer la pluridimensionalidad de una obra abierta, como la de cualquier novela sin adjetivar. Es en ese momento, diverso en el tiempo de cada cultura y cada sociedad literaria, en que la novela policíaca demuestra pretensiones literarias cuando suscita alarmas entre los guardianes de la pureza de lo literario (Vázquez Montalbán 1994: 9).

Esta cita, homenaje y reconocimiento, me permite abrir la primera reflexión de este libro, la de los «usos» del relato policial por las producciones literarias.

He preferido el concepto de «usos» del policial por la narrativa argentina, antes que el de «influencia» que lo precedía, porque me permite indagar, desde otro punto de vista, la importancia del relato policial en la narrativa argentina. Señala Nicolás Rosa:

Los usos de la literatura como se viene diciendo desde hace varias décadas desde perspectivas diferentes como las de Gramsci o Barthes entre otros, es quizá una manera de entender la intensidad de lo literario y su internación en otras áreas del saber y de las así llamadas disciplinas. Si la literatura puede ser usada es porque ella debe tener algún empleo en la circulación de los discursos; si ella puede ser manejada como una usanza, y por entra en una economía de ahorro y desgaste, es porque se presupone que estamos acostumbrados a la literatura, pero no tanto a sus efectos. Como toda práctica social engendra una costumbre y está sujeta a innovaciones y reformulaciones en su empleo, en su propio manejo. La más antigua fue el uso moral de la literatura, acompañada luego por el uso estético, dos formas de la ejemplaridad. Nosotros queremos usar la palabra «uso» en su sentido de *motivación* pero también en su consistencia de impulsión» (Rosa 2000: 13).

Dos matices entonces de la noción de «uso»: Motivación e impulsión. La motivación apunta al movimiento, a algo capaz de hacer mover; motivación que incluye la problemática de las causas, de lo que determina la existencia de un hecho, o da lugar a una justificación o a un pretexto. En cuanto a la impulsión se entiende como una fuerza que empuja sobre algo que está fijo u ofrece resistencia. La propuesta de «usos del policial» implica tanto la utilización del género, de sus matrices formales, de sus figuras, como las causas y el movimiento que provoca la apropiación del género por la narrativa argentina contemporánea.[1]

En este sentido, ejercito una torsión de «los usos de la literatura» tal como los presenta Rosa. Más que internarse en otras disciplinas, la literatura utiliza el archivo de los saberes de cada época y los desplaza hacia la literatura, aprovechando esos saberes, pero también interfiriendo en ellos. Por otra parte, la creación literaria utiliza el almacén de las formas: elige, juega, combina, crea esas formas para producir trastornos en las representaciones literarias mismas. A menudo, utiliza formas que le pertenecen pero que se consideran desviadas de lo «literario» estatuido como tal; uno de sus casos es el relato policial, según señalaba Vázquez Montalbán.

Más que el rastreo de los relatos policiales argentinos, me interesa investigar de qué manera el género policial es usado por la narrativa argentina para representar el crimen y su relación con la ley. No pretendo hacer un seguimiento de los relatos policiales argentinos, ni mostrar si un relato es o puede ser adscrito al

---

[1] Motivación: motivos que existen o que se aducen para algo. Motivo: capaz de mover. Cosa o razón que determina que exista un hecho. Derivado del latín *motus*, participio de *movere*. Impulsión: acción de impeler. Derivado del latín *impulsus*, participio de *impellere*: golpear, pulsar, empujar

género policial, sino quiero enfatizar los usos de las fórmulas y figuras del policial en la narrativa argentina.

Estas líneas son las que me interesan: Una parte importante de la narrativa argentina tuerce el pensar y las formas del relato policial —un tipo de relato liminar entre la literatura y la cultura de masas— y los contradice para proponer nuevas modos del contar y, a la vez, hacerse cargo de otros discursos sociales. Novela policial y sus usos en la literatura argentina, entonces. Usos tangenciales: usos del relato policial en la narrativa argentina. Usos del género policial en los cuales la narrativa argentina se apodera de las narrativas «menores», o mejor, «populares»; o mejor, de «consumo masivo». Usos impulsivos: aprovechamiento de la vitalidad y difusión del género policial para producir nuevas flexiones.

Acepto como premisa, la conclusión de Lafforgue, uno de los historiadores más reconocidos del relato policial en Argentina:

> Ningún otro género, como el policial, ha estructurado tan raigalmente el sistema de la ficción argentina a lo largo de este siglo. Y si pensamos en el origen de nuestra prosa, en *Facundo* o *El matadero*, bien podríamos extender el juicio a todo su desarrollo. Se me dirá que personajes como Mallea o Larreta no lo cultivaron; lo que me obligaría a reforzar mi afirmación con alguna muletilla, cual el buen sistema o el más auténtico. Prefiero señalar que la marca del relato policial es indeleble en escritores como Borges o Walsh; que si bien para muchos otros el género ha supuesto recuperaciones parciales y/o esporádicas de sus elementos configuradores, su huella es también visible y, no pocas veces, profunda (Lafforgue 1997: 11).

Aclaro que no pretendo hacer tampoco una historia del relato policial en Argentina; entre otras cosas porque ya está hecha. Esta investigación intentará una voluta diferente: Mi interés se dirige no tanto a los relatos policiales escritos por autores reconocidos, sino a los usos del policial en su narrativa. Sin embargo, seguiré una línea cronológica que se extiende en novelas y relatos desde 1880 hasta fines del siglo xx, con el objetivo de resaltar esos «usos tangenciales» del relato policial.

En la narrativa argentina contemporánea esta ascendencia es aluvional y, por supuesto, mi corpus de análisis registra sólo unos cuantos hitos. Me he concentrado en un grupo representativo de autores y relatos, seleccionados por sus usos y sus polémicas internas con los diferentes modelos del policial. Más allá de repeticiones, reelaboraciones o parodias del policial, lo que me interesa es explorar los rastros parciales, a veces explícitos, otros más secretos o involuntarios, en relatos y novelas que han conformado y conforman el vivaz mosaico de la narrativa argentina contemporánea, incluso a algunos escritores, ensayos o crónicas que sirven para seguir los motivos que llevan el hilo de la investigación: las representaciones de la ley y el crimen. Considero que en estos usos, en esta curva del policial que acompañó y acompaña a la literatura argentina, se pueden explorar las representaciones de la ley y el crimen que constituyen el núcleo de mi tarea interpretativa.

Una de las primeras preguntas que se plantea esta investigación es ¿por qué esta presencia del policial en la narrativa argentina? Luego de una serie de tanteos, elaboré una hipótesis que mantengo: el relato policial trabaja con el eje del saber; es decir, su signo más evidente es la interrogación. Investigar, deducir, problematizar y responder son sus líneas centrales. Considero que este eje del saber y el rigor para desentrañarlo llamó la atención de un importante número de escritores argentinos, preocupados por la representación del crimen y su contracara, la ley. Representaciones en las cuales despunta la problemática relación de las ficciones literarias y las ficciones estatales.

Mi hipótesis es que el policial provee a la narrativa argentina una serie de figuras —la del criminal y del investigador, el enigma y su revelación, el crimen y la ley— con las cuales las ficciones literarias polemizan con las ficciones estatales. De hecho, en la línea de textos que presentaré se puede observar la aparición frecuente del cuestionamiento de la legitimación del Estado y el ejercicio de la justicia o el imperio de la ley. El policial provee a la narrativa argentina una serie de figuras —la del criminal y del investigador, el crimen y la ley—, con las cuales se expone la relación de la literatura con los aparatos ideológicos del estado.

Por ello he elegido textos que no solo utilizan o reelaboran o parodian al género policial, sino que incluyen el problema de la producción de la verdad y el lugar de la literatura en esta producción. Esta focalización se corresponde con una preocupación primera, previa a este trabajo: la afirmación de la literatura como espacio privilegiado de la busca de la verdad. ¿Anhelo o utopía?

En los últimos años ha resucitado de manera notable la reflexión sobre la literatura policial, llevada más de la mano de historiadores, sociólogos, psicoanalistas, semiólogos, que desde el campo de los estudios literarios. La pregunta y respuesta que se plantea Link explica este resurgimiento:

> ¿Por qué esa preocupación por el policial? La literatura aún con toda la eficacia que ha perdido en la batalla con los medios masivos, es una máquina que procesa o fabrica

percepciones, un «perceptrón» que permitiría analizar el modo en que una sociedad, en un tiempo determinado, se imagina a sí misma. Lo que la literatura percibe no es tanto un estado de las cosas (hipótesis realista) sino un estado de la imaginación. [...] Si todavía se lee, si todavía existen consumos culturales tan esotéricos como los libros es precisamente porque en los libros se busca, además del placer, algo del orden del saber: saber cómo se imagina el mundo, cuáles son los deseos que pueden registrarse, qué esperanzas se sostienen y qué causas se pierden. Pero además de todo esto, la máquina literaria fabrica matrices de percepción: ángulos, puntos de vista, relaciones, grillas temáticas, principios formales. Lo que se perciba será diferente según el juego que se establezca entre cada uno de los factores que forman parte de la práctica literaria. El policial, naturalmente, es una de esas matrices perceptivas» (Link 1992: 12).

En este sentido, atravesar un siglo de cuentos y novelas tangenciales al relato policial, nos permitiría mostrar «los estados de la imaginación» de la sociedad y la cultura argentina a lo largo de un largo siglo.

Las preguntas que aparecen son: ¿A qué tipo de prácticas de la vida cotidiana representa o alude el relato policial? ¿Qué función cumple en las sociedades modernas? ¿Cuál es su relación con la legalidad estatal? ¿Por qué se produce de modo tan persistente esta contigüidad del relato policial con la narrativa argentina? Con la intención de apuntar algunas respuestas he seleccionado un corpus de obras y autores desde 1880 a la más cercana contemporaneidad —que representan solamente una parte del corpus con el que estoy trabajando— para seguir los diversos contactos, deslizamientos e hibridaciones con el policial que ingresa en la literatura argentina desde fines del siglo XIX como una fuerza constitutiva de lo 'narrativo', como uno de sus ejes constructivos.

En 1953 Rodolfo Walsh publica la primera antología del relato policial argentino, en cuyo prólogo deja constancia de un nuevo fenómeno literario: «Los ingenios del 'detectivismo', antes exclusivamente anglosajones y franceses, emigran a otras latitudes. Se admite ya que Buenos Aires sea el escenario de una aventura policial» (Walsh 1954:19). Tales afirmaciones se producían diez años después de la publicación de lo que él consideraba «el primer libro de cuentos policiales en castellano», refiriéndose a los *Seis problemas para don Isidro Parodi* de 1942, hijo del binomio Adolfo Bioy Casares y Jorge Luis Borges. De alguna manera, esta antología venía a consagrar lo que en la producción cultural argentina era ya una tradición, que había comenzado a distribuirse en las editoriales de gran tirada o en la prensa periódica en un crescendo, que surgía en la década de los 80 del xix y cubría una importante producción de la emergente industria cultural en la primera mitad del xx.

La antología de Walsh no era una antología del relato policial de difusión masiva, sino una recopilación de diez cuentos producidos por escritores reconocidos en la década anterior, consagrados a destacar el interés de una forma narrativa —el relato policial de enigma— que volvía a poner en el tapete la relación del campo literario y la literatura de masas, que atravesaba las polémicas de los grupos literarios desde el fin de siglo. Por supuesto, «La muerte y la brújula» (1942), luego incluido en *Ficciones* (1944) de Borges, era el relato estrella junto a otros de Anderson Imbert, Pérez Zelaschi, Manuel Peyrou, integrantes de la generación «arquetipista» del 40, que difundió y consolidó el relato policial de enigma.

Casi tres décadas más tarde, en 1974, el relato policial se integra en la historia de la literatura argentina al dedicar la colección Capítulos de la Historia de la Literatura Argentina, un volumen sobre *La narrativa policial en la Argentina,* exhaustivo trabajo de Jorge B. Rivera y Jorge Lafforgue, que da cuenta de la entrada del policial a fines del xix hasta ese momento, e incluye desde la nómina de revistas y colecciones de publicación masiva hasta el cultivo del policial en la narrativa argentina canónica. (Lafforge J, Rivera J. 1974). El posterior libro *Asesinos de papel* (1977), de los mismos autores, expande y completa al anterior.

El salto sustancial entre la propuesta exclusivista de Walsh y la de Ribera y Lafforgue es la mirada histórica y un escoramiento especial: los relatos antologizados pertenecen a la plana mayor de los escritores argentinos e incluye un número importante de autores adscritos al policial «duro» (como se denominó en la década del 60) que marcan una cesura con la aparición de un cambio formal y conceptual: la novela negra. Novela defendida y difundida por Ricardo Piglia y Eduardo Goligorski, entre otros, en diversos textos y antologías.

Este mínimo recuento muestra el hecho de que el relato policial en Argentina, desde sus comienzos, ha mantenido una estrecha relación con la producción literaria en un crescendo que no ha cesado hasta nuestros días. Desde las primeras traducciones de Poe, realizadas por Carlos Olivera en 1884, que marcan el inicio, a la presencia de series en revistas y prensa, premios, colecciones editoriales, antologías, historias y crítica literaria, señalan dos aspectos: en primer lugar, su éxito masivo y, por otro, el interés del campo literario sobre él.

En cuanto a este interés, sólo apunto, que la difusión de la novela de enigma en Argentina, denominada allí «novela-problema», se acrecienta con la atrayente colección El Séptimo Círculo de Emecé Editores, dirigida por Jorge Luis Borges y Adolfo Bioy Casares en la década de los 40. Aquí encuentro una primera apropiación del campo literario sobre el relato policial; la colección El Séptimo Círculo produce una jerarquización del relato policial: traduce y publica los textos de resonancia internacional y de reconocidos escritores. Es una operación cultural, una forma de crear un nicho prestigioso para introducirse en él.

Resalto que este gesto se repite en la década de los 60 con el policial negro. El entusiasmo de algunos escritores impulsó la difusión de la «novela negra» norteamericana en la Argentina. Piglia dirigió, desde 1969, la Serie Negra de la editorial Tiempo Contemporáneo que llega hasta 1975, en la que se publicaron los clásicos y los nuevos del policial negro —de Hammett y Chandler a Horace McCoy, John Tompson, Truman Capote, Hadley Chase—.[2] Como si desde el campo literario se intentara ennoblecer una producción que se reconocía valiosa, pero que marca la diferencia entre el «buen» policial del policial de quiosco.[3]

Por tanto, el primer objetivo de la presente indagación es rastrear esas relaciones tangenciales y constantes en obras y narradores reconocidos como canónicos en el proceso de la literatura argentina de fines del XIX y el XX. Para ordenar estos problemas expondré, en una primera parte, las consideraciones y valoraciones sobre el relato policial y, luego unos breves apuntes sobre los cambios de la «novela de enigma» a la «novela negra». Por otra parte, el relato policial es un género urbano, por ello avanzo en un tercer apartado de esta primera parte una breve exposición de los cambios de la ciudad de Buenos Aires, escenario privilegiado de los relatos que voy a comentar.

En la segunda parte, me concentraré en obras y autores desde fines del XIX hasta la actualidad; escindidos en dos períodos: una primera etapa de la relaciones entre policial y narrativa entre 1880-1930, que configuraría un «período formativo», en decir de Lafforgue: Paul Groussac, Eduardo H. Holmberg, Horacio Quiroga y Roberto Arlt; y una segunda parte, de asentamiento y cuestionamiento, de «madurez» según este historiador, en el que comentaré relatos desde 1940 al 2000 a través del análisis de relatos de Jorge Luis Borges, Adolfo Bioy Casares, Silvina Ocampo, Julio Cortázar, Rodolfo Walsh, Ricardo Piglia, Luisa Valenzuela, Juan Sasturain y Juan José Saer.

---

[2] Cabe apuntar que en esta misma época las editoriales españolas Tusquets, Península, Barral, aúnan esfuerzos en Ediciones de Bolsillo de difusión del policial desde comienzos del XX; la presencia de escritores argentinos, cultores del policial como Juan Martini, Marcelo Cohen, Juan Sasturain, en los equipos editoriales españoles de fines de las décadas de los 70 y 80, abre un diálogo fecundo.

[3] Véase Brunori 1980: 112-267.

2. El relato policial: valoraciones en pugna

«En 1841, un pobre hombre de genio, cuya obra escrita es tal vez inferior a la vasta influencia ejercida por ella en las diversas literaturas del mundo, Edgar Allan Poe, publicó en Philadelphia «Los crímenes de la Rue Morgue», el primer cuento policial que registra la historia. Este relato fija las leyes esenciales del género: el crimen enigmático y, a primera vista, insoluble, un investigador sedentario que lo descifra por medio de la imaginación y de la lógica, el caso referido por un amigo impersonal y un tanto borroso del investigador. El investigador se llamaba Auguste Dupin; con el tiempo se llamaría Sherlock Holmes».

(Borges 1998: 6).

Estas afirmaciones de Borges en el prólogo a la edición de *La piedra lunar* de Wilkie Collins, editada por él en 1946, señalan un proceso de larga reflexión sobre la narración policial, a cuyo cultivo Borges permaneció fiel a lo largo de toda su producción. Considero que esta descripción borgeana es la más precisa de las numerosas definiciones de un tipo de narración que marcaría la historia del relato desde comienzos del siglo XIX. Descripción centrada en lo que, desde la década de los 40, se denominó el «policial clásico» o «novela de enigma», cuyo modelo central proviene de los relatos policiales de Poe. Al citado hay que agregar por su difusión «El misterio de Marie Roget» y «La carta robada».

La acepción borgeana del policial acierta en datar su comienzo en los textos de Poe, pero obviamente las representaciones literarias del crimen o el delito existen desde siempre, por ello el tema del origen del relato policial ha sido motivo de polémica y cada autor aporta un texto más lejano. Algunos se remontan al *Edipo rey* o al dubitativo *Hamlet* convertidos en detectives; es cierto que cumplen los requisitos del policial clásico: un crimen, un enigma que se devela, la figura de un investigador o portador de la verdad de los hechos y el castigo al criminal. Incluso, Bajarlía atribuye a un relato del *Libro de Daniel* (XIV, I-21) el origen del modelo clásico; y la historia de una aventura de un rey egipcio sobre robos de herencia, intriga y asesinatos sangrientos aparecida en *Los nueve libros de la historia* (2-CXXI) de Herodoto se propone con el origen de la novela negra, tal como la define Raymond Chandler en «El simple arte de matar» (Barjalía 1964: 21).

No obstante, estos supuestos orígenes mitológicos, considero justa este apunte de Gubern:

> Creo difícilmente discutible el hecho de que la novela policíaca nace precisamente durante el período de la revolución industrial y de aguda lucha de clases en el curso del siglo diecinueve. No parece juicioso, en efecto, hacer remontar los orígenes del género policíaco a los asesinatos e intrigas de la tragedia griega, entre otros motivos por sus fuertes impregnaciones míticas» (Gubern 1979: 9).[1]

En efecto desde Balzac, con su despliegue de las intrigas urbanas, las descripciones de la tensión social en Galdós, los descoyuntados suburbios de Dickens, los crímenes metafísicos de Dostoievsky, las tramas pasionales de Sthendal, a los folletines seriados, por recontar un mínimo, el tratamiento del crimen invade la literatura del XIX al ritmo de la sociedad industrial y va gestando un tipo de relato que, no sólo representará los cambios sociales y las angustias morales, sino que se construirá bajo un tratamiento del crimen basado en la investigación y en el prurito racionalista del naciente relato policial, que continuará con pulso firme a lo largo del XX.

Dice Gubern:

> No cabe duda de que factores históricos como el desarrollo de las grandes concentraciones urbanas (y el consiguiente auge de la criminalidad), la aparición de las primeras «policías secretas» y el nacimiento de la prensa sensacionalista, llamada luego «prensa amarilla» en los Estados Unidos —*Sun* (1883) de Benjamin Day y el *New York Herald* (1836) de James Gordon Bennet— fueron elementos decisivos en la aparición del género, que nace oficialmente *con* «Los crímenes de la calle Morgue» en el *Graham's Magazine*, la misma fecha en que

---

[1] Véase Narcerjac y Boliau 1968.

Livingston inicia sus periplos africanos y en Asia se libra la famosa «guerra del opio (Gubern 1979:10).

Junto a estas condiciones sociológicas, cabe recordar las condiciones científicas que se desarrollan bajo la égida positivista, concentrada en la criminalidad: los estudios fisonómicos, la psicología del carácter, los métodos de identificación y archivo de las criminalidad; es decir, la producción científica apuntando a la descripción, catalogación y fichado de la criminalidad. Por supuesto, la expansión en la prensa periódica del «caso» criminal «misterioso» sirve, a menudo, de material para el relato policial; pero con un objetivo diverso: la voluntad de la inteligencia conjugada con el ejercicio científico de la deducción. Gramsci cifraba el éxito popular del policial en la conjugación del folletín con un problema matemático (Gramsci 1961: 22).

Desde otro flanco, Eisenstein afirmaba:

El género policíaco es la forma más abierta del 'slogan' fundamental de la sociedad burguesa sobre la propiedad. Toda la historia del policíaco se desarrolla alrededor de la lucha por la propiedad» y señalaba el salto entre la glorificación del criminal en la novela de aventuras —el Conde de Montecristo, Rocambole— «están ligados a la conocida protesta romántica y, por tanto, son magnánimos. Más tarde, a partir de la mitad del siglo xix ¿quién se convierte en el protagonista? El investigador, el tutor del patrimonio, el que 'pesca' a los canallas que osan atentar contra la propiedad. En el transcurso del siglo xix se dio, pues, una mutación del centro de gravedad». Relaciona, además, a esta mutación con «la sed de los grandes tirajes» de la industria de comunicación masiva, donde «la extorsión del dinero» prima a «la novela más eficaz [...] de tal forma que precisamente bajo esta presión monetaria se establecen los planteamientos más refinados (Eisenstein en Gubern 1979: 29-30).

En cierta manera lo que suscitó el comienzo de este trabajo sobre el policial en Argentina, fue una larga conclusión a la que llega Foucault en sus estudios sobre los cambios jurídicos entre los antiguos regímenes y las sociedades burguesas. Refiriéndose a estos cambios Foucault apunta que, en el tránsito de los sistemas jurídicos medievales a los de las sociedades burguesas, definidas éstas como panópticas, esto es, sustentadas en el control, el disciplinamiento y la corrección, desaparece la escenificación pública del castigo de los delincuentes que, ya sea en el patíbulo o en los suplicios aplicados en las plazas, ante la mirada de los ciudadanos, se ejercitaba en los anteriores regímenes.

En paralelo a esta supresión del castigo público desaparecen también —dice Focault— las hojas volantes que circulaban de mano en mano y contaban las aventuras de los malhechores convirtiéndolas en epopeyas populares de resistencia:

> Hay que referir sin duda a esta literatura las 'emociones de patíbulo', donde se enfrentaban a través del cuerpo del ajusticiado el poder que condenaba y el pueblo que era testigo, participante, víctima eventual y «eminente» de esa ejecución […] la proclamación póstuma de los crímenes justificaba la justicia, pero glorificaba también al criminal. De ahí que pronto los reformadores del sistema penal pidieran la supresión de esas hojas sueltas. De ahí que entre el pueblo provocara un interés tan vivo aquello que desempeñaba en cierto modo el papel de la epopeya menor y cotidiana de los ilegalismos. De ahí que perdieran importancia a medida que se modificó la función política del ilegalismo popular (Foucault 1996: 91).

La reclusión del criminal en la intimidad de las cárceles que lo oculta al ojo público y la representación del crimen y su castigo se desplaza al relato policial que, de esta manera, ejerce una tarea disciplinadora masiva pero individual, lo cual estabilizará sus peculiaridades como género.
Cito a Foucault:

> [Esas hojas sueltas] desaparecieron a medida que se desarrollaba una literatura del crimen completamente distinta: una literatura en la que el crimen aparece glorificado, pero porque es una de las bellas artes, porque sólo puede ser obra de caracteres excepcionales, porque la perversidad es todavía una manera de ser un privilegiado: de la novela negra a De Quincey, o del *Castillo de Otranto* a Baudelaire, hay toda una reescritura estética del crimen que es también la apropiación de la criminalidad bajo formas admisibles. […] Los bellos asesinatos no son para los artesanos del ilegalismo«. Las características específicas del género policial clásico, estabilizadas a lo largo del siglo XIX, se conforman afianzando esta apropiación de la representación literaria: «En cuanto a la literatura policiaca, a partir de Gaboriau, responde a este primer desplazamiento: con sus ardides, sus sutilezas y la extremada agudeza de su inteligencia, el criminal que presenta se ha vuelto libre de toda sospecha». Es decir, libre de la pasión, irracionalidad o, simplemente, de la astucia de los bandoleros premodernos: […] «la lucha entre dos puras inteligencias —la del asesino y la del detective— constituirá la forma esencial del enfrentamiento. Se está totalmente alejado de aquellos relatos que detallaban la vida y las fechorías del criminal, que le hacían confesar sus propios crímenes y que referían con pelos y señales el suplicio sufrido; se ha pasado de la exposición de los hechos y de la confesión a un lento proceso de descubrimiento;

del momento del suplicio a la fase de investigación; del enfrentamiento físico con el poder a la lucha intelectual entre criminal e investigador. No son simplemente las hojas sueltas las que desaparecen cuando nace la literatura policiaca, es la gloria del malhechor rústico y es la sombría glorificación del suplicio lo que cae. [...] La literatura policiaca traspone a otra clase social ese brillo que rodeaba al criminal. En cuanto a los periódicos, reproducirán en sus gacetillas cotidianas la opaca monotonía sin epopeya de los delitos y sus castigos. A cada cual lo que le corresponde; que el pueblo se despoje del viejo orgullo de sus crímenes; los grandes asesinatos se han convertido en el juego silencioso de los cautos» (Foucault 1996: 73-74).

Para Foucault el relato policial emerge dentro del esquema disciplinador de las sociedades modernizadas; su mecanismo glorifica la especificidad estética y el racionalismo —la lucha de inteligencias puras— y promueve una representación que desliga las posibles apropiaciones y reivindicaciones de la criminalidad popular a las que despoja de toda heroicidad. El policial sería un eslabón en los procesos de racionalización y autonomía de la esfera estética y propone una estetización del crimen.

Fue De Quincey el que expuso la idea del crimen como una de las Bellas Artes; desligando la maestría del crimen y su belleza de la valoración moral o la referencia a la realidad. Lo expresa con desenfado en una anécdota personal: cuenta que él mismo y Coleridge paseaban por las calles de Londres buscando los frecuentes incendios de edificios y casas londinenses; cuando escuchaban las sirenas de los bomberos, los seguían y asistían a la escena, a la cual aplaudían o abucheaban según su valor estético. La argumentación de De Quincey es expresiva: una vez presentes las autoridades —bomberos, policías y médicos— que se hacían cargo de sus funciones asistenciales, los poetas podían juzgar la belleza, o no, de un hecho tan espectacular como un incendio, así como de la actuación de víctimas y salvadores.[2]

Sin embargo ahora podemos evaluar, ante los estudios que han comprendido mejor la carga crítica del denominado esteticismo o «arte por el arte», y matizar las categóricas afirmaciones de Foucault. Leer en la narración policial, en su historia y sus cambios, uno de los canales de glorificación de la sociedad panóptica es cierto, pero también apreciar en su andadura la carga irónica, crítica o paródica de la omnipotencia del estado moderno.

Justamente, la fuerte incidencia del relato policial en la producción literaria argentina se explica, en parte, por ese flanco crítico o paródico, que es asumido por los escritores de manera preeminente.

---

[2] Véase De Quincey 1979.

3. «Una máquina de leer»: los mecanismos del policial

Me concentro ahora en las marcas distintivas entre la llamada «novela de enigma» o modelo clásico y sus cambios, así como la emergencia del nuevo modelo, fraguado en los años 30 en Estados Unidos, el llamado «policial negro».

«Cuando comenzó la primera producción masiva de artículos de consumo y la literatura se convirtió en un artículo más del mercado, se hizo necesario estudiar la experiencia del consumidor; se hizo necesario examinar el efecto de la literatura antes de producir nada», afirmaba McLuhan en su Galaxia Gutemberg.

En su *Filosofía de la composición*, en 1832, Poe se planteaba esta cuestión al afirmar que las poéticas —entendidas como ejercicio de autorreflexividad sobre los procedimientos de la creación literaria— preceden al acto mismo de la creación; uno de sus axiomas favoritos, como apuntó Baudelaire, fue que tanto en la composición de un poema como en un texto narrativo, todos los elementos constructivos deben concurrir al desenlace y que un buen escritor debe escribir la primera línea siempre en vista del efecto que desea provocar en la última.

Como apuntaba McLuhan esto implica el desplazamiento de la racionalización de la producción industrial, de la cadena tayloriana, a la creación artística: «La producción planeada significa que todo el proceso ha de desarrollarse en etapas exactas, hacia atrás, como en una novela policíaca» (McLuhan 1982: 325). Asociado a la producción cultural de masas el relato policial se instaló fácilmente en los márgenes de la cultura letrada, con circuitos específicos de difusión y ha utilizado las estrategias de impacto de los nuevos modos de comunicación, atento al nuevo público, al nuevo mercado de valores simbólicos, la publicidad y el periodismo.

Aunque cabe señalar que no fue el único; la reflexión sobre la relación arte-mercado y la función del arte en la nueva sociedad esa preocupación atraviesa, por lo pronto, todo el trayecto del siglo XIX y sigue preocupando a los artistas. En el proceso hispanoamericano son, justamente, los modernistas quienes ejercitan estas reflexiones con agudeza y eficacia creadora.[1]

Uno de los alcances más evidentes de esta necesidad, traspuesto al terreno de la creación artística, es el de racionalizar la producción del efecto. Lo que Poe propone es la introducción del lector en la composición, desarrollar una estrategia narrativa que produzca al final un efecto directo y preciso en el receptor. Un ajetreado receptor urbano, con una sensibilidad dispersa, al que hay que llamar la atención a través del impacto.

Siguiendo a este autor, se espiga que el relato policial clásico produce una matriz que estabiliza una serie de funciones —el crimen, el enigma, la investigación, la develación del enigma— promovidas por dos figuras centrales: el criminal y el investigador, sea cualquiera figura que asuma (detective o policía, médico o periodista). Pero también un procedimiento compositivo que consiste en un juego que convierte al lector en coautor de la investigación.

Doble es el juego del relato policial clásico; se cuentan siempre dos historias superpuestas y paralelas: la de la investigación y la del crimen, ambas confluyen en el final con la develación del enigma (Todorov 1970: 23). En este sentido podemos señalar que el policial clásico se desarrolló como una máquina de leer[2] basado en la repetición de un esquema, conquistó la lectura masiva con las figuras magistrales de Arthur Conan Doyle y Emile Gaboriau, y sus infinitos seguidores; y fue modulando en su evolución histórica, con notables variaciones, los modos de percibir.

Por otra parte, el policial clásico se fundamenta en las preguntas que se plantea en la trama y en la modulación del tiempo que tarda en responderlas. A diferencia de otros modelos, como el folletín, el tiempo del policial clásico trabaja con la economía y la dosificación de las informaciones, incluso la distracción del lector. Poe lo relacionaba con los juegos de estrategia y elegía el más sencillo, el juego de damas como símil; la combinatoria simple de este juego obliga a los jugadores a concentrarse en los detalles externos al juego en sí, cosa que no sucede con el ajedrez. La posición y gestos, la rapidez en el análisis de la situación y de la respuesta o la diversión del contrincante, son atributos del policial clásico, que no sólo propone una confrontación intrínseca entre dos

---

[1] Véase Mattalia 1997.
[2] Véase Nacejarc 1986.

contrincantes —criminal y detective— sino que ésta se duplica en la relación entre narrador y lector.

Poe atribuía al detective —el que sostiene las preguntas— una mezcla de científico y poeta; por un lado el análisis distante de los hechos y por otro la capacidad de percepción y recuerdo de lo multiforme.

> Observar atentamente es recordar distintamente [...] Lo principal, lo importante, es saber lo que debe ser observado [...] La facultad analítica no debe confundirse con el simple ingenio, porque el analista es, necesariamente, ingenioso, el hombre ingenioso está frecuentemente incapacitado para el análisis. [...] Entre el ingenio y la aptitud analítica hay una gran distancia; en realidad, se observará fácilmente que el hombre ingenioso es siempre fantástico mientras que el verdadero imaginativo nunca deja de ser analítico (Poe 1953: 27).

Butor en su novela *El empleo del tiempo* pone en boca de uno de sus personajes, escritor de novelas policiales, la siguiente sintética descripción general del mecanismo de la «novela de enigma»:

> Toda novela policial es construida sobre dos muertes, la primera de las cuales, cometida por el asesino, no es nada más que la ocasión de la segunda, en la cual él es la víctima del matador puro al que no se puede castigar: el detective. [...] El relato policial superpone dos series temporales: el tiempo de la investigación que comienza después del crimen, y el tiempo del drama que conduce a él (Butor en Todorov 1970: 17).

Sobre esta descripción Todorov ha descrito las diferencias formales entre los dos modelos del relato policial. La «novela de enigma» contiene dos historias: la del crimen y la de la investigación; según su grado de pureza ambas no se tocan, no tienen puntos comunes. En la primera la historia del crimen está finalizada antes de que empiece la investigación; en la segunda, lo que sucede es muy poco. Los investigadores, siempre inmunes a cualquier violencia, solo simplemente sacan conclusiones de sus observaciones; usualmente en un momento el detective recuerda un dato, imperceptible para los otros.

La historia de la investigación tradicionalmente es narrada por un amigo o ayudante que relata desde una posición «inocente», de espectador sorprendido ante la inteligencia y la capacidad deductiva del detective. «Se trata, entonces, en la novela de enigma, de dos historias, la primera está ausente pero es real, la otra se halla presente pero resulta insignificante.» A lo que hay que agregar que el papel del amigo narrador, justifica su presencia como testigo y, por ello, escribe un relato; la novela de enigma, usualmente, no se cuenta desde la omniscencia, sino desde el lugar del narrador testigo. Para muchos teóricos del policial éste es el epítome de todo relato moderno. Así lo plantea Todorov volviendo a las propuestas sobre el relato de los formalistas rusos.

También así lo entiende Piglia en sus tesis sobre la forma del cuento, donde expone:

> Primera tesis: Un cuento siempre cuenta dos historias. El cuento clásico (Poe, Quiroga) narra en primer plano la historia 1 y construye en secreto la historia 2. El arte del cuentista consiste en saber cifrar la historia secreta en los intersticios de la historia primera. Un relato visible esconde un relato secreto, narrado de un modo elíptico y fragmentario. El efecto de sorpresa se produce cuando al final de la historia secreta aparece en la superficie. Cada una de las dos historias se cuenta de modo distinto. Trabajar dos historias quiere decir trabajar con dos sistemas diferentes de causalidad. Los mismos acontecimientos entran en simultáneamente en dos lógicas narrativas antagónicas. Los elementos esenciales de un cuento tienen doble función y son usados de manera diferente en cada una de las dos historias. Los puntos de cruce son el fundamento de la construcción […] El cuento es un relato que encierra un relato secreto. No se trata de un sentido oculto que dependa de la interpretación: el enigma no es otra cosa que una historia que se cuenta de un modo enigmático. La estrategia del relato está puesta al servicio de esa narración cifrada. ¿Cómo contar una historia mientras se está contando otra? Esa pregunta sintetiza los problemas técnicos del cuento. Segunda tesis: la historia secreta es la clave de la forma del cuento y sus variantes (Piglia 1988: 83-85).

Es evidente que Piglia identifica la forma del cuento moderno con la emergencia del cuento policial tal como lo esbozó Poe y afirma que este autor es también casi el fundador de la novela negra y del periodismo de investigación:

> Entre la novela de enigma y la novela dura está el relato periodístico, la página de crímenes, los hechos reales. Auden decía que el género policial había venido a compensar las deficiencias del género narrativo no-ficcional (la noticia policial) que fundaba el conocimiento de la realidad en la pura narración de los hechos. Me parece una idea muy buena. Porque en un sentido Poe está en los dos lados: se separa de los hechos reales con el álgebra pura de la forma analítica y abre paso a la narración como reconstrucción y deducción, que construye la trama sobre las huellas vacías de lo real. La pura ficción, digamos, que trabaja la realidad como huella, como rastro, como sinécdoque criminal. Pero también abre paso a la línea de la *non-fiction*, a la novela del estilo *A sangre fría* de Capote. En «El caso de Marie Roger» que es casi simultáneo a «Los crímenes de rue Morgue», el uso y la

lectura de las noticias periodísticas está en la base de la trama, los diarios son un mapa de la realidad que es preciso descifrar. Poe está en el medio entre la pura deducción y el reino puro de los *facts*, de la *non-fiction* (Piglia 1988: 115).

Y no parece desencaminado: es del mundo de «hechos reales» presentados por las páginas de periódicos, de donde extraerá sus datos, el paródico detective Don Isidro Parodi, creado por el binomio Bioy Casares-Borges, al que le dedicaré un apartado más adelante; y es en las páginas de un periódico de impacto donde Borges publica esos «ejercicios de prosa narrativa» que luego fueron los relatos de *Historia universal de la infamia*.

Promediado el siglo xx y en Estados Unidos, se produce un sustancial viraje en las matrices de la narración policial: la emergencia del «duro», el «hard boiled», o «novela negra» que no termina de desplazar totalmente al anterior pero lo acorrala, con una serie de polémicas que, en la Argentina, se producirán en las décadas de los 50 y 60. Los efectos devastadores de las dos guerras mundiales y de la crisis económica mundial, *crack* del 29 de por medio, el clima de desasosiego social y la tensión internacional, liquidan lo que quedaba del optimismo decimonónico de confianza en la racionalidad y la certeza de la verdad.

Respecto del cambio formal hay que señalar que la novela negra fusiona las dos historias, o mejor: suprime la primera y realza a la segunda. El cambio de la temporalidad del relato es notable: la investigación coincide con la acción criminal. Dice Todorov: «Ninguna novela negra ha sido presentada en forma de memoria: no hay punto de llegada a partir del cual el narrador abarcará los acontecimientos pasados, ni siquiera sabemos si el investigador llegará vivo al fin de la historia. La prospección sustituye a la retrospección.»

Piglia señala las diferencias con el modelo clásico:

> En la serie negra se despliega un modo de narrar que está ligado a un manejo de la realidad que yo llamaría materialista [...] que explica «la compleja relación que establecen entre el dinero y la ley. En primer lugar el que representa la ley sólo está motivado por el interés; el detective es un profesional, alguien que hace su trabajo y recibe un sueldo (mientras que en la novela de intriga el detective es generalmente un aficionado que se ofrece 'desinteresadamente' a descifrar el enigma). En segundo lugar, el crimen, el delito, está siempre sostenido por el dinero: asesinato, robos, estafas, extorsiones, secuestros, la cadena es siempre económica (a diferencia, otra vez, de la novela de enigma, donde en general las relaciones materiales aparecen sublimadas: los crímenes son gratuitos, justamente porque la gratuidad del móvil fortalece la complejidad del enigma); mientras que el único enigma que se proponen —y nunca resuelven— las novelas de la serie negra es el de las relaciones capitalistas: el dinero

que legisla la moral y sostiene la ley es la única 'razón' de estos relatos donde todo se paga. En este sentido, yo diría que son novelas capitalistas en el sentido más literal de la palabra: deben ser leídas, pienso, ante como síntomas (Piglia 1988: 111 y ss.).

La impecable tersura de las historias de la novela de enigma se desbarata en la novela negra: las imágenes de la poliforme violencia, la descripción escatológica del crimen, la vulnerabilidad del investigador, el despliegue de desordenadas pasiones, convierten a la novela negra en una escenificación de las formas más siniestras del mal contemporáneo.[3] La segunda historia, entonces, es el foco fundamental de la novela negra y su estilo es seco y brutal. Frente al comedido Poirot que exclama «Usted es el asesino» en *El asesinato de Roger Ackroyd*; esta afirmación del detective de Horace Mc Coy en *Adiós a la vida, adiós al amor*: «Joe sangraba como un cerdo. Increíble que un viejo pueda sangrar de esta manera».

Si bien es cierto que los primeros cultores del policial negro —Dashell Hammett y Raymond Chandler— mantuvieron el núcleo de lo enigmático bajo la forma del «misterio» y trabajaron sobre el «suspense» dilatando su resolución; a medida que avanzaba el siglo XX los cultivadores del género apostaron por la velocidad de la acción y el cambio de la figura del detective. Un detective que está muy cerca del límite de la ley, que convive con sus perseguidos, que participa en un ambiente enrarecido de rudeza y delito. Su relación con la ley es dual: Por una parte la invulnerabilidad del detective clásico se transforma en su opuesto; los investigadores de la serie negra son vapuleados, golpeados y, a menudo, pasan por las comisarías y son despreciados por las mujeres.

Zizek diferencia precisamente la figura del detective clásico del detective duro de la novela negra de acuerdo con la posición de exterioridad. Para él, el detective clásico no se compromete con la historia que investiga, está excluido de los intercambios que se producen en el grupo de sospechosos. Por el contrario, el detective duro, del que Marlowe sería el principal exponente, se encuentra atrapado en el circuito libidinal de los investigados: es ese compromiso el que define su posición subjetiva (Zizek 2002: 88).

En esa línea, Palao reflexiona sobre las características que definen y diferencian al detective clásico del de la serie negra norteamericana. El detective clásico, que

---

[3] Véase al respecto el brillante análisis de *La Dalia Negra* de James Ellroy realizada por Sichère, 1996: 229-235.

más o menos podemos identificar con Holmes o Poirot y sobre todo con Dupin, se halla sometido a un proceso de castración perfecta. Por ello su deseo es puro y asexuado, lo cual produce una identificación sin restos entre su deber (desvelar el enigma) y su goce. Por ello ha sido leído en términos de 'inteligencia pura'. En la figura del detective de la novela negra, por el contrario, algo ha sido erosionado de la integridad del personaje, por ello el deseo es un componente explícito de la trama: es «el excedente de goce que surge de esa escisión entre deber y deseo lo que genera la violencia de la trama» (Palao 1994: 77-91).

Concluyo este breve exergo señalando que el relato policial clásico surge de una apetencia de sentido: hace virar la promesa de felicidad del siglo XVIII a la promesa de saber del siglo XIX. Al ser un relato concentrado en el crimen y la verdad promete un viaje al corazón de lo inteligible en lo que se presenta como inexplicable: el crimen. De alguna manera es el relato del optimismo moderno: lo enigmático, lo oscuro, puede ser revelado por la razón. Este modelo se cuestionará en el siglo XX con la emergencia de la novela negra, pero la búsqueda de la verdad permanece; a pesar del destejido de la ley y la desculpabilización del crimen. En ellas no se afirma la certeza de la verdad, menguada en su aspiración universalista, pero esta promesa de saber persiste en la novela policial negra como anhelo.

No puedo reprimirme una cita del final de la trepidante *La Dalia Negra* de Ellroy, novela que destripa la connivencia del crimen organizado con el estado y sus custodios:

> Pensé en Walker, el Chiflado y en las maravillas; pensé en el territorio de los muertos y en Dudley Smith; pensé en el pobre Larry Brubaker, en los huérfanos y en las contingencias morales del corazón inviolado que había sido antes el mío. Luego pensé en la redención, subí al automóvil y tomé la carretera para regresar a Los Ángeles.

Como colofón, dice Kristeva, ligando los logros del relato policial a la inmediata contemporaneidad:

> «Tú puedes saber» es el mensaje que la novela policial, un género popular que mantiene viva la posibilidad del cuestionamiento, envía al lector. ¿Acaso no es esta la causa de que, en una época en que no se lee, se sigan leyendo novelas policiales? La interrogación, el grado cero de esta aptitud para el juicio, sería así nuestra protección contra la «banalidad del mal» (Kristeva 1998: 26).

4. La ciudad y el relato policial: una poética de la vida moderna

«Si hubiera sido posible construir la Torre de Babel sin necesidad de subirse a ella, habría estado permitido erigirla».

Franz Kafka: *Aforismos*

«—Buenos Aires es una hermosa ciudad que se auto-destruye.
—Me gustan las ciudades que se autodestruyen. Las ciudades triunfales huelen a desodorante». [...]

Manuel Vázquez Montalbán:
El quinteto de Buenos Aires.

Michel De Certeau, en el capítulo dedicado al paseo urbano de sus *Prácticas de la vida cotidiana* (De Certeau 1984: 91 y ss.), sugiere que la vivencia de la ciudad olvida la programación panóptica y el disciplinamiento utilizando la apropiación cotidiana de un fragmento de la ciudad que se hace propio para cada habitante que crea —por sus prácticas— un uso individual de la ciudad. Apunta también que, a diferencia de las históricas ciudades europeas, las ciudades americanas —él piensa en Nueva York, yo agregaría Caracas— «jamás han aprendido el arte de crecer viejas jugando con todos sus pasados. Su presente se inventa a sí mismo, hora a hora en el acto de arrojar sus logros pasados y desafiando al futuro». Si como él afirma, uno puede leer en esta ciudad un universo de signos en explosión constante, en el cual se inscriben las figuras arquitectónicas de la coincidencia de opuestos, esta actividad de permanente deshacer y rehacer establece una «gigantesca retórica del exceso, del gasto y de la producción».

Podemos pensar que todas las culturas, con un desarrollo urbanístico y constructivo, han practicado la posibilidad de una mirada totalizadora de la ciudad, con la construcción de torres, campanarios, emplazamientos panorámicos; pero es a fines del siglo xix cuando el desarrollo urbano extiende esa posibilidad de la mirada total sobre el espacio urbano; por decirlo así: se democratiza el acceso, para el común habitante urbano, con la expansión de rascacielos o torres miradores en los centros de las ciudades.

Es decir que, con el avance técnico de la ingeniería en hierro y de la arquitectura moderna a partir del siglo pasado, se promueve una mirada panóptica 'civil' frente a las del poder sacerdotal o a las escenas del 'príncipe' renacentista. Esta mirada nueva, no obstante, produce un sentimiento de 'divinización' del sujeto que la ejerce, el sólo nombre de 'rascacielos', con el que llamamos a los edificios que la posibilitan, contiene ese intento de apropiación: rascarle al cielo un poco de su potencia. De hecho lo que la mirada panóptica provoca, y que las altas torres permiten, es el placer de 'ver la totalidad' mirando hacia abajo, de abarcar el «más inmoderado de los textos humanos»: la ciudad —metrópolis, cosmópolis, megalópolis— es el itinerario de los nombres con los que la hemos rebautizado en los sucesivos momentos de la modernidad.

Se conforma así una mirada de *voyeur*, el que desea verlo 'todo' incluso lo que no se puede ver: el agujero que incluye toda focalización de la mirada. La mirada 'voyeur' totalizadora crea una ficción que representa una «exaltación escópica y gnóstica», crea la ficción de un conocimiento que «es contado desde la sensualidad de ser un punto de vista y nada más».

Ahora bien, regresar al llano implica recuperar la vivencia del fragmento. El habitante urbano construye otro tipo de ficciones de la ciudad a partir de sus prácticas; la mirada totalizante del *voyeur* es sustituida por la del fetichista que corta, secciona y almacena sus propios objetos urbanos. Frente al voyeur panóptico que cree verlo todo desde la altura, el transeúnte es fetichista: recorta algunos fragmentos —mi café, mi librería, mi calle, mi ventanal, mis trayectos cotidianos— a los que dota de significaciones específicas, individuales o grupales. Frente a la mirada del voyeur que, desde las alturas, crea ficciones de totalidad, la del habitante se apropia de una parte, aísla los fragmentos y excluye lo no conocido, configurando un particular lugar de enunciación desde donde interpreta y practica los usos de su ciudad.

Como apunta De Certeau, no es diferente el análisis de estas posiciones enunciativas al que podemos realizar de los actos de habla. Estas producen una combinatoria diversa e infinita que no se puede reducir, tan variada como las opciones del habla, acordes con el tiempo, los sentimientos, las necesidades, intensidades de cada usuario. Otra retórica lo anima, una retórica basada en dos figuras básicas de la falta: la sinécdoque —la metonimia de la parte por el todo— y el asíndeton —o sea la supresión de los nexos que marcan la relación entre los fragmentos—. La sinécdoque, aunque toma la parte por el todo, lo incluye: la apropiación de partes de la ciudad implica expandir los elementos espaciales para hacerlos jugar como si fueran el 'todo'. De allí proviene la inquietante extrañeza que se produce cuando uno se encuentra en un fragmento no previsto entre los habituales o la de desorientación y angustia de perderse en la propia ciudad, efecto semejante al de un texto insertado donde no debía estar o donde no había sido reconocido.

Por otra parte, el *asíndeton*,

> crea, por elisión, agujeros en el continuum espacial y retiene solamente partes seleccionadas [...] La sinécdoque reemplaza la totalidad por los fragmentos (un 'menos' en lugar de un 'más'); el *asíndeton* los desconecta entre sí por la eliminación de la conjunción o las consecutivas ('nada' en lugar de 'algo'). La sinécdoque produce mayor densidad: amplifica el detalle y miniaturiza al todo. El asíndeton lo secciona, deshace su continuidad y su plausibilidad. El espacio tratado de esta manera y moldeado por las prácticas cotidianas es transformado en una alargada suma de singularidades y de separadas islas (De Certeau 1984: 101).

El juego entre la acumulación de memorias particulares y prácticas colectivas que la vida urbana propone, oscila, por tanto, entre la ausencia y las presencias, entre 'el espacio' y 'los lugares': La afirmación de Benjamin de que el nexo entre memoria de la tradición y la sensibilidad del presente se opaca en los sujetos de las urbes masificadas, causado por una multiplicación infinita de estímulos que llegan a anestesiar la capacidad de depósito en la memoria; o la tan llevada y traída anomia de los sujetos urbanos, debe ser matizada: justamente, a partir de las pequeñas historias que sus habitantes construyen, se crea un juego multiplicador de relatos que reconforman el 'espacio' de la gran ciudad, e invierten el disciplinamiento de la mirada panóptica por la apropiación producida por las miradas fragmentadoras y seleccionadoras que postulan nuevas 'metáforas del lugar'.

Estas elecciones específicas de fragmentos urbanos sobre el gigantesco texto de la megalópolis implican valores de verdad —modalidades de lo necesario, lo contingente, lo posible, lo imposible—; valores epistemológicos —modalidades de lo seguro, lo excluido, lo plausible o lo cuestionable— ; valores éticos o legales —modalidades de lo obligatorio, lo prohibido, lo permitido o lo opcional. Ahora bien, si estas metáforas del lugar conformadas por una sucesión de apropiaciones, secciones y agujeros del todo, crean historias —narraciones— de la vida en las grandes ciudades a partir de sus prácticas, cómo aunarlas. Decía que la literatura moderna se ha hecho cargo, jugando con el punto de vista de la enunciación narrativa, de este intercambio de miradas entre el todo —el más— y el fragmento —el menos—. Sin embargo, estas infinitas historias de apropiación estratifican los lugares a partir de la inclusión o exclusión de los trayectos y fragmentos urbanos, creando axiologías, cuerpos de creencias y valores —lo visible/ lo oculto, lo admitido/ lo prohibido, lo legal/ lo ilegal, lo seguro/lo peligroso—. En este sentido algunas producciones literarias se han hecho cargo de representar esas zonas de creencias, focalizando los segundos términos que, tanto las prácticas cotidianas como las versiones totalizadoras de la ciudad, arrojan fuera de sus relatos.

Eso que, en términos generales llamamos la 'mala vida' urbana, aquella que está en la frontera de lo legal, de lo admisible, de lo seguro y que es su contrapunto amenazante, relativamente olvidado en la práctica cotidiana justamente por la estabilización de la repetición de los trayectos cotidianos, y que se suele ubicar en zonas de claroscuro de las representaciones: recordemos que los periódicos, desde su masificación a mediados del siglo pasado, especializan y espacializan en páginas creadas *ad hoc* las noticias de 'sucesos' que dan cuenta de la mala vida urbana; solamente los 'casos', aquellos que por su especial relevancia, marcada por la espectacularidad y/o el grado de transgresión que, puntualmente, se escogen como fundamentales, saltan a la primera página. El crimen o el delito, entonces, deja de ser suceso y se convierte en caso.

Las textualidades modernas han registrado insistentemente tanto la mirada totalizante y la fragmentaria de la ciudad. Por referirnos solamente al fin de siglo pasado hispánico sin remitirnos, como es ritual, a Baudelaire, mientras Clarín en *La Regenta* registra en su apertura la abarcadora e imponente mirada de Fermín de Pas sobre Vetusta, desde la torre de su iglesia, lugar que configura un punto de vista clasificador de espacios urbanos, clases sociales y cuerpos; el Darío de *Azul...* escenifica la fragmentada mirada del artista que recorre, con su memoria y su pluma, escenas, chispazos, del Valparaíso inquieto y modernizado en los recorridos de *En Chile en busca de cuadros* (Darío *Azul...*1992).

Martí la registraba en su voluntad ascensional y en su caída:

> De gorja son y rapidez los tiempos.
> Corre cual luz la voz; en alta aguja,

Cual nave despeñada en sirte horrenda,
Húndese el rayo, y en ligera barca
El hombre, como alado, el aire hiende
(Martí 1982: 125).

Es evidente que el relato policial no solamente ha sido un espacio privilegiado para la representación de las zonas de claroscuro de las historias urbanas,
sino que nace con la expansión de las ciudades modernizadas y masificadas a
comienzos del siglo XIX y se consolida,es decir, se perfila con marcas genéricas
específicas, con y en ellas, como ya he apuntado. Literatura urbana, entonces,
para lectores urbanos que leen en ellas versiones de los contra-valores de sus
prácticas cotidianas.

Chesterton afirmaba que «la novela policiaca es la primera y única forma de
literatura popular en la cual se expresa un sentido poético de la vida moderna»,
y en una afirmación de su valor canónico, es decir, su valor para entrar en la
institución literaria culta reivindicaba su vulgaridad:

> Por una curiosa confusión, muchos críticos modernos han pasado de la premisa
> de que una obra de arte maestra puede ser impopular, a la otra premisa, que si no es
> impopular no puede ser una obra buena. Es lo mismo que si se dijera que porque un
> hombre inteligente pueda tener un impedimento al hablar, no pueda ser un hombre
> inteligente si no tartamudea. Posiblemente la impopularidad sea una especie de
> oscuridad; y toda oscuridad sea un defecto de palabra, lo mismo que un tartamu-
> deo. En todo caso, estoy al lado de la mayoría en este punto; me intereso en toda
> clase de novelas sensacionales, buenas o malas y aceptables, y con gusto discutiría
> este tema con un representante del género literario en cuestión. Y al que diga que
> mis gustos son vulgares, antiartísticos e ignorantes sólo le contestaré que estoy muy
> contento de ser tan vulgar como Poe y tan falto de arte como Stevenson (Chesterton
> en Gubern 1979: 38).

Es decir, que uno de los materiales centrales de la composición del relato
policial es el registro de los «estados de la imaginación» urbana. Las retóricas
que escinden y fragmentan las experiencias de la ciudad y configuran prolíferas
sensibilidades. Desde estas premisas haré un sintético recorrido de la modernización en el Buenos Aires de fines del XIX y comienzos del XX, el momento más
álgido de la modernización urbana en Argentina; y un breve trayecto sobre la
ciudad masificada y la ciudad violenta de fines del siglo XX, porque me servirá
y se integrará en las representaciones urbanas que se espigan de los relatos que
comentaré.

BUENOS AIRES: POR ESO LA QUIERO TANTO...

En la novela *Frontera Sur* de Horacio Vázquez Rial, saga familiar novelada que reconstruye la historia de la emigración española a la América del Sur a fines del siglo XIX, la voz del narrador —escritor, historiador— escribe así el espectacular salto modernizador que se produjo en la ciudad de Buenos Aires entre 1880 y 1890:

> —Buenos Aires se transformó.
> —Alvear se inventó otra... Le hicieron intendente a su regreso de un viaje a París, de donde llegó deslumbrado por la obra del Barón Haussmann, Prefecto General del Sena con Napoleón III e ideólogo de una ciudad trazada para facilitar la represión de alzamientos populares. [...]
> —Quizás no haya sido consciente. Nosotros vemos lo que vemos porque la distancia nos lo permite. A él, la mayoría de los cambios deben haberle convencido. La ciudad es su imagen antes que su función, si bien lo más probable es que el propio Alvear lo ignorara.
> —Se puso a construir.
> —Se puso a hacer París. Y consiguió que todo Buenos Aires llevara su firma. Casa de Gobierno, Plaza de Mayo, Avenida de Mayo, diagonales, el puerto proyectado por Eduardo Madero... Lo que no se hizo con él, al menos, se inició con él.
> —No le salió mal.
> —Había con qué. Al tiempo que la ciudad se extendía, nacían los frigoríficos. En el ochenta y tres, los argentinos empezaron a encender cigarrillos argentinos, de tabaco y papel argentinos, con fósforos argentinos. Fumando, miraron atracar el primer transatlántico, el *Italia*, en el muelle del Riachuelo, en la vuelta de Rocha. Algunos, pocos, lo comentaron por teléfono.

En relación con la multiplicidad cultural que caracterizaría el empuje modernizador en los países del Sur afirma un poco más adelante:

> Buenos Aires distaba mucho de ser una ciudad monolingüe y el consumo de la letra impresa era descomunal. En el ochenta y seis, según recuento de Latzina, el estadígrafo mítico, había cuatrocientos mil habitantes y cuatrocientas publicaciones periódicas, más de una por cada mil personas [...] la mayoría aparecía en castellano, pero hay registro de cuatro en alemán, siete en inglés, siete en francés y diecinueve en italiano, estables» (Vázquez Rial 1994: 123).

Esta descripción nos sitúa en el espacio sociocultural que fue el caldo de cultivo para el desarrollo de nuevas propuestas estéticas y de la renovación propiciada por el Modernismo a partir de 1880. En medio de esta prosperidad económica, cultural y edilicia, ligada a un período de reacomodamiento en las estructuras del capitalismo internacional en expansión voraz, crecía y medraba una nueva burguesía, de carácter mediador y comercial, que empezaba a competir con las élites patricias. Fue esta bonanza la que alentó las diversas avalanchas migratorias internas y externas que cambiaron el perfil de las ciudades —las portuarias Buenos Aires, Montevideo, Río de Janeiro, La Habana, San Juan de Puerto Rico, fundamentalmente, pero también las capitales interiores asociadas a puertos vecinos como Caracas o Lima, La Guayra y El Callao— que abandonaron su ritmo lento y dejaron de ser grandes aldeas, para seguir la fuerza expansiva de las ciudades europeas y norteamericanas. En este período se gestan las ciudades de la América Latina contradictoria y violenta, eruptiva y descompensada de hoy.[1]

Es cierto que otras capitales —México, La Habana, Santiago— encontraron a fines del XIX celebradores maravillados, pero ninguna logró el consenso admirativo del fasto modernizador como Buenos Aires. Cosmopolita y americana, culta y popular, divertida y grave. En el arco que va desde la década del 80 al centenario de 1910, una plétora de textos, producidos en diversos puntos de la geografía latinoamericana, tematizan una tendencia eufórica interpretativa del cambio. Las imágenes de las múltiples crónicas de los modernistas, desde Martí a Gómez Carrillo, desde Gutiérrez Nájera a Rodó, desde Darío a Quiroga, la celebración del furor edilicio y del cambio urbanístico se une con la del equilibrio entre cambio y capacidad integradora. Buenos Aires se perfiló como modélica expresión de pujanza y, al mismo tiempo, conservadora de un perfil diferenciado.[2]

En la primera mitad del siglo XIX, los fundadores concibieron la nación como un extenso territorio por civilizar. Justamente en *Facundo. Civilización o Barbarie* (1843) Sarmiento plantea la extensión territorial como un mal que hay que racionalizar y lo cifra en una metáfora: el cuerpo de la patria es una «gran anatomía enferma». Un cuerpo con problemas de circulación: regiones inconexas que necesitaban articularse entre sí y con el exterior; para su remedio imaginó la construcción de una enorme red de conexiones fluviales que debían confluir en el Río del Plata, en «la aorta del Plata». A esta racionalización de los flujos fluviales le agregó la necesidad de los flujos inmigratorios que poblarían las deshabitadas pampas del sur, como alternativa a la dispersa población criolla y a los malones indios que asolaban las llanuras. El modelo de Sarmiento era

---

[1] Véase Romero 1986.
[2] Véase Mattalia 1997.

evidentemente el de Inglaterra con sus ríos y sus laboriosas familias de *farmers*, ligados a la ciudad.

Sin embargo, a partir de la derrota del General Rosas en 1852, con el entronamiento de Buenos Aires como capital de la Nación y sede del estado, el esquema sarmientino no es útil para cimentar una alianza de una modernización liberal. En 1870, siendo presidente de la nación, Sarmiento aprueba la ley de construcción del puerto de Buenos Aires porque la planicie del estuario del Plata no permitía la entrada de barcos de gran calado, que es diseñado y construido por el ingeniero inglés John Bateman.

Pero, en 1871, una epidemia de fiebre amarilla que diezma a la ciudad de Bateman, obliga a refundarla y se despliega la red de cloacas; y las clases altas se desplazan del viejo barrio de San Telmo, cerca del río, a los emplazamientos más saludables del norte de la ciudad. Será este tráfico y estos cambios que alientan al presidente Alvear para la apertura de las grandes avenidas, la racionalización en damero; y quedan las zonas abandonadas para los inmigrantes, que no fueron las «razas ubérrimas de la Europa fecunda» esperadas por Sarmiento, sino un flujo de inmigrantes de las zonas más deprimidas de Europa. Por decirlo de alguna manera, la modernización produce una nueva dicotomía, pero ahora en el corazón de Buenos Aires: el centro y el arrabal. A fines del xix, la división «civilización vs. barbarie» es reemplazada, de la mano de los higienistas, a la dicotomía «salubre/insalubre» que produce nuevas alianzas: ganaderos/burgueses, gauchos e inmigrantes, campo y ciudad; y la metáfora de «lo insalubre» cubrirá a pobres e inmigrantes. Una Buenos Aires que se convierte en metáfora de la Nación y el Estado. La *city* con sus bancos, tiendas, parques y zonas residenciales, y el suburbio, pleno de conventillos hacinados, donde conviven los criollos pobres y los pobres inmigrantes.[3]

A diferencia de lo imaginado por Sarmiento los inmigrantes se quedan en la ciudad. Solamente un dato estadístico: en 1869 la Argentina tenía en su totalidad 1.700.000 habitantes; entre 1853 y 1930 ingresan 6.000.000, sobre todo españoles e italianos, pero también un número estimable de los países de centro-Europa. Se resalta que la avalancha inmigratoria será fundamentalmente de hombres, 70%. El suburbio será el lugar de los malhechores y la «mala vida»: Dice Goldar:

> La urbanización acelerada y la alta tasa de masculinidad transformaron al nativo en un inmigrante en su propio país y al inmigrante extranjero en un personaje desilusionado de su proyecto de «hacerse la América». Se produjo la

---

[3] Véase Salessi 1991.

división de los nativos hacia el arrabal y de los inmigrantes al conventillo: miseria, alcoholismo, enfermedades, prostitución. Entonces el compadrito —soporte electoral de la población de extramuros—, se hace cafiolo; se importan prostitutas de Europa y se organiza el mercado de burdeles (Goldar en Vázquez Rial 1996: 228-253).

Para algunos autores, la inversión en prostíbulos por las clases altas fue una de las fuentes más fuertes de la acumulación de capital entre 1900 y 1930. Es en este ambiente de mendicidad, prostibulario, donde florecen los pequeños ladrones y las redes mafiosas —fundamentalmente marsellesa y polaca— que organizan los tráficos ilegales.[4]

Dos arquetipos de intensa representación literaria surgen: el malevo y la mina. El tango y Borges los confirman. Pero quien escenificará la miseria y el crimen será Roberto Arlt en sus *Aguafuertes porteñas* y en sus cuentos y novelas de las décadas de los 20 y 30.

La contrapartida del estado para el control de estos flujos inmigratorios y los cambios sociales será el endurecimiento del sistema penal, el control de las entradas y la modernización de la policía; con un notable despliegue de la «policía científica». Es de notar que el sistema dactiloscópico de identificación fue inventado en 1891 por Juan Vucetich, comisario de la policía científica de Buenos Aires, quien lo pone en marcha y crea un archivo de huellas dactilares para tener fichados a los delincuentes. Este método de detección se impuso en la primera década del xx, luego de una nutrida polémica internacional sobre su eficacia, y terminó por imponerse en todo el mundo y desplazó la menos fiable antropometría y al archivo fotográfico.

También la Argentina fue el primer país que implantó un archivo sistemático de huellas para todos los habitantes del territorio nacional. Panessi ha realzado el interés de esta uniformización del carnet de identidad dactiloscópico como un poderoso instrumento de control y fichaje, así como una forma específica de delimitación identitaria. Se comienza a utilizar para el cumplimiento del servicio militar y luego con la Ley Sáenz Peña (1912) del voto universal masculino. Pero además se convierte en un poderoso mecanismo de control de las «conductas desviadas» o «anormales», esto es el control de homosexuales y travestis que escapaban a los chequeos fotográficos por su capacidad para disfrazarse.[5]

---

[4] Véase Guy 1994.
[5] Véase Panessi en Ludmer 1994: 80-89.

Fernando Ortiz, en su libro *La identificación dactiloscópica* (1913), explicaba y defendía el método «sudamericano» y su utilidad para «la modernidad de Cuba». Mexicanos, brasileños y otros ponen en marcha el sistema alrededor de 1910. Panessi señala que esta precedencia del método en una cuestión tan importante como la «identidad» ciudadana empezó a ser reivindicado como identidad «latinoamericana»; así como aparecieron nuevas figuras «disidentes» —políticas y sexuales— que emergieron dotándose de intersticios en el control del cuerpo social.

La «ciudad elegante» de fines del xix empieza a deshilacharse a medida en que se va desestructurando el proyecto de la nación liberal oligárquico. Se expanden los barrios populosos de las clases medias. Con la creciente industrialización, que empieza a asentarse en las periferias del gran Buenos Aires y de la mano de los inmigrantes con tradición sindical, comienzan los primeros disturbios sociales. En 1902 la primera huelga que paraliza a la industria agro-exportadora y surgen las primeras organizaciones obreras y, a la vez, el movimiento del Partido Radical que agrupa a sectores productivos nacionales y a las clases medias emergentes, hijas de la inmigración, que aspiran abrir canales de democratización y ascenso social, y que lleva al poder en 1916 a Hipólito Yrigoyen.[6]

La preeminencia de los higienistas de fines del xix se desplaza, a comienzos del xx, hacia los ensayistas preocupados por el tema de la «multitud». Desde el Ramos Mejía de «Las multitudes argentinas» al José Ingenieros de «Criminología», una pléyade de criminólogos y sociólogos intentan explicar las tensiones de la urbe y sus desajustes. Un texto canónico de la criminología argentina de 1905, *La delincuencia argentina*, de Cornelio Moyano teoriza sobre la necesidad de una extensión de la «prevención del delito» y así se funda la Policía de la Capital Federal en 1907, con un jefe de policía mítico, Falcón, que organiza toda una red de vigilancia de los barrios bajos y de informantes en los suburbios. Un delito «vigilado» y controlado desde adentro. Acompañadas por la *Ley de defensa social*, que endurece las penas y aumenta la presión carcelaria, así como instituye la comisaría de barrio, depósito de la pequeña delincuencia y la Ley de Residencia que intenta controlar y detener el flujo inmigratorio.

La Buenos Aires de los años 20 es una ciudad populosa y jerarquizada en su trazado y en la distribución de sus habitantes, pero desjerarquizada en sus prácticas cotidianas. En ella conviven los rituales culturales, los periódicos de larga tirada, las exposiciones vanguardistas y las veladas del Teatro Colón con

---

[6] Sobre la relación entre cultura y los dos períodos del gobierno de Hipólito Yrigoyen, Véase Montaldo 1989.

los cafés y cabarets de Corrientes, con el tango arrabalero que invade los salones, los suburbios violentos y los obreros muertos en la Semana Trágica. Sobre los cuadros geométricos del pintor vanguardista Xul Solar, comenta Sarlo:

> Más que su intención esotérica o su libertad estética, me impresionan su obsesividad semiótica, su pasión jerárquica y geometrizante, la exterioridad de su simbolismo. Buenos Aires, en los veinte y los treinta, era el anclaje urbano de estas fantasías astrales, y en sus calles, desde el último tercio del XIX también se hablaba una panlingua, un *pidgin* cocoliche de puerto inmigratorio. Lo que Xul mezcla en sus cuadros también se mezcla en la cultura de los intelectuales: modernidad europea y diferencia rioplatense, aceleración y angustia; tradicionalismo y espíritu renovador; criollismo y vanguardia. Buenos Aires: el gran escenario latinoamericano de la una *cultura de la mezcla* (Sarlo 1989: 15).

Mezcla, batiburrillo, cambalache. Los habitantes del suburbio llegan al centro, también sus prácticas vitales; la ciudad escindida se invierte: las clases populares —sobre todo las clases medias— ocupan el escenario central; los elegantes se encierran en sus casas-quintas; los obreros ocupan los lugares festivos del fin de semana en sectores demarcados del centro. Mezcla que despliega Roberto Arlt en su retrato de la calle Corrientes:

> Caída entre los grandes edificios cúbicos, con panoramas de pollo a «lo spiedo» y sala doradas, y puestos de cocaína y vestíbulos de teatros, ¡qué maravillosamente atorranta es por la noche la calle Corrientes!¡Qué linda y qué vaga! […] la calle vagabunda enciende a las siete de la tarde todos sus letreros luminosos, y enguirlandada de rectángulos verdes, rojos y azules, lanza a las murallas blancas sus reflejos de azul de metileno, sus amarillos de ácido pícrico, como el glorioso desafío de un pirotécnico. […] Vigilantes, canillitas, «fiocas», actrices, porteros de teatros, mensajeros, revendedores, secretarios de compañías, cómicos, poetas, ladrones, hombres de negocios innombrables, autores, vagabundos, críticos teatrales, damas del medio mundo; una humanidad única cosmopolita y extraña se da la mano en ese desaguadero de la belleza y la alegría […] Y libros, mujeres, bombones y cocaína, y cigarrillos verdosos, y asesinos incógnitos, todos confraternizan en la estilización que modula una luz supereléctrica (Arlt en Scroggins 1981: 147-148).

Pero, en sus novelas, el tono celebratorio de esta mezcla, se convierte en angustia, en miseria moral, en «vida puerca» de pequeños habitantes que luchan por sobrevivir.

En 1931, Raúl Scalabrini Ortiz, publica el ensayo *El hombre que está solo y espera* que tuvo el mismo año el Premio Nacional de las Letras en Argentina. Se lee entre líneas el sentido biologista desde el cual se interpreta la retorta del aluvión inmigratorio que, desde principios de siglo, transforma el perfil humano y socio-político del Río de la Plata: la Argentina aparece como un gran cuerpo glotón, deglutidor de inmigrantes, que asimila y sintetiza la disparidad de culturas y gentes que arriban a sus costas.

El texto de Scalabrini es uno de los eslabones reflexivos que, desde el *Ariel* de Rodó, intentan rastrear el «ser nacional», esclarecer la realidad multiforme que ha acarreado la modernidad y fijar una fugitiva «identidad» cultural. En las décadas del 20 y el 30 —el fenómeno es extensible a toda América Latina— se suceden en el Río de la Plata: la *Eurindia* de Ricardo Rojas (1924), «El idioma de los argentinos» (1927) de Jorge Luis Borges, *Radiografía de la Pampa* (1933) de Ezequiel Martínez Estrada, *Historia de una pasión argentina* (1938) de Eduardo Mallea. A ellos se refiere Adolfo Prieto calificándolos de «intuicionistas», ya que, aunque diferencias ideológicas los maticen, el método los unifica.

Dice Prieto:

> Los hijos y nietos —afirma— de la positivista generación del 80, con la tendencia que los sistemas racionales poseen de segregar motivaciones irracionales al encarnarse en ejecutores, puso en circulación la flexible fórmula del «espíritu nacional» tan apta para ser fecundada por las ideas de Fichte, como por los recalcitrantes esquemas al estilo Barres, o el intuicionismo de Keyserling; fórmula que ha servido de instrumento comprensivo a generaciones tan dispares como la que celebró enfáticamente el Centenario, la de los jocundos martinfierristas, la de los patéticos inquisidores de la «década infame» —1930— y la de sus no menos enfáticos descendientes (Prieto 1969: 69).

El ensayo de Scalabrini intenta desmarcarse de sus coetáneos, más preocupados por el rastreo de mitos raigales o telúricos, y procura definir la filosofía el carácter del hombre urbano, el «hombre de Corrientes y Esmeralda», al que describe en sus características esenciales: desconfianza intelectual, relativismo de valores, sentimiento de soledad cósmica, desarraigo histórico y cultural que lo conduce a una actitud ambivalente frente a lo nacional y lo foráneo. Sin embargo, el texto de Scalabrini es uno de los últimos ecos del optimismo novecentista y, aunque su intento es matizar las características del nuevo tipo urbano, se percibe en su ensayo el eco de la visión autovalorativa y optimista del futuro que en la primera post-guerra cuajó en la frase «Dios es argentino» y «como el Uruguay no hay». Leemos, atravesando *El hombre que está solo y espera,* la persistencia de un gesto que caracterizó a la vertiente idealista de la interpretación nacional, el arquetipismo abstracto (el Borges de los almacenes rosados y los malevos; el Mallea de la Argentina invisible), piensa el espíritu unitario que caracteriza al «hombre de Corrientes y Esmeralda», y confía en que, a pesar de la multiplicidad cultural que ha traído como efecto la inmigración, el crecimiento desmesurado de Buenos Aires y la modernización, existe un espíritu incólume y unificador.

No obstante, cabe recordar que la insatisfacción que produjo en Scalabrini su disección del hombre urbano lo llevó en las décadas siguientes a emprender una serie de estudios sobre la penetración imperialista y es de obligación citar como contrapartida a su primer ensayo la publicación de *Política británica en el Río de la Plata* (1936) e *Historia de los ferrocarriles argentinos* (1940), que le valieron la separación de sus antiguos compañeros vanguardistas, abocados en la década de los40 la literatura fantástica.

La pregunta idealista sobre el «ser nacional» que preside los ensayos citados se alimenta de una evidencia: terminado el blanqueamiento de la Argentina luego de la campaña del desierto del general Roca que llevó a cabo la liquidación de las poblaciones indígenas pampeanas, último reducto de la «barbarie» sarmientina, cuyo corolario es la capitalización de la Pampa, la política de apertura a la inmigración para acompañar la modernización del aparato exportador provoca un cambio sustancial en el espectro socio-político-cultural del Río de la Plata: frente a la oligarquía y la burguesía portuaria exportadora, comienza a surgir un amplio espectro de clases medias y un creciente proletariado urbano. Las capas medias logran su participación en el poder político con el ascenso de Yrigoyen en 1916, y se logra con el movimiento pro reforma universitaria (legislada en 1918) el reconocimiento, también, de su necesidad de ascenso social a través de la cultura. Los sectores populares urbanos sufren su primera represión brutal en la llamada «Semana Trágica» de 1919.[7]

La escena literaria se divide en dos grupos antagónicos: Florida y Boedo, que asumen estéticas en consonancia con su nombre: el grupo de Florida —nombre de una calle céntrica de Buenos Aires— que tenía como núcleo la revista *Martín Fierro,* plantea una voluntad de actualización estética, con un ojo atento a las vanguardias europeas y el otro en la necesidad de apertura del sistema literario. Boedo —grupo integrado por hijos de la inmigración más reciente y ubicado en una calle fabril de Buenos Aires— propone una requisitoria acusadora y moralizante que conjuga la atracción por las revoluciones sociales —en especial

[7] Véase Montaldo 1989.

la soviética— con el cultivo de un realismo social que pretende mostrar la «otra cara» de la prosperidad. A pesar de las polémicas con que semanalmente conmovían el charco cultural rioplatense, una retórica autocelebratoria atraviesa los discursos de ambos grupos: permanece la ilusión de «país joven» y con un futuro a construir. Este sentimiento atraviesa la década de los años 20: un destino aún no definido de futuro transformará a este hombre arquetípico en un rostro con identidad propia, suma y síntesis de miles de destinos heterogéneos.

En un punto los dos grupos antagónicos de la Generación del 20 presentan una comunidad de intereses: la necesidad de captación de un nuevo público, para lo que establecen dos tácticas diferentes que apuntan a dos sectores de las clases medias. *Martín Fierro* plantea una estética que disocia actividad artística de la necesidad de lucro; intenta captar —y lo logra— al sector más culto de las clases medias al que busca seducir con el prestigio de una propuesta cosmopolita, que al tiempo exponga sus lazos con la tradición cultural ligada a las élites criollas de viejo cuño; de allí que el logro más original del martinfierrismo sea la instauración del «criollismo de vanguardia» que funde en un mismo gesto mitificador las figuras más épicas de la gesta independista con el gaucho —cuyo canto de cisne se eleva con la publicación de *Don Segundo Sombra* de Güiraldes en 1926— con el ambiente urbano, el malevo y el lupanar, la Buenos Aires de los barrios antiguos, ya perdida tras el trasiego de la inmigración mientras reivindica la peculiaridad fonética de los criollos viejos. El grupo de Boedo, por su parte, se afirma en la táctica de capturar al público humilde de los estratos medios; se hace cargo de la inmigración más reciente y absorbe la necesidad de integrarlos a la cultura nacional, conjugando la concienciación con la difusión de la cultura de izquierdas.

Entonces dos culturas, dos públicos, dos lenguas: la de los «argentinos sin esfuerzo» y la de los que, al contaminar el castellano, —con su «pronuncia exótica» que decía Lugones— no pueden reclamar un entronque con la tradición (Sarlo 1981: 79). Señala esta autora:

> La cuestión de la identidad cultural es gemela al del cosmopolitismo y ambas generan una zona contenciosa del campo intelectual. *Martín Fierro* puede vivir a la nacionalidad como una naturaleza (fonética, gestual, familiar) y al cosmopolitismo como un derecho. Publicar a Tolstoi o a Anatole France, como *Claridad,* es un gesto cosmopolita; mientras que para Boedo, el europeísmo de la vanguardia se prueba en las traducciones de Supervielle, Apollinaire o Marinetti. Lo que el nacionalismo cultural y el cosmopolitismo definen son, en realidad, las zonas de relación permitida o prohibida con la cultura extranjera (Sarlo 1981: 82).

A pesar de los antagonismos estéticos de sus dos vertientes, la Generación del 20 logra capturar el imaginario de las clases medias vendiéndoles un arquetipo de sí mismas; ellas son las protagonistas y las consumidoras de la «cultura», y aquí lo «literario» se carga de todo el prestigio acumulado por las letras: se posee lo que hasta pocas décadas antes era privilegio de los «niños bien» —escritores, literatura, revistas de cultura—.

Pero esta ilusión dura una década, en la apertura de la década de los 30 se produce una fractura que se evidencia en el fracaso de los proyectos progresistas de acompasarla organizando un aparato democrático, alternativo al heredado de las oligarquías tradicionales. El «crac» del 29 pone fin al período de prosperidad de la primera post-guerra y revela la debilidad de las estructuras dependientes para defenderse en períodos de crisis internacional. Con él, las clases medias rioplatenses ven desvanecerse sus sueños de participación en el poder y observan, atemorizadas, el peligro de su proletarización. Comienza lo que en Argentina se rotula «la década infame»: Un golpe militar derroca al segundo gobierno de Yrigoyen en 1929; en Uruguay, el debilitamiento del batllismo, y la posterior dictadura de Terra marcan la cesura. Los *grottescos* de Discépolo y las novelas de Roberto Arlt escenifican las «ilusiones perdidas» de la pequeña burguesía urbana.

Cuando la crisis del 29 afecta brutalmente las estructuras débiles de esta modernización desigual, la ciudad se enrarece. En la Década Infame, la de la década de los 30, que se abre con el golpe de Uriburu que derroca a Yrygoyen, flota por Buenos Aires un clima de desesperanza.

También la alegre o penosa «mala vida» comienza a resquebrajarse. Un famoso juicio a la Zwi Migdal, la red centroeuropea de trata de blancas y asociación ilícita, se convierte en el espectáculo al desnudo de la connivencia de políticos y señores de negocios con las mafias. Como muestra:

> El macró Saúl Birembaum, que se honraba con la amistad de varios legisladores nacionales, se le confió la organización de la «cañota» (una red de extorsión): recibía mensualmente 210.000 pesos de 710 *caftanes*, cifra enorme para la época, que destinaba a atraerse la buena voluntad de autoridades y políticos. En 1930 era público y notorio que las maniobras de los tratantes de blancas hubieran sido imposibles sin que mediara el consentimiento y la connivencia dolosa por parte de quienes estaban encargados de reprimirlas (Goldar en Vázquez Rial 1996: 244).

Las cifras son escalofriantes: la Zwi Migdal regenteaba 200 burdeles con cerca de 3.000 mujeres a su cargo; pero la prostitución nativa se estimaba entre 25.000 a 30.000 en el comienzo de la década de los 30.[8] Aunque se dictó prisión preventiva para 108 rufianes y ordenó la captura de prófugos, el juicio fue sonado y la prensa se hizo cargo de denuncias y el tribunal dictó sentencia de encarcelamiento, la Cámara de Apelaciones desestima la sentencia por falta de pruebas. No obstante, este golpe al crimen organizado, aunque no llega a buen puerto marca una aminoración del desparpajo criminal.

A partir de la ascensión del peronismo en 1943, la Buenos Aires de la mezcla inmigratoria recibe una nueva aportación: la de miles de «cabecitas negras», esto es la emigración interna de grandes contingentes de ciudadanos de las provincias deprimidas que buscan ubicarse y recibir los brillos de la gran ciudad. Una nueva disposición urbana que aumenta los asentamientos de las ya denominadas «villas miserias» en las zonas no urbanizadas, desprovistas de servicios mínimos, en un goteo que, hasta la actualidad, ha sido constante. Cabe señalar que una nueva iconografía invade la ciudad. Eva Perón, provinciana y acusada de prostituta por los estamentos altos de la sociedad, es el emblema de los cambios. En el imaginario de los sectores populares de la sociedad argentina, y esto no ha cesado, sigue siendo «la Santa», «la Madre de los pobres». Las calles de la ciudad de las décadas de los 40 y 50 se llenaron de «descamisados» ante la mirada asqueada de las élites por esta «nueva barbarie».[9] Los rituales culturales, que la Buenos Aires «blanca» mantenía, fueron desplazados por las grandes concentraciones masivas.

El golpe del 30 es la primera quiebra de la legalidad constitucional; desde entonces ese método fue el preferido por los militares argentinos y sus aliados, para reprimir cualquier movimiento social que no fuera afín a sus intereses y a los negocios internacionales. El golpe del general Aramburu que, en 1955, derroca al gobierno de Perón y declara ilegal al peronismo, cuya exclusión de la política formal duró dieciocho años. La persecución y el asesinato de los militantes peronistas fueron constantes. Esta violencia es retratada por un texto de denuncia del escritor y periodista Rodolfo Walsh: *Operación Masacre* (1957), que forma parte de mi corpus de análisis por sus explícitas relaciones con el género policial (Walsh 1971).

---

[8] Véase Guy 1994: 174-208.

[9] Para los posicionamientos frente al movimiento peronista informan las principales polémicas políticas y culturales de la Argentina de la segunda mitad del xx, véase Rodríguez Carranza, Luz: *Populismos entre dos siglos*. En: Mattalia y Alcázar 2000: 267-277. Como contrapartida sobre las nuevas alianzas entre intelectuales y el peronismo, véase el largo documental sobre el movimiento peronista: *La hora de los hornos* (1968). Dirección: Fernando Solanas. Guión: Fernando Solanas y Octavio Getino.

El siguiente es el golpe militar del general Onganía en 1966, que derroca al gobierno de Illia, del radicalismo. La política económica de la Junta fue el comienzo del descalabro social siguiente y el comienzo de la escalada violenta del Estado a sus opositores. La organización de los ejércitos guerrilleros y la aparición de un sindicalismo combativo, desplaza las técnicas tradicionales de la lucha política hacia un cuestionamiento de las estructuras mismas del Estado y de la forma republicana de organización. Frente a esa emergencia, la respuesta institucional es el empleo de la represión y el asesinato del opositor se incrementa y abre un período de ejercicio de la violencia y transgresión del Estado de derecho. Cabe recordar que en la Argentina de Onganía, el Estado de sitio, es deci, la suspensión de los derechos civiles, duró dos años continuos. En 1971, en la prisión de Trelew en el extremo austral del país, son fusilados 24 guerrilleros a los que se aplica «la ley de fugas». El escritor y periodista Tomás Eloy Martínez, después de un arduo proceso de indagación, publica *La pasión según Trelew* (1973), que continúa la estela de Walsh (Martínez 1979).

En 1972, el general Lanusse, sucesor de Onganía, acepta el regreso de Perón y del peronismo a la escena política. Después de un tenso período de negociaciones se convocan elecciones, la fórmula Cámpora-Solano Lima, identificada con el peronismo de izquierda, gana las elecciones con el 81% de los votos. (Cabe recordar que, en Argentina y otros países latinoamericanos el voto es un derecho civil obligatorio). Perón regresa a Argentina y en 1973 es elegido presidente acompañado de su mujer María Estela Martínez. Ya su llegada, al aeropuerto de Ezeiza, desnudó las contradicciones internas de un movimiento, el peronismo, que albergaba a facciones ideológicas radicalmente opuestas entre sí. La Buenos Aires de la década de los 70 es un espacio de confrontación, donde las contradicciones violentas ocupan las calles y las plazas de Buenos Aires. A la muerte de Perón toma las riendas de la nación después de la muerte de su marido, María Estela Martínez, que se rodea de una cúpula de ministros de extrema derecha. En 1976 el General Videla y una Junta Militar la derrocan.

Comienza ahí el período más negro de la nación argentina, donde el Estado asumió la violencia más feroz y la ilegalidad.[10] También las narraciones literarias adyacentes al relato policial han tematizado ese período de la historia reciente y a ello me referiré en la presentación de los textos del final de este libro.

---

[10] Para el señalamiento de las fracturas políticas y la represión desde los 70 y los conflictos de la transición democrática desde 1983, véase Solari; Rozitchner; Bayer en Sosnowski 1988.

Segunda parte
Extraños en la ciudad

«Hacer lo negativo es una tarea que tenemos impuesta, lo positivo nos está dado».

Franz Kafka: *Aforismos*

«—Tú, tú puedes encontrarlo. Sabes cómo hacerlo, ¿no eres policía?
—Detective privado.
—¿No es lo mismo?
—La policía garantiza el orden. Yo me limito a descubrir el desorden».

Manuel Vázquez Montalbán:
El quinteto de Buenos Aires

I. El relato policial, intrigas urbanas

Paul Groussac, Eduardo Holmberg,
Horacio Quiroga, Roberto Arlt (1880-1930)

1. Paul Groussac: «La pesquisa», entre el policial y el folletín

Desde 1997, cuando Néstor Ponce encuentra nuevos materiales, el primer cultor del género policial en castellano es Raúl Waleis (pseudónimo de Luis Varela 1845-1911), con una novela *La huella del crimen*, de 319 páginas, publicada en Imprentas y Librerías de Mayo en 1877. En ese mismo año publicó *Clemencia*, una segunda novela. Varela, que era abogado, subtitula a su primera novela «novela jurídica original». Ponce señala la preeminencia de Waleis en el panorama argentino y comenta además una *Carta* de Waleis a su editor, incluida en la primera novela, en la cual se reconoce deudor de Gaboriau, Balzac, Poe, Xavier de Montespain y expone sus conceptos sobre el género policial y la particular idea del género policial como género didáctico necesario para la educación popular; insistiendo en dos propósitos centrales: «educar a la mujer» y «popularizar el derecho».[1]

Sin embargo, varios historiadores y críticos, siguen sosteniendo que el primer cuento policial publicado en Argentina se debe a la polifacética pluma de Paul Groussac. La preeminencia del cuento de Groussac se justifica en que es el primero que proviene del campo literario y firmado por una pluma reconocida como la de Groussac.[2] Es decir, que este reconocimiento nos señala una

---

[1] Véase Ponce 1997: 7-15.

[2] Paul Groussac, nacido en Toulouse en 1848, ingresó en la Escuela Naval de Brest, de la cual fue expulsado por «una desobediencia». Ello lo lleva a una excursión al Río de la Plata en 1866 sin conocer la lengua española y sin profesión. Se integra en el ambiente intelectual; su primera aportación de crítica literaria fue un estudio sobre Espronceda en 1871. Se traslada el norte de Argentina donde permanece, sobre todo en Tucumán, doce años dando clases y asentando su conocimiento del español y de su escritura. Regresa a Francia en 1883, pero retorna pronto a Buenos Aires, donde se desempeña como inspector nacional de escuelas de

primera apropiación del campo literario del género policial. El cuento se tituló «El candado de oro», publicado los días 21, 25 y 26 de junio de 1884, en el diario *Sud América,* órgano de la Generación del 80, y fue reeditado en 1897, en la revista *La Biblioteca* dirigida por el propio autor. Quizá por esa dualidad de francés aclimatado, Groussac se atrevió a publicar un cuento policial, género que en Francia ya había alcanzado una popularidad inusitada desde la pluma de Gaboriau, aunque no lo firmó en su primera ni en su segunda edición. Firmar un cuento policial podía ser considerado de mal gusto, un coqueteo con la literatura popular que no sería bien visto en la élite intelectual nacional que participaba en el diario *Sud América,* donde ya estaba posicionado.

En la segunda edición, Groussac cambia su título por el de «La pesquisa» y mantiene el anonimato. En esta segunda edición incluye una nota que presenta al autor como un joven inquieto que está comenzando:

> El autor de este cuento o relato ha querido guardar el anónimo —y tan sincera-mente que nosotros mismos ignoramos su nombre—. La persona respetable que nos comunicó el manuscrito nos lo dio como el estreno literario de un joven argentino. Deseaba conocer nuestra opinión: la expresamos con publicar su ensayo, a pesar de revelar cierta inexperiencia y no corresponder del todo al principio la conclusión. No dudamos que reincida en la tentativa y que, con ocasión de otro trabajo, nos permita publicar su noticia biográfica.

Al incluir esta nota, Groussac se convierte además de autor, en editor y crí-tico de la obra propia: Señala la endeblez del argumento y la inexperiencia del joven escritor. Crítico y comentador de su propio texto, Groussac incurrirá por primera vez en el dialogismo entre ficción y crítica, de fructífera continuidad en la literatura argentina y que llega hasta hoy.

Aceptando el esquema propuesto por Piglia de que la literatura argentina se articula en el diálogo elidido de una pareja intelectual formada por un escritor extranjero, aclimatado a la cultura argentina, y otro de corte nacional pero de mirada cosmopolita, se puede considerar a Groussac como la pareja especular de Miguel Cané en la Generación del 80[3]. Puntúa Piglia que esta relación, lle-

---

bachillerato y participa en la reforma educativa de 1885, celebrada en toda Hispanoamérica, y desde 1885 es director de la Biblioteca Nacional hasta su muerte en 1929. Borges decía que su obra maestra fue su estilo, «ese vaivén de retórica apasionada y de ironía epigramática». La extensa obra de Groussac se desliza entre obras históricas, crítica literaria, viajes, biografías y relatos de ficción.

[3] Véase Jitrik 1974.

vada hasta el límite, se verifica en cada período de la literatura argentina. Esta tesis es expuesta por Piglia, a través de uno de sus personajes de *Respiración artificial*, Tardevsky, un filósofo polaco afincado en la provincia de Entre Ríos que afirma:

> El intelectual europeo, instalado en la Argentina, viene a encarnar el saber universal. [Tardevsky] Había rastreado una serie de etapas y de parejas típicas, con sus tensiones, sus debates y sus transformaciones. De Angelis-Echeverría en la época de Rosas. Paul Groussac-Miguel Cané en el 80. Soussens-Lugones en el novecientos. Hudson-Güiraldes en la década del 20. Gombrowicz-Borges en los años cuarenta y la cosa seguía, como declinando y degradándose a medida que el europeísmo perdía fuerza» […] «En esas parejas el intelectual europeo era siempre, en especial durante el siglo xix, el modelo ejemplar, lo que los otros hubieran querido ser. Al mismo tiempo muchos de estos intelectuales europeos no eran más que copias fraguadas, sombras platónicas de otros modelos (Piglia 1980: 146-147).

Es decir, que el iniciador del policial en Argentina, Groussac, se posicionó en la Generación positivista del 80 como el «que viene de fuera» —una especie de Melquíades rioplatense— y posee ciertas claves para comprender, desde una mirada extranjera, a la producción nacional. En el caso de Groussac la hipótesis de Tardevski sobre la «copia platónica» es verosímil: llegado a Argentina en 1866, después de haber sido expulsado de la marina francesa y sin saber el castellano, tras algunos años en el interior del país y de lento posicionamiento en el campo intelectual, se transforma en una figura que critica y tiraniza a una buena parte de la elite cultural porteña con un ejercicio de la ironía y un estilo elegante, hasta transformarse en el custodio del patrimonio literario nacional: durante 42 años dirige la Biblioteca Nacional. Precursor, entonces, de Lugones y Borges.

Como ya señalé, el relato policial clásico cuenta dos historias superpuestas, una en la superficie, la investigación de un crimen, llevada a cabo por un investigador que avanza y va develando otra casi oculta, hasta su confluencia en el final, donde se esclarece el enigma. Esta es la matriz que sigue «La pesquisa» de Groussac: sigue las características del esquema propuesto por Poe, que he citado en la descripción de Borges, pero con algunas matizaciones sobre el modelo, que luego comentaré.

Un narrador anónimo en primera persona introduce la escena en que se narra la historia criminal; historia que, a su vez, es contada por un narrador personal, el ex comisario Enrique M., protagonista de una pesquisa llevada a cabo, años atrás, en su época activa. Interesa el doble marco de la narración: La escena introductoria muestra dónde se cuenta el relato del crimen y su esclarecimiento; surge en una conversación entre amigos que se reúnen en la popa de un barco, en una travesía de placer; se explicita que es «un solo grupo argentino para escuchar cuentos e historias más o menos auténticas», con lo cual se enfatiza la agrupación nacionalista y el carácter de «gente con clase» del grupo. En el final de la historia, el mismo narrador introductor irrumpe de nuevo para volver al espacio presente, detiene el final preparado por el investigador y consigna que «Enrique M. esperó vanamente una protesta de su auditorio: en sus sillones de hamaca, al resplandor de la luna que derramaba su plata líquida sobre las olas quietas, todos dormían profundamente». El final deceptivo y humorístico de la narración señala el carácter de mero entretenimiento del relato expuesto que ni siquiera termina de interesar a sus receptores.

Pero, además, el ex comisario Enrique M. cuenta la historia para contradecir los comentarios sobre un caso exitoso de la policía francesa, contado anteriormente, sustentado en el rigor deductivo. Por el contrario, el comisario argentino postula «que en la mayor parte de las pesquisas judiciales la casualidad es la que pone en la pista, basta un buen olfato para seguirla hasta dar con la presa». Así el relato desplegado, por una parte, enfatiza su carácter de divertimento y, por otra, demuestra una tesis *criolla* que da preeminencia a la *casualidad* frente a la *causalidad* racionalista francesa, marcando una diferencia de temperamento cultural.

Presento la síntesis del argumento: el comisario es requerido para esclarecer un doble asesinato, ocurrido en una casa quinta de La Recoleta, entonces las afueras de Buenos Aires. La escena del crimen es descrita con rigor fotográfico y con un estilo truculento cercano al naturalismo, mechado por la jerga legal y médica:

> Desde la puerta de calle, que daba sobre el jardincito que rodea la habitación, gotas de sangre salpicaban el suelo; un cadáver de hombre mal trazado —de la sumaria resultó italiano— estaba tendido en las gradas de vestíbulo; otro cadáver, el de la dueña de casa —destrozados los vestidos y desgreñada la blanca cabellera, con una espantosa herida en el cuello, un tajo brutal de cuchillo que cortara la traquearteria— yacía en un dormitorio, apoyado el tronco contra el pie de la cama, en un charco de sangre. Un revólver de calibre mediano estaba tirado en la alfombra (Groussac en Bajarlía 1990: 26).

Desde esta escena inicial se despliega la intriga: la heredera de la considerable fortuna de la asesinada es una especie de «hija adoptiva» y acompañante, Elena, quien expone al comisario los antecedentes del crimen: La vieja señora, de origen vasco, después de la muerte de su marido, un comerciante español, había desarrollado «una manía singular: una desconfianza general respecto de la estabilidad de las casas bancarias más acreditadas y un terror creciente por la miseria». Esta manía la lleva a retirar sus ahorros y esconderlos en un lugar desconocido de la casa, dato que se había extendido por la vecindad con las fabulaciones consecuentes, mientras que la señora espantaba con un revólver, que «manejaba con una destreza varonil», a presuntos asaltantes que se acercaban a la casa.

Siguiendo el modelo de Poe, Groussac utiliza la técnica de la doble hipótesis: El comisario propone una primera, según la cual los asesinos eran dos, por las huellas en el jardín frescas aún; uno intenta matar a la mujer mientras otro espera agazapado para luego recorrer la casa y encontrar el botín. Según esta posibilidad la víctima alcanza a herir al agresor mientras la degollaba; pero esta hipótesis es refutada porque el cargador de la asesinada no ha sido disparado. Esta primera refutación instituye un enigma mayor: las huellas del segundo asesino llegan hasta la ventana del cuarto de la hija, pero la muchacha, descrita como una joven dulce, bella y afable, de una elegancia «nórdica» que, contagiada por los miedos de su madre, cerraba las ventanas de su cuarto y esa noche ni se había acercado a ellas. El inspector acepta como satisfactoria la respuesta.

En cuanto a los beneficios del crimen: la agraciada es la muchacha. Elena es la heredera universal de la señora y así se verifica en el testamento de la anciana, pero que incluye una cláusula: la de usar el «candado de oro» que la mujer tenía en su pecho, probablemente arrancado por el segundo asesino, que no se encuentra. El caso queda cerrado y archivado.

A partir de aquí se demostrará la tesis del comisario; esto es, la importancia de la casualidad en las pesquisas: Al regresar de un largo viaje, por casualidad, se entera de que la joven ha puesto en venta la casita y vive con una «sirvienta extranjera». La casualidad continúa en el hallazgo de un anuncio de periódico, en el que se solicita «un candadito de oro labrado, para medallón; representa escaso valor y sólo lo tiene para su dueño» y se ofrece una suma importante de dinero por su devolución, firmado por la «sirvienta vasca».

El comisario vuelve a comenzar la pesquisa del «crimen de la Recoleta». En este nuevo comienzo el lugar del comisario cambia: el crimen no es solamente un caso criminal más sin resolver, sino un reto a la inteligencia e intuición del comisario; el estatuto del comisario crece poniéndose en el lugar prestigioso del investigador, de Dupin o Holmes. Reitero que los investigadores del policial clásico no son «profesionales del crimen» y llevan sus investigaciones fuera del espacio oficial de los cuerpos institucionales de policía, a los que desprecian. Enrique M. llevará la pesquisa fuera del Departamento Central de la Policía y actuará con un ayudante Hymans, «un belga, antiguo empleado de la Prefectura de Bruselas, discretísimo y atrevido» quien, enamorando y vigilando a la sirvienta encuentra la pista: el «candadito de oro». El supuesto segundo asesino es un tal Cipriano Vera que era el apoderado de la asesinada y virginal amante de la joven.

Al ser interrogada sobre esta relación, en una visita del comisario, la joven confiesa la verdadera historia: una historia de amor obstaculizada por una madre avara y absorbente. El amante, decente y pobre trabajador, visitaba a escondidas a la muchacha saltando por el jardín. La noche del asesinato, al oír ruidos, salió para proteger a la señora y mató al asesino que huía y recibió a su vez un balazo en la sien que lo dejó postrado durante varios meses. En su posesión: el candado de oro, reintegrado a la muchacha, tiene la clave de una caja en la cual se encuentran «cuarenta mil pesos fuertes». La pesquisa criminal termina en boda de los jóvenes con el padrinazgo del investigador.

Como se puede percibir en esta síntesis argumental, Groussac utiliza dos modelos que se anudan: el relato policial clásico, que incluye del lado del investigador esa mezcla del rigor científico y de creatividad del poeta preconizada por Dupin; y el desenlace folletinesco arropado con una prosa plagada de tópicos sentimentales.

El texto está mechado por citas que hacen explícito el diálogo con sus modelos: Como ejemplos, el último estertor de la vieja señora asesinada, se describe como «un clamor que no tenía nada de humano y parecía el aullido de una fiera en agonía», clara alusión a «Los crímenes de la calle Morgue» de Poe, que funciona como indicio del carácter áspero y casi animal de la asesinada. También el ideal del detective modélico, «el dominio propio e impasibilidad» que no posee el apasionado comisario, pero sí su flemático ayudante belga, Hymann que se define como frío y lacónico, un «diablo de flamenco que hubiera despachado en tres minutos la historia del sitio de Troya» (Groussac en Bajarlía 1990: 35).

Juego invertido de la relación Holmes-Watson en el cual se enfatiza el carácter sanguíneo y lenguaraz del «criollo» detective, frente al ayudante, un verdadero sabueso que puede simular hasta enamorar a una criada para obtener datos. De la línea folletinesca: amores contrariados por la diferencia de clases, el ocultamiento y el amor que salta sobre las dificultades, una acción heroica del rechazado que lo redime y el final matrimonial con herencia .

INTUICIÓN «CRIOLLA» Y RACIONALIDAD «FRANCESA»: LOS TROPEZONES DE UNA
«INTELIGENCIA PURA»

Sobre este fondo híbrido de policial y folletín lo que más interesa son las propias
reflexiones del comisario que abonan su tesis de la casualidad como motor de la
pesquisa. En el momento en que comienza la resolución del enigma —cuando
el ayudante llama a Enrique M. para que vaya a la casa de la sirvienta— el
comisario toma un coche, pero una súbita iluminación lo empuja a cambiar
de rumbo y solicita al cochero que se dirija a la casa de la Recoleta. Sobre esta
decisión, que abre la posibilidad de resolución del caso, reflexiona el comisario
ante su público:

> Yo creo firmemente que hay en nuestro ser mental una especie de segundo yo ins-
> tintivo y vergonzante, que habitualmente cede el lugar al primero —al *yo* inteligente y
> responsable que procede por lógica y razón demostrativa—. Pero en ciertos instantes,
> raros para nosotros, gente vulgar, y frecuentes en el hombre de genio, el antiguo
> instinto desheredado, esa como *conscientia spuria* que diría Schopenhauer, se lanza
> a la cabeza del batallón de las facultades y manda imperiosamente la maniobra.[...]
> Repito que no hubiera podido explicar el móvil exacto de mi cambio de resolución,
> pero iba resueltamente a casa de Elena, persuadido, convencido de que allí se iba a
> decidir la cuestión aquella misma noche (Groussac en Bajarlía 1990:36).

Este impulso irracional, este seguir la inspiración del momento y actuar
bajo la ley del instinto, caracteriza a este investigador «criollo» y reitera uno de
los más persistentes tópicos de la literatura latinoamericana: una estructura de
sentimientos signada por la pasión. Algo de la «barbarie» sarmientina se exhibe
en este ex comisario porteño.

Varios elementos contextuales de las polémicas de la época y característicos de
la Generación del 80 aparecen en este inserto comentario del comisario: por una
parte, el conocimiento de las nuevas teorías de la «doble conciencia», escenificadas
en el motivo del doble querido por la literatura del fin de siglo (desde Stevenson
y su Dr. Jeckill y Mr. Hyde a *El doble* de Dostoyevski). El tema de las capaci-
dades dormidas de las gentes vulgares, que aquí Groussac denomina potencia
del «instinto», siguiendo la línea positivista de su generación, que se convertirá a
comienzos del xx en conocimiento «intuitivo», alternativo a la preeminencia de
la ciencia y de la razón, es uno de los ejes del relato.

José Luis Romero refiere que el enorme empuje económico y el diseño del
Estado liberal oligárquico, llevó a la formación del 80 a una posición indolente,

en la cual el Estado organizado por la generación anterior, la de los fundadores de
la Nación como Alberdi y Sarmiento, se vivían por las nuevas oligarquías como
un hecho dado, que «correspondía a la naturaleza de las cosas y no necesitaba
la constante corrección del rumbo. El proceso, empero, se desenvolvía como un
torrente violento constreñido por terribles obstáculos, a los que al principio se
sorteó gracia a la habilidad de los timoneles y contra los que luego comenzó a
chocar con creciente violencia» (Romero 1987: 20-21). La nueva y estabilizada
oligarquía liberal regía los destinos del país como un club exclusivo, en el cual la
acumulación de dinero y el ejercicio de un sensualismo diletante, despreciaba en
una especie de «despotismo ilustrado» los cambios por ellos mismos promovidos
y a una parte importante del progreso, el trabajo de la masa popular urbana y
campesina.

Señala Romero:

> El refinamiento en las costumbres comenzó a regirse por normas diferentes
> de las que habían presidido la vida del patriciado porteño, alterada ahora por un
> cierto amaneramiento que nacía de traducir a la atmósfera aldeana de Buenos
> Aires las modas, los usos y las convenciones de las grandes capitales europeas,
> entonces en la euforia del esplendor capitalista.

De allí, que esta nueva oligarquía ejercitara una cierta sorna o desprecio por
las costumbres vernáculas o «criollas», exaltadas durante el período de Rosas,
que si se estigmatizaron en la dicotomía sarmientina «civilización» o «barbarie»,
durante el fin de siglo fueron desterradas con sorna. Uno de los casos más evidentes se verifica en el *Fausto*, poema de Estanislao del Campo, que caricaturiza
con ferocidad la asistencia de un gaucho a una representación del *Fausto* de
Gounod en el Teatro Colón, convertido en altar de los rituales de la riqueza y
el cosmopolitismo.

Por otra parte, es notable el circuito de la inmigración que el relato despliega:
una avara vasca, una muchacha de ascendencia sajona, un asesino italiano, un
ayudante belga, un comisario «criollo». Evidentemente, ya en el momento inicial
de los primeros flujos inmigratorios masivos, se representa esta vertiente fóbica
sobre el «recién llegado». Señala Jitrik las contradicciones de los intelectuales de
la década de los 80:

> Hay, sin embargo, algo paradójico en el naturalismo argentino: Sigue las pautas
> de los maestros franceses (Zola), que lo han constituido sobre una base biológico-
> social para combatir mediante la novela los excesos de la burguesía colonialista del
> maquinismo; en la adaptación argentina, el biologismo deriva hacia el ataque al

inmigrante (*En la sangre*, de Cambaceres; *La bolsa* de Julián Martel) y la defensa de los valores de la alta burguesía argentina, cuyo proyecto es ligarse a la burguesía del maquinismo. El final de la paradoja consiste en que Zola termina por definir al naturalismo como socialismo, actitud científica respecto a la novela y la sociedad, mientras que Cambaceres *(En la sangre)* ataca al inmigrante que es el que importa el socialismo a la Argentina y ayuda a poner en evidencia el verdadero sentido clasista de la xenofobia (Jitrik 1974: 80).

Para obtener la información que necesita para cerrar el caso, este investigador «criollo» no parte de la deducción, sino que se deja llevar por un golpe de suerte en la lectura del periódico y de un golpe de «instinto» que le hace dirigirse a la casa de Elena en una emblemática Noche Buena. Además, para forzar la confesión de la muchacha, utiliza una estratagema: la simulación. Al llegar a la casa entra por el jardín y, al escuchar el llamado de la muchacha que espera a su amante, imposta la voz y se hace pasar por él; cuando Elena descubre el engaño, está obligada a la confesión. Por unos momentos el detective ocupa el lugar del supuesto criminal y esta simulación lo emparienta especularmente con él.

El investigador no ha sido un dechado de virtudes y sería motivo de las risotadas de Holmes: no sigue las evidencias de la primera pesquisa, no averigua demasiado y se conforma con la primera versión de Elena simplemente porque es bella y recatada. En realidad, este investigador no investiga; tampoco encuentra una prueba sino que la produce con el engaño; consecuentemente la develación del enigma es efecto de la confesión de los supuestos delincuentes que, por otra parte, son solamente dos jóvenes enamorados, transgresores de las normas estrechas de una anciana desquiciada. Del verdadero delincuente sólo sabemos que era «un hombre de mala traza» que resultó ser «italiano», olvidado rápidamente en la historia.

Esta división entre «intuición criolla» frente a «racionalidad francesa», entre un detective vernáculo que se deja llevar por la pasión y el pálpito, y su ayudante belga riguroso, que dirige la investigación efectiva señala, desde la voz del narrador introductor, la condición del ex comisario Enrique M.: una especie de advenedizo en un grupo de contertulios elegantes.

Al plantear la disyuntiva entre deducción racionalista e intuición reveladora, Groussac deja entrever la pugna entre «positivistas» y «bohemios», que despunta en este cuento y que se desarrollará poco después en la literatura argentina. De hecho la «coalición intelectual de la década del 80», sustento ideológico y político del próspero estado liberal oligárquico, se dividirá, como señala Ludmer, en dos bandos: los inscriptos en el positivismo (Cané, García

Merou,) y la de los «bohemios» modernistas, adscritos a un espiritualismo y misticismo que pone en jaque las pruebas del racionalismo. Entre ellos, en una brecha abierta hacia la crítica del estado liberal, Cambaceres en la novela naturalista y Holmberg en la novela policial y el fantástico, a quien le dedicaré el siguiente capítulo.[4]

«LA PESQUISA», UNA FUNDACIÓN PARÓDICA

Pastormerlo señala el gesto paródico como una característica del género policial desde sus inicios y cuestiona la periodización propuesta por Rivera de un «período epigonal» (o período formativo según Lafforgue) que partiría de estos primeros relatos finiseculares, hasta la producción de los treinta y los cuarenta. Período considerado fundacional, en el cual se asienta el género, a partir de los textos de Borges y Bioy, donde despunta la parodia y se abre la puerta a la heterogeneidad del policial en los sesenta y setenta.

Sin embargo, dice Pastormerlo (1997):

> No es sorprendente que un género como el policial, que se constituyó a través de imitaciones numerosas y detalladas, haya sido también objeto de parodia desde sus comienzos. En cierto modo, el policial es un género no parodiable, un género «que linda con su propia caricatura», capaz de asimilar cualquier experimento paródico. ¿Cómo parodiar un género que desde sus inicios ha sido parodiado y en el que la parodia es ya una tradición?» Esta afirmación se sustenta en los antecedentes asimilados por el policial instituido por Poe; entre otros, las narraciones del «misterio racionalizado» que, a su vez, parodiaban «las numerosas historias de apariciones y fantasmas de la literatura del XVIII, en las cuales el misterio y el terror se desvanecían a la luz de una explicación racional.

Por otra parte, los vínculos que unen a la novela gótica con el policial han sido muchas veces señalados. «El «misterio racionalizado»[5] aparece como una forma intermedia entre la novela gótica y el policial, y puede verse así, en esa desviación paródica de la novela de terror, la forma precursora más directamente relacionada con el género policial». Puntualiza, también, la larga tradición paródica

---

[4] Véase Ludmer 1999.

[5] Del Monte sintetiza la evolución del «misterio racionalizado» desde comienzos del XVIII hasta comienzos del XIX, conectándola con la parodia, y la relación con la emergencia también del género policial. Véase Del Monte 1962: 38-39.

del género, que comienza ya con Poe y su artículo sobre la *Blackwood Magazine*, como una de las revistas precursoras del policial pues, entre 1820 y 1840, publica relatos de crímenes y misterio (Poe 1956: 823-844). Poe mismo ejercita la parodia de las *Memorias* de Vidocq en «La carta robada».

Concluye que el policial está «fundado en la parodia, la historia del género sería, en parte, una historia de parodias» que parten de Poe a Mark Twain (*A barrelled detective story*), T.B. Aldrich (*The stillwater tragedy*, 1880), Ambrose Bierce (*Can such things be?*) a las numerosas y muy cercanas en su publicación a las narraciones de Conan Doyle, y señala a «El triple robo de Bellamore» de Horacio Quiroga (1908) como una temprana parodia del género en Argentina. «El policial no fue un género primero respetado y luego parodiado. La parodia no es aquí un síntoma de agotamiento o cambio de función, sino una de las constantes del género» (Pastormerlo 1997: 21-22).

En esta línea, cabe mostrar que la figura del detective en «La pesquisa» se acerca a la descripción del *dandy* de fin de siglo, descrita por Braudy:

> […] en el siglo XIX la cuestión de la fama toma un aspecto explícitamente político que toca a todos en la sociedad. La expansión del público lector aseguraba que cualquiera que aspirara al reconocimiento público no podía ignorar la multitud de modos en que esto ocurrió en el pasado y en el presente. La respuesta fue un interés por el estilo y a veces la sustancia de la marginalidad social. La apelación al *outsider*, quizá nuestra herencia psicológica más difundida de la Europa del siglo XIX —dice Braudy— parece necesariamente generada para curar las heridas de un vasto número de individuos que, aunque exitosos, se sintieron afuera del desfile de la fama y del progreso social y científico (Braudy 1986: 477-47).

A partir de esta necesidad de notoriedad pública se puede pensar la figura del *dandy* como una figura que «dio la vuelta a esa alienación y la transformó en un estilo de honor, un aristócrata que está fuera de las convenciones sociales, poniendo a las circunstancias más ordinarias en un punto ridículo». En este sentido, «esta aristocracia espiritual» que ejercía el *dandy* traspasa las nociones de clase o de ascendencia noble; de hecho los *dandys* fueron con frecuencia sujetos provenientes de sectores no aristocráticos, o mejor, podemos utilizar el apelativo que le daban los aristócratas ingleses a los advenedizos de las nuevas burguesías en ascenso: *snob*, esto es, *sine nobilitas*.

Esta forma de alcanzar el reconocimiento público por la excepción, emparienta al *dandy* con el *criminal*, que desdeñaba las normas sociales y con *el sabio o el héroe* que las superaban. En un mundo cada vez más especializado, esta nueva fama no era profesional, especialmente cuando tocaba la obra de arte» (Braudy 1986: 477-479).

Retomando esta figura de fines del XIX, infiero que el comisario Enrique M. oscila entre el dandismo —expresado en el espacio frívolo donde despliega su aventura hasta la pose de alarde intelectual— y la identificación con el supuesto criminal, cuyo lugar escamotea (cabe recordar que cuando describe a Elena despunta su galantería de seductor, la cubre de virtudes y bellezas y se deja engatusar con la primera respuesta de la muchacha).

Tanto la historia contada, sus reflexiones psicológicas y el hecho mismo de utilizar la historia de un crimen brutal para obtener el reconocimiento de sus contertulios, es «titeada» por el narrador que lo enmarca. En el comienzo el narrador lo introduce poniendo en solfa su «extraordinaria afición a sentar paradojas en equilibrio inestable, como pirámides sobre la punta» y lo nombra como «el conocido porteño». En su final, la irrupción de este narrador cierra el relato, señalando que el comisario no puede terminar con fanfarronería su pesquisa porque el comandante del barco le ruega que no haga tanto ruido y porque sus oyentes se han dormido.

Una conclusión: Si «La pesquisa» es el primer relato policial argentino, podemos decir que el género se inicia en Argentina con un gesto claramente paródico. Todo el andamiaje del relato no sólo se presenta como un simple divertimento, sino como una mofa a la lucha «entre inteligencias puras» con las que describía Foucault a esos nuevos artistas del crimen —el detective y el delincuente— del relato policial europeo y norteamericano clásico.

2. Eduardo Ladislao Holmberg: *La bolsa de huesos*, un juguete policial

Es notable la indecisión de la crítica en la ubicación de la obra narrativa de Eduardo L. Holmberg, para la cual se señalan varias fundaciones narrativas: el *Viaje maravilloso del Sr. Nic-Nac* de 1875 inaugura la novela de ciencia ficción en Argentina; *Nelly*, un folletín, publicado en 1896, es adscrito al fantástico; mientras que *La casa endiablada* y *La bolsa de huesos*, publicados también en 1896, se presentan, oscilantemente, como textos fundadores del relato fantástico y del policial.[1]

Estas adscripciones, no obstante, señalan la heterogeneidad de la obra de Holmberg que no se agotan, ni mucho menos, en la obra literaria. Holmberg es un hombre de la década del'80: médico dedicado a las ciencias naturales, profesor de botánica, periodista, crítico literario, escritor... La diversidad de sus publicaciones y su intensa presencia cultural en el Buenos Aires de fines del xix y la primera mitad del xx, muestran una forma heterodoxa de ejercer el lugar del intelectual:

---

[1] Como ejemplos: Ángela Dellepiane y Gioconda Marún lo reivindican como autor del primer relato de ciencia ficción con el *Viaje...* (Holmberg 1994) mientras que Juan Jacobo Bajarlía considera a este texto como un relato fantástico y lo incluye en literatura fantástica y postmodernismo (Bajarlía 1990). Por otra parte, A. Pagés Larraya incluye *La casa endiablada* y *La bolsa de huesos* en su edición de los *Cuentos fantásticos* (Pagés 1957), pero ubica a estos relatos como «relatos policiales», matizando que *La casa endiablada* es la primera novela policial argentina y mundial en el que se utiliza como técnica de investigación del crimen la técnica dactiloscópica. Graciela Aletta señala estas contradicciones y propone una definición más general, teniendo en cuenta la particularidad de la obra de Holmberg «un hombre de ciencia que se dedica a la literatura de ficción», vertebrando el cientificismo con la literatura fantástica: fantasía científica o fanta-ciencia (Aletta de Sylvas 1997: 289).

la de un hombre curioso, participativo y proclive a revisar sus premisas.[2] En la
Generación del 80, Holmberg se coliga con los positivistas —recordamos que
fue el mejor defensor de Darwin en Argentina— pero se lleva muy bien con el
talante bohemio y disidente de los «modernistas».

Como ha señalado Viñas, para los «escritores *gentlemen*» del 80, la literatura
no es una actividad central, más bien la consideran un pasatiempo que compa-
tibilizan con las actividades políticas, económicas y sociales.[3] Sin embargo, la
intensidad de la producción literaria de Holmberg quien, como veremos, considera a la ciencia y a la literatura dos lugares centrales para la modernización
económica y cultural; y que no duda en criticar los déficit de las instituciones del
estado liberal, lo llevan a una posición liminar en el campo intelectual del 80.
De hecho, no es frecuente la inclusión de la obra de Holmberg en las historias
literarias al uso; ni tampoco pertenece al canon central de la literatura nacional;
aunque, en las dos últimas décadas, debido a la atención puesta por la crítica en
el siglo xix para rastrear las genealogías del desarrollo de algunos géneros del
siglo xx, se ha revalorizado la obra de autores relativamente excéntricos del fin de

---

[2] Eduardo Ladislao Holmberg (Buenos Aires, 1852-1937). Estudia Ciencias naturales
en la Universidad de Buenos Aires; en 1872 hace un viaje exploratorio a la Patagonia y Bahía
Blanca, dona sus colecciones al Museo Nacional de Buenos Aires, dirigido por Burmeis-
ter. Entre 1875 y 1915 es profesor de historia natural, anatomía, geología, higiene, física y
química en la Escuela Normal de Profesoras. Una de sus discípulas fue Cecilia Grierson, la
primera mujer médica en Argentina. Entre 1877 y 1883 fue profesor de historia natural en
la Escuela Normal de Varones. En 1878 funda *El naturalista argentino* y en 1879 comienza
su colaboración sostenida en revistas culturales. En 1880 se doctora en medicina; a partir
de este momento forma parte de la Comisión Científica de la expedición del general Roca al
Río Negro (1881), es miembro de la Academia Nacional de Ciencias de Córdoba y participa
en numerosas expediciones de exploración científica. En 1882 presenta una conferencia en
el Teatro Nacional sobre Charles Darwin, que se publica como libro. Entre 1888 y 1903 es
director del Jardín Zoológico de Buenos Aires; entre 1905-1910 es Inspector de Enseñanza
Secundaria. En 1927 al cumplir 75 años la Academia de Ciencias, la de Medicina lo nombra
presidente y académico honorario; el Municipio de Buenos Aires instituye el premio Dr.
Eduardo L. Holmberg para trabajos científicos sobre ciencias naturales, otorgado por la
Academia de Ciencias Exactas, Físicas y Naturales. En 1938 se publica póstumo su libro
Sarmiento. La obra científica de Holmberg es intensa y muy reconocida en la Argentina del
fin de siglo y el comienzo del xx. Las literarias se prodigan entre el relato de ciencia ficción,
policial, fantástica y numerosos artículos sobre la vida cultural, artículos de opinión, conferencias. He reseñado estos datos de la magnífica edición de la obra literaria de Holmberg no
difundida y recogida de revistas, periódicos o inéditas, realizada por Marún 2002. A esta
investigadora debemos también la edición de la última novela de Holmberg: *Olimpio Pitango
de Monalia* (terminada en 1915), publicada en 1994.

[3] Véase Viñas 1964. También: Altamirano y Sarlo, 1983.

siglo, que propusieron aperturas temáticas y formales, tal es el caso en Argentina de Juana Manuela Gorriti y de Eduardo Holmberg.[4]

LA BOLSA DE HUESOS: FICCIÓN Y METAFICCIÓN, LAS TRAZAS DEL NARRADOR

En su primera edición *La bolsa de huesos* aparecía precedida con una larga dedicatoria a Belisario Otamendi, director del Departamento de Policía de Buenos Aires. Esta dedicatoria funciona a modo de prólogo e incluye reflexiones de Holmberg sobre las posibilidades del género policial, sobre el relato propio y los efectos producidos en los receptores. Un concepto a tener en cuenta es la denominación de la novela como «juguete policial».

Me detengo en esa denominación: la idea de «juguete» por supuesto remite a la de juego y entretenimiento; idea utilizada por Poe, Conan Doyle y Gaboriau, los primeros autores del género en el XIX, para exculpar el despliegue criminal de sus obras, a más de la didáctica: educar en el crimen es una manera de aleccionar al pueblo. La idea de divertimento es uno de los aspectos que señalan la integración del género en el proceso de autonomización estética del XIX, señalado por Foucault, en el cual el crimen comienza a ser presentado como obra de arte, exento de recomendaciones o puniciones; mientras se relega al «crimen vulgar» a las páginas de sucesos de los periódicos y lo reemplaza por este «juego» de inteligencias puras, como ya he repetido.

Pero, también, la noción de «juguete» remite a la de máquina, en este caso, une la cientificidad de la técnica con la gratuidad del objeto. Cabe recordar que muñecos articulados, coches de cuerda, autómatas, máquinas maravillosas que transportan en el tiempo o en el espacio, bajo el agua o cruzando los cielos —de Verne a Wells— forman parte del imaginario técnico del Occidente moderno que, desatado por las sucesivas revoluciones industriales, impregna a las masas populares al surgir en el mercado de consumo a fines del XIX. Imaginario que será alimentado muy poco después por la imaginería técnica creada por el cine.[5]

---

[4] Véase Verdevoye en Morillas 1991. También es significativa la inclusión de Holmberg en varias antologías sobre el fantástico, a más de la que utilizaremos de la narrativa de Holmberg. Véase Flesca 1970, que incluye estos relatos policiales en su antología.

[5] Simplemente recordar el precursor film de Méliès, *El viaje a la Luna*, de 1897, en el cual el director comprendió y puso en marcha las posibilidades narrativas de mezclar la imaginación científica y el truco visual de feria. Fue Méliès quien investigó las posibilidades

Holmberg especula sobre ese doble uso del artefacto narrativo: Alienta la idea del relato como juguete que divierte —palabra que proviene del lenguaje militar: distraer al enemigo— y, al tiempo, pone en marcha una máquina especulativa, en la que el «escritor se deja llevar por la lógica inflexible de los sucesos».

También, este juguete produce un curioso efecto de «real»: Sus lectores más cercanos le recriminan que no haya denunciado a las autoridades al criminal y sus asesinatos: «He consignado esto porque envuelve para mí el mayor elogio: ¡Insistir con enfado al jefe de la oficina de pesquisas de la policía de Buenos Aires en llevar a la cárcel un fantasma de novela! Nunca soñé con un éxito semejante». Incluso, un amigo, policía de altas funciones en Buenos Aires, le reprocha la inclusión de los últimos capítulos donde se produce el desenlace de la historia; y lo acusa de ser «un decadente, un romántico; usted merecería que fuera cierto lo que ha escrito para que lo llevaran a la cárcel […] por haber redactado los dos capítulos finales.» Otro amigo, médico esta vez, por el contrario lo felicita por hacer una obra digna de un médico, de un investigador de verdad; y en cuanto al final lo exime de toda responsabilidad: «Usted no es empleado de la policía; usted tiene el derecho de no llevar a sus personajes a la cárcel» (Holmberg en Pagés 1957: 169-170).

Artimañas del escritor o no, estos dos puntos de vista apuntan las resistencias que el policial suscitó hasta no hace mucho tiempo; a más de la definición del policial como literatura «espúrea» o «subliteratura» que aparece en críticos de reflexión sagaz, entre otros, Roger Caillois o Jaime Rest, son numerosas las consideraciones sobre el relato policial como pernicioso para los lectores. Críticas morales al género ha habido y hay.

Sintetizo la historia de *La bolsa de huesos*: El narrador, médico, naturista e influyente profesor de la Facultad de Medicina, al regresar a Buenos Aires después de una excursión científica sobre la fauna y la flora del norte argentino, recibe de un amigo una «bolsa de huesos», esas bolsas que contienen esqueletos humanos para el estudio de los estudiantes de medicina, olvidada por un joven estudiante en su casa. Olvidada también por el narrador, durante unas semanas, la «bolsa» se presenta como un indicio inquietante, diría, la bolsa «hace signo», llama al investigador. Este reconstruye el esqueleto, al que solamente le falta la cuarta costilla, y lo define como el de un joven de unos 23 o 24 años, de complexión media, de un sujeto en estado perfecto de salud (dentadura perfecta y sana) de «estructura fina» y por las características del cráneo detecta «una inteligencia

---

de la representación fanta-científica en el cine. Como se sabe le tocó el destino de cualquier precursor: en una caseta de feria y una muerte en extrema pobreza.

equilibrada y superior» y «las eminencias de la veneración, de la benevolencia, de la destructividad y de la prudencia» (Holmberg en Pagés 1957: 175).

En fin, «un joven que parecía destinado a brillar en el mundo intelectual». Estos datos despiertan su curiosidad. Por casualidad, encuentra un esqueleto semejante en la casa de un colega: este esqueleto tiene características físicas semejantes al suyo, incluso le falta la cuarta costilla, pero de tonos psicológicos opuestos al del anterior y que ha llegado a la consulta del médico amigo de igual manera. Esta coincidencia desata el interés «inductivo y deductivo», o «fiebre investigatriz» de este curioso científico. La ayuda de un amigo —antiacadémico frenólogo, que se convierte en ayudante del investigador— ratifica las lecturas de ambos cráneos, agregando que ambos revelan una tendencia evidente hacia los estudios de medicina.

Buscar al estudiante, que ha abandonado las respectivas bolsas de huesos, lo lleva a una serie de investigaciones que van desde la casa de una familia que arrienda habitaciones para estudiantes hasta las listas de matriculados en la Facultad de Medicina. De ellas emerge un misterioso personaje: un joven peculiar, especialmente discreto, amable, pero sobre el que no se tienen noticias ciertas. Sólo las impresiones de un rostro fino, casi tapado por unas gafas monumentales y un bigotito minúsculo, estudiante de medicina, pero cuyo nombre, Antonio Lamas no consta en las listas. Eso sí, lo particulariza un persistente y vago perfume de aromas orientales.

El investigador y su ayudante logran componer un retrato con las indicaciones de la familia. También obtienen información de uno de sus amigos, estudiante de medicina, de nombre Mariano, del cual no se tienen más noticias sólo que se ha marchado a Montevideo, su lugar natal. Del examen de su habitación obtienen un billete, escondido en un cajón de su cómoda, cuya letra coincide con las inscritas en los un fémur de un esqueleto. Pronto descubren a otro amigo, Nicanor, cuyo paradero tampoco está claro.

El desenlace se precipita cuando aparece otro estudiante de medicina que acaba de fallecer de forma misteriosa. La asistencia al velorio, las conversaciones con los condiscípulos del muerto y la presencia de una cicatriz en la cuarta costilla, les revela que el nuevo muerto también era amigo de Antonio Lamas; se establece así la conexión entre las bolsas de huesos y el cadáver reciente. Las sospechas se hacen certezas; sólo basta encontrar al evidente criminal. A medianoche, no obstante, aparece el sospechoso en el velatorio de la nueva víctima. Antonio Lamas, precedido por su perfume, se acerca al cadáver, vierte una lágrima y se marcha. El investigador lo sigue y, en un momento de cercanía, lo sorprende llamándolo por su verdadero nombre: Clara. El presunto asesino es una mujer.

La escena final es la requisitoria del investigador de que se vista, como es en realidad, como mujer. Una mujer bellísima que confiesa, en su habitación, al investigador el motivo de sus asesinatos: un amor despechado, el primer y único amor que la traiciona, el tal Mariano; y luego estos otros dos que siguen en la serie por su parecido físico y perfil psicológico. Los crímenes son producidos por una rara hierba peruana, veneno potente, que deja nulos rastros y no aparece en las autopsias.

Como última vuelta de tuerca: el investigador, embrujado por la belleza de Clara y aterrado por los estragos que con ella podría hacer la policía, la alienta al suicidio con el mismo veneno. Para que el final tenga su detalle folletinesco, después de encontrar la policía el cadáver de la joven, el investigador se entera que el locatario de la casa es tutor de un precioso niño de ojos aterciopelados, iguales a los de la asesina. El último gesto de Clara es apretar fuertemente un relicario que lleva en el pecho; el investigador cree que allí está el veneno, pero no: allí tiene el retrato de su niño, «fruto —dice el texto— de un amor impaciente».

Un aspecto de esta novela que considero relevante, como señalaba al comentar la dedicatoria Holmberg, es el énfasis en aclarar, ante el lector, el objetivo de esta «fiebre investigatriz», es decir, por qué el hombre de ciencia se convierte en detective (Holmberg en Pagés 1957: 145):

> —¡Pero yo no vislumbro sino que usted sospecha algo así como un crimen misterioso! [...]
> —Pero me extraña mucho. ¿Usted metido en esta clase de averiguaciones? [...]
> —Y esto ¿tiene alguna proyección policial?

Estas tres preguntas, realizadas por el Dr. Pineal, el que posee un esqueleto semejante al que tiene el narrador/investigador, presentan el nódulo central del relato. ¿Por qué un médico se mete en una investigación de estas características y pone tanto empeño en averiguar lo que debería ser cargo de la policía? La respuesta del narrador es tajante:

> —¿Proyección policial? ¿Qué tiene que ver la policía con las novelas que yo escribo?—»,
> —¿Y los datos recogidos?—, pregunta nuevamente el médico amigo. El objetivo de la pesquisa es develado al comienzo mismo de la narración: «Son los que dan verdad a la cosa. Si llego a un desenlace la publico; si no, la dejo apolillar o la quemo».

En realidad, el narrador de esta novela es un científico y como tal la «realidad» está configurada por «hechos» que producen la «verdad» a la ficción; si la pesquisa «real» no corrobora las sospechas del narrador, la «ficción» no puede existir. Visto así el andamiaje del «juguete policial» sigue, evidentemente, el modelo de la «novela experimental» de Zola: experiencia vivida, indagación en el entorno social de los hechos y novelización. Sin embargo, este método se hibrida con el relato modernista, el «relato de atmósfera», en el cual la trama argumental se desustancia para crear un clima donde suceden los hechos de una historia adelgazada, la secuencia temporal se diluye o detiene y la narración se escora hacia la espacialidad. Además el relato modernista insiste en el aspecto fenomenológico de la ficción, la mostración ante el lector de la «artificialidad» del relato y su desvinculación con la realidad, como he comentado en otro lado. Esta apelación al lector refuerza el anti-realismo y señala el carácter ficcional del relato.[6]

En *La bolsa de huesos* esta apelación al lector, que suspende la línea argumental, es constante; indicaciones, elipsis, descripciones que son obviadas al lector para ahorrarle detalles irrelevantes o para que no tome en cuenta algunas cavilaciones del narrador; señalamientos que, también, funcionan como direcciones de lectura o suponen un interés en la continuidad de la historia. Como ejemplo: «Al lector no le interesa el saber si el salón era lujoso o no. Ahora quiere seguirnos como la sombra al cuerpo, como el rastro a la estrella errante, como la consecuencia a las premisas» (Holmberg en Pagés1957: 194), apelación que pretende en este caso a la identificación del lector con el investigador y señala el aceleramiento de la trama que se encamina a su desenlace. En otros casos se hace ostensible el carácter lúdico y libre de la novela frente a la restrictiva «realidad»; así, ante una acusación de ser un mentiroso para lograr sus fines investigadores, contesta: «Es natural, porque en la novela hay que mentir» (Holmberg en Pagés 1957: 201).

---

[6] El ejemplo privilegiado es de Darío: En «El rey burgués» el relato se enmarca entre dos apelaciones directas que crean un receptor interno del relato —«¡Amigo! El cielo está opaco, el aire frío, el día triste [...]»—, al comienzo, que se repite al final. Este enmarque, que sirve de presentación y cierre, no sólo es un reclamo de implicación del lector, sino también funciona como designación del relato como tal: «Un cuento alegre... así como para distraer las brumosos y grises melancolías, helo aquí». Desde este enmarque la narración se referencia como ficción y el salto del narrador hacia la tercera persona lo coloca en el espacio retórico del «cuento de hadas», de la narración oral o del apólogo: «Había una vez un rey [...]», con lo que la anécdota —la fábula— adquiere un valor ejemplarizante que admite el cierre admonitorio: «Pero ¡Cuánto calienta el alma una frase, un apretón de manos a tiempo! Hasta la vista», en el que se apela a la solidaridad del lector con el poeta. Función semejante cumple el enmarque de la historia en relatos como «El fardo» o «El palacio del sol» (Mattalia 1977).

Este juego entre ficción y metaficción abre este «juguete policial» para presentar otro juego: el de la construcción de la verdad. Cito a continuación el diálogo entre el investigador con su ayudante frenólogo, quien le requiere que pase el caso a manos de la justicia se dice:

> (El ayudante): «[...] He visto en su cara la convicción de que esos dos esqueletos son Mariano N. y Nicanor B. En su lugar, yo me iría a ver a un juez de instrucción, o a uno de los comisarios de pesquisas, y le diría lo que ya he reunido.
>
> (El investigador): «Me guardaría muy bien, porque estas investigaciones llevadas a cabo con un fin novelesco, podrían servir perfectamente para iniciar un sumario criminal, en el que tendríamos que figurar a cada momento y para cuyo desarrollo nos estarían llamando a cada instante [...] siguiendo mi tarea solo será cuando me agrade o lo juzgue oportuno; mientras que, entregándola a otros me llamarán cuando se les ocurra y quizá cuando no me convenga distraerme. Además, el mecanismo de nuestra administración de justicia es muy complicado: no hay procedimientos y de aquí la frecuente discusión sobre prerrogativas o atribuciones usurpadas. Tengo un deseo vehementísimo de llegar a un resultado que espero tocar muy pronto; pero no así nomás, precipitando y llevándolo todo por delante, sino en los momentos oportunos, y con la reposada cadencia del canto llano» (Holmberg en Pagés 1957: 202-203).

Holmberg trabaja sobre la producción social de la verdad. Su postulación es que los juegos de verdad[7], surgidos en la ficción, ponen en cuestión a los del aparato del Estado. La novela que, aparentemente, recoge los hechos de un «caso» real criminal que le daba «su verdad», avanza sobre esos hechos, los transfigura en materia ficcional y produce un valor de verdad superior al que puede proveer el verosímil de la justicia estatal. Montar una ficción sobre un entramado de «hechos reales» implica por lo pronto, una responsabilidad mayor para el detective-narrador quien deberá posicionarse ante el crimen y establecer una pena; no es solamente una queja de la ineficacia policial o de la justicia, sino la proposición de una verdad alternativa que concierne al sujeto individual y debe dirimirse en un terreno extranjero a las instituciones estatales. Holmberg insiste en la «artificialidad» del relato, en su ficcionalidad y en el deslinde entre «realidad» y «ficción»; denomina a sus personajes fantasmas «salidos del tintero», por tanto, no imputables en el terreno de la ley estatal. Desde aquí se entiende el final de la dedicatoria que comentamos: hay un posicionamiento

---

[7] Para deslindar los juegos de construcción de la verdad y la emergencia de las formas jurídicas modernas, véase Foucault 1976.

del investigador en la instigación al suicidio de la asesina para demostrar que —dice en el prólogo— «la muerte no es en todos los casos un castigo para el criminal, mientras que puede ser un cielo para la conciencia» (Holmberg en Pagés 1957: 170).

El relato se organiza a través de la figura del doble: la ciencia y la literatura, el científico-detective y el ayudante frenólogo, despreciado por el saber científico; el médico-escritor (el narrador) y el médico-lector (el Dr. Pineal que quiere investigar en paralelo el crimen); también la dualidad del asesino —hombre/mujer—. Dos son los asesinados convertidos en sendas «bolsas de huesos»; finalmente, la dualidad de detective/criminal. La figura del «doble» exhibe una frontera, límite y lazo a la vez, antagonía y semejanza. Cabe agregar los cruces de fronteras que el texto atraviesa —los límites de la ciencia, de la justicia, de la ley— que producen un doble inclusivo: una novela híbrida, hija del rigor científico, que se nomina «juguete policial»; una novela que se sustenta en una serie de pistas, pero a la vez, como señala Ludmer, es una novela que pretende «despistar». Ante el amigo preocupado por la utilización de datos «reales» y, por tanto, concernientes a la justicia estatal, el científico-detective-novelista-narrador, afirma el valor de la ambivalencia literaria y termina postulando que en esa ambivalencia puede resplandecer «otra» verdad: «Muy sencillamente: desfiguro los nombres, modifico los hechos, dejo la trama, y permito que cada cual le dé el nombre que quiera. Unos dirán que es novela, otros que es cuento, otros, narración, algunos pensarán que es una pesquisa policial, muchos que es mentira, pocos que es verdad. Y así nadie sabrá a qué atenerse» (Holmberg en Pagés 1957: 232).

Con este «despiste» la novela se ratifica como espacio de libertad que abre la interpretación; no es posible que actúe la justicia estatal, justamente, por la «ficcionalidad», la «artificialidad», la distorsión que el relato, no sólo ejercita, sino que hace explícito. La novela señala la impotencia de la ley estatal para controlar la «imaginación», la actividad «privada» e interpretativa de la literatura.

Ludmer coloca esta novela de Holmberg como la primera «transmutación» del hombre de ciencia en detective, además un detective que comete un delito, desmarcándose de las narraciones de «transgresión» institucionales, propuestas por la Generación del 80. El científico convertido en detective cruza la frontera entre delito y ley: «El hombre de ciencia comete un delito amparado por una jurisprudencia propia, corporativa (no estatal) del grupo profesional «científico»: una jurisprudencia que está más allá de las leyes sociales». En su decir, Holmberg se posiciona, entonces, entre la Generación del 80 y sus afirmaciones positivistas que sostienen al Estado con interludios de transgresión juvenil, representados en las novelas de Miguel Cané, Lucio V. López, Lucio V. Mansilla, y los «nuevos sujetos» adscritos a la bohemia modernista —Ingenieros, Darío, Lugones— que esgrimen el descrédito del positivismo y cuestionan la legitimidad del estado liberal.

En *La casa endiablada*, también publicada en 1896, novela colindante con *La bolsa de huesos*, el tema del juguete se materializa: un rico aristócrata, que ha estudiado física, defensor de la racionalidad científica y cuya casa tiene fama de estar embrujada, construye un aparato banal que produce ruidos rítmicos, para tomar el pelo a un grupo de amigos espiritistas (Holmberg en Pagés 1957). En paralelo se desarrolla la trama policial: el anterior habitante, un suizo, ha desaparecido; un comisario y su ayudante siguen pistas hasta encontrar al que lo asesinó. En esta novela se escenifica el conflicto de creencias: la ciencia avala la pesquisa y la broma gastada por el aristócrata; mientras que los amigos, los albañiles que la están reconstruyendo y el negro que vive con él creen en los ruidos fantasmáticos. Curiosa paradoja: el saber legal oscila entre la superstición popular (en algún momento el comisario y su ayudante dudan sobre la existencia de fantasmas) y la última técnica de la ciencia aplicada a la criminología, el sistema dactiloscópico para la detección del criminal, recién inventada y aplicada en Argentina.

Dice Ludmer:

> En la frontera, en la disputa por «la verdad» (y «la justicia»), entre la literatura y la ciencia, aparece otro «nuevo sujeto»: el periodista-escritor o sujeto modernista. La frontera no es sólo el límite de un estado sino una zona de apertura y creatividad. Estamos en la cultura «internacional» de fin del siglo XIX y vemos que nacen al mismo tiempo las novelas de Conan Doyle, los textos de Freud, el estudio de los signos (la semiología) y la abducción de Peirce. A partir de las huellas y los detalles nace otro tipo de racionalidad: un nuevo modelo epistemológico, otra forma de saber. Surge, también en el lado «nacional» de la frontera, la pasión del desciframiento, «el misterio» y el estudio de la mente, y la operación de develamiento no tiene límites: la mente del artista, del investigador científico, del genio, del hombre célebre y también del delincuente y la mujer. Y de los dos lados: de la ficción y de la ciencia. Y de las ciencias ocultas y de las ciencias visibles. Y con la pasión del desciframiento interpretativo, la textualidad del enigma y la ambivalencia de la literatura (Ludmer 1999: 148).

Toda esta operación de indeterminación en diversas direcciones se escenifica en *La bolsa de huesos*.

UNA DORA DE CHARCOT: DOS VECES «CLARA»

En la emergencia del ejercicio de políticas del y sobre el cuerpo se construye un dispositivo de alta eficacia, el dispositivo de la sexualidad, que edifica la imágenes del cuerpo moderno, señala Foucault. La eficacia práctica de este dispositivo puede valorarse en su incidencia sobre los sujetos concretos, ya que ha promovido una idea del sexo como punto imaginario desde el cual explicamos nuestra propia inteligibilidad como sujetos; en él se cifra la conciencia de la totalidad de nuestro cuerpo, nuestra identidad y la producción de sentido sobre nosotros mismos. Foucault muestra cómo en el siglo XIX se estructuran y afianzan estas microfísicas del poder que encuentran en los discursos de la medicina, la psicología y la sociología sus campos más eficaces para la reglamentación y el disciplinamiento del cuerpo. Políticas basadas en tres líneas fundamentales: la histerización de la mujer, la sexualización de la infancia y la psiquiatrización de las perversiones.

En lo que atañe a la histerización de la mujer, el «sexo» es definido de tres maneras:

> Como lo que es común al hombre y la mujer; o como lo que pertenece por excelencia al hombre y falta por tanto a la mujer; pero también lo que constituye por sí solo el cuerpo de la mujer, orientándolo por entero a las funciones de reproducción y perturbándolo sin cesar en virtud de los efectos de esas mismas funciones; en esa estrategia, la historia es interpretada como el juego del sexo en tanto que es lo 'uno' y lo 'otro', todo y parte, principio y carencia.

En lo relacionado con la sexualidad infantil, apunta Foucault, «se elabora la idea de un sexo presente (anatómicamente) y ausente (fisiológicamente), presente también si se considera su actividad y deficiente si se atiende a su finalidad reproductora; o asimismo actual en sus manifestaciones pero escondido en sus efectos, que sólo más tarde aparecerán en su gravedad patológica», basta recordar, al respecto, la causalidad secreta que ciertas prácticas sexuales infantiles —como la masturbación, por ejemplo— tenían en relación con la impotencia, la esterilidad o la frigidez en la edad adulta.

En lo referente a la psiquiatrización de las perversiones «el sexo fue referido a funciones biológicas y a un aparato anatomofisiológico que le da su 'sentido', es decir su finalidad; pero también fue referido a un instinto que, a través de su propio desarrollo y según los objetos que elige, forma la aparición de conductas perversas», 'desviadas' según la terminología del XIX, de las cuales surge una perversión modélica —el fetichismo— que, al menos desde 1877, sirve de hilo para la explicación de las conductas sexuales diferentes.

Su conclusión es que:

> El pacto fáustico cuya tentación inscribió en nosotros el dispositivo de la sexualidad es, de ahora en adelante, éste: intercambiar la vida toda entera contra el sexo mismo, contra la verdad y la soberanía del sexo. Es en este sentido histórico, como hoy el sexo está atravesado por el instinto de muerte. Cuando Occidente, hace ya mucho tiempo, descubrió el amor, le acordó suficiente precio como para tornar aceptable la muerte; hoy, el sexo pretende esa equivalencia, la más elevada de todas. Y mientras que el dispositivo de sexualidad permite a las técnicas de poder la invasión de la vida, el punto ficticio del sexo —establecido por el mismo dispositivo— ejerce sobre nosotros bastante fascinación para que aceptemos oír cómo gruñe allí la muerte (Foucault 1978: 187).

El 1 de octubre de 1872, es decir catorce años antes, en *El porvenir literario* Holmberg publica su primer relato: «Clara». Este primer relato no es un relato policial sino un relato que podríamos denominar «costumbrista urbano» o al estilo de Ludmer «de amores y matrimonio» de las clases altas porteñas. Interesa este antecedente porque en él aparecen todos los síntomas con los que Holmberg describirá, psicológicamente, a la primera «asesina» de la literatura argentina, la Clara de *La bolsa de huesos*. Comienza de una manera heterodoxa exaltando el efecto de las lecturas en los sujetos:

> —¿Has leído la *María* de Jorge Isaacs? —se preguntan con entusiasmo los viejos literatos, saboreando con delicia las mieles del pasado.
> —¿Has leído la *María*?—preguntan con sonrisa picaresca dos niñas en cuyos rostros se refleja el *idilio* de la vida. [...]
> —¿Has leído la María?— preguntan con los rostros iluminados por los albores del alba, dos modernos *Leandros* (Holmberg en Marún 2002: 55).

Introducción que conduce el relato de una breve historia de amor: un joven, estudiante de medicina, que ha leído también *María* se empapa del casi misticismo erótico de la novela y lo traslada a su vida encarnándola en una bella hija casadera de una familia porteña. El narrador cronista, amigo del enamorado, apunta que su cabeza ya había sido trastornada por otras lecturas precedentes como *Pablo y Virginia*, el *Werther* y otras novelas románticas que envenenan la imaginación de jóvenes y viejos.

La joven Clara responde a los devaneos del joven con cartas y visitas en las que el juego del amor cortés y la sensualidad se desbordan. Clara, no obstante haber jurado amor para siempre, para seguir las indicaciones de su familia y de sus intereses, se casa con un «horrible canadiense». El joven hace una escena en el banquete de bodas mostrándole al nuevo marido las cartas escritas por la muchacha. Madre e hija se desmayan. El desenlace es obvio: el joven estudiante se desilusiona; pasa del «amor absoluto» al «amor relativo» dice el narrador; vuelve a su tarea de intentar consolar al prójimo y se hace médico. Unos años más tarde, Clara vuelve a Buenos Aires, viuda, con el pelo de oro virado hacia la plata de las canas, llena de dinero pero con un rictus de amargura ya que ni siquiera tiene el consuelo de un hijo.

La muchacha es representada como fría y calculadora, además de arribista comprada por el dinero del extranjero, aunque tiene su merecido por haber desdeñado el amor y privilegiado el dinero. Una divertida escena muestra a Clara (y a su madre) como una digna histérica de Charcot:

> Mientras iban a buscar médico, Clara abrió un ojo y viendo que la madre todavía estaba desmayada, lo cerró. La madre de Clara abrió un ojo y viendo que Clara estaba desmayada, lo cerró también. Pero como el médico no venía a darles a oler esencias especiales para el caso, ellas estaban muy contrariadas. El canadiense, que llevaba una violeta en el ojal del frac, se acercó a la futura mamita, pero dio la casualidad que la violeta se cayó en las narices de la señora, la que creyendo que era la esencia del médico, volvió en sí. Clara hizo lo mismo (Holmberg en Marún 2002: 68-69).

En esta figura de la «simuladora» se cifra una imagen de la mujer que, en el primerizo relato de Holmberg, contiene ya los elementos de la figura femenina que, con una tonalidad trágica, aparece en la Clara de *La bolsa de huesos*.

El estatuto de la histérica peligrosa que puede producir un descalabro en la vida de un hombre, se desliza hacia el de la histérica enigmática[8] que seduce, envuelve y mata. La «mujer fatal» del fin de siglo, una Circe moderna afectada por un amor despechado, que mata a sus víctimas con un raro «veneno peruano» que produce éxtasis y luego la muerte. Una mujer que, además, sabe de medicina ya que asiste a las clases de la Facultad y tiene la pericia suficiente de un cirujano para extraer la cuarta costilla de sus víctimas, aunque afirma que quería «arrancarles el corazón». Una asesina en serie que, metódicamente, elige a sus víctimas, planifica y mata.

---

[8] Sobre el «enigma de la mujer» y el saber de la histérica, véase Lucien 1979.

En 1896 primaban las teorías de la histeria que la equiparaban con la simulación teatral. Charcot presentaba en sus clases magistrales en la Salpetrière a «sus» histéricas en verdaderas escenas donde exhibían sus ataques y los efectos en el cuerpo a modo de escenas teatrales.[9] La histérica era considerada como una especie de actriz, cuya desmesura provocaba incluso distorsiones somáticas —las llamadas histerias de conversión—. Estas escenas eran registradas por un nuevo medio técnico, que benefició la ciencia y a la criminología, la fotografía.

Didi-Huberman[10] ha reconstruido, a partir de los archivos fotográficos de las escenas de Charcot, el proceso de *«invención»* de la histeria, de la creación de un modelo paradigmático del cuerpo femenino que establece un nexo entre enfermedad, deseo y voluntad de saber. Por otra parte, como ya señalé, el problema de la salud mental es uno de los temas de los higienistas que programaron, en el fin de siglo, la modernización argentina. La locura, la simulación histérica, el internamiento manicomial, son preocupaciones de la Generación del 80 y la literatura los recoge de diversas formas. Inmigrantes y mujeres objetos privilegiados de este campo del saber.

En cuanto a la mujer, dice María Moreno, se señaliza la sexualidad femenina como «insaciable», excesiva si no se la constriñe a partir de la educación y el control familiar, la amenaza del adulterio femenino es un núcleo temático sostenido en los discursos médicos y literarios de la época se sustenta en este mito de la insaciabilidad erótica de las mujeres.

El fingimiento del amor es un campo temático que aparece con frecuencia en los autores del 80 —Cambaceres, López, Mansilla— representan este tema con agresividad y explicitud. Una de las respuestas del imaginario viril de la década del 80 es la mediación del dinero: «pagar sería también poner un límite al supuestamente ilimitado de goce femenino.[11] Se paga para no tener que satisfacer, para evitar el horror de ser deseado y quedar cautivo y quedar cautivo en un régimen de trabajos forzados, señala Moreno y agrega: «No se trata de un reflejo literario de la condición de dependencia de las mujeres en la sociedad, sino un ardid del imaginario viril. Si ellas —prostitutas o esposas, tanto da— sólo quieren dinero, dándoselo se puede escapar a una succión fatal» (Moreno en Ludmer 1994: 118).

---

[9] Unos pocos años después de los *Estudios sobre la histeria* de Freud, que señala como etiología de la histeria las perturbaciones provenientes del campo de la sexualidad.

[10] Véase Didi-Huberman 1982.

[11] Véase Peris Llorca 2003.

En la primera «Clara» de Holmberg de 1876 es este el tema: la mujer es una arribista y finge amor, pero finalmente y, a costa de su felicidad, elige a un «extranjero» rico. No obstante el duelo de versiones entre el narrador cínico, que interpreta la historia de amor fingido como una obnubilación del joven, y la del joven enamorado que aspira a un romance como el de María, es achacado a la ceguera del enamorado.

Luego lo dirá con énfasis del tango: «Tomo y obligo, mándese un trago. De las mujeres mejor no hay que hablar. Todas amigo, dan muy mal pago / y en mi experiencia lo puedo afirmar [...] Siga un consejo: no se enamore / y si la muerte lo vuelve a citar / ¡fuerza canejo! sufra y no llore, / que un hombre macho no debe llorar». Conclusión: en las mujeres no se puede confiar.[12]

Pero en la segunda Clara de *La bolsa de huesos* se invierte el lugar de la mujer: la pasión viene de su lado, es madre soltera y engañada. Su patología es casi tan enigmática como la mujer misma; el científico-detective le diagnostica «neurosis» y explica directamente al lector su significado:

> Antes de formular un juicio sobre tus semejantes ¡Oh, paciente lector!, examina tu conciencia y si no eres médico, no formules nada, porque las neurosis no tienen explicación, ni tienen principio ni fin; son como la eternidad y el infinito; y si a todo trance quieres limitarlas, imagínate que comienzan por la permutación de un complejo indefinible, se desarrollan sin conocimiento de su origen y terminan cuando terminan... porque sí (Holmberg en Pagés: 228).

Inserto que precede a una descripción de la turbadora belleza de Clara y de la propuesta del detective de que se tome una dosis doble de su propio veneno. La explicación de este ajusticiamiento «literario», con el cual el detective se convierte en delincuente al alentar su suicidio, es «salvar» la belleza de esta neurótica cuya belleza no puede ser mancillada por la justicia ordinaria. El esteticismo modernista despunta en este final.

Sin embargo, hay algo que no termina de cerrarse en el relato, esta simuladora asesina no finge, sino que se traviste; es decir, ocupa el lugar de un hombre: Clara, después de ser abandonada por Mariano, el primer novio y padre de su hijo, se viriliza. Vive como un hombre, viste como tal, asiste a las clases de medicina, se aloja e identifica como hombre, y elige a sus dos próximas víctimas a las que seduce y mata.

De hecho, la única pista que conduce al detective a la intuición de que el asesino es una mujer es la estela de un perfume extraño y sugerente, con remi-

---

[12] Fragmento de C. Gardel y J. Razzano: «Tomo y obligo» (tango), 1918.

niscencias orientales. La indefinición de en qué condición los seduce, pone en juego el tema de la homosexualidad: los hombres seducidos la conocen como hombre, son descritos como jóvenes afables, tranquilos, estudiosos y pasivos. Es, justamente, esa doble condición de Clara la que hace compleja su histeria; ya no es simplemente una mujer calculadora y fingidora, sino una mujer ambivalente que desestabiliza el imaginario heterosexual social al tomar el lugar de los hombres. El mito de la insaciabilidad sexual es desplazado hacia la fuerza pasional femenina, en este caso, la sed de venganza que no se detiene hasta la propia muerte. Esta capacidad de travestirse, de cambiar y ser otro, equipara al detective con la asesina; ya decía Gaboriau: «¡Qué sería de un policía que no supiera travestirse!». También la capacidad de desciframiento los iguala; ambos poseen saberes extraños y exóticos: el científico-detective reconoce el raro perfume que despide Clara, es pachulí; ella, a su vez, conoce los saberes indígenas y utiliza un veneno peruano letal.

La otra pista pasa por la letra, por la escritura: la asesina escribe en los huesos de sus víctimas y los clasifica; el detective descubre una nota en uno de los cajones de su cómoda perfumada que coteja con la letra estampada en un fémur de la bolsa de huesos. El científico, convertido en detective y escritor de novelas, se autoriza; es un experto en «letras», grafólogo y novelista. Esto es, en la letra inscrita en los restos de un cuerpo y en la letra-dura se devela el enigma.

3. Horacio Quiroga. Desquicios en la ciudad: crimen y paranoia

La teoría quiroguiana del cuento breve

A menudo se ha señalado la ascendencia de Edgard Allan Poe en la concepción del relato breve puesta en marcha por Horacio Quiroga a partir de su distanciamiento del modernismo. Quiroga fue uno de los deslumbrados por la obra de Poe. No fue el primero ni el último: de Holmberg, Darío, Lugones a Borges, Cortázar o Piglia, la tradición del relato moderno argentino ha estado signada por su ascendencia. La posterior inclusión del poeta norteamericano en *Los raros* de Darío en 1896, debió ratificar la admiración de Quiroga, unido en estrecha amistad y mutua admiración con Darío.[1]

---

[1] Horacio Quiroga (Salto, Uruguay, 1878-Buenos Aires, 1937), pasa su infancia y adolescencia entre su pueblo natal y las sierras de Córdoba; estudia en Salto y Montevideo. Funda en 1899 la *Revista del Salto* y participa intensamente en la vida cultural uruguaya; viaja a París en 1900 y a su regreso funda en Montevideo el «Consistorio del gay saber», un laboratorio poético que comparte con los modernistas. En 1901 publica *Los arrecifes de coral*, dedicado a Lugones. Poco después comienza esa parte de la biografía de Quiroga signada por la muerte violenta: comienza con el suicidio de su padre, luego de su padrastro, dos hermanos, su primera mujer, él mismo y sus dos hijos después de su muerte. Pero lo que lo aleja del Uruguay es el homicidio accidental de un amigo mientras jugaba con un arma en 1909; para huir de esta desgracia se instala en Argentina y comienza sus colaboraciones continuadas en la prensa periódica y revistas. En 1903 visita la provincia de Misiones, comienzo de su deseo de retirarse de la ciudad y vivir en la selva. En 1904 aparece su libro de relatos *El crimen del otro*; en 1908 publica su primera novela *Historia de un amor turbio* seguido del relato «Los perseguidos». Se

No obstante, el conocimiento de Quiroga de Poe fue anterior al fervor dariano. Martín García Mérou en sus memoriosos *Recuerdos literarios* (1891) señala que fue Carlos Olivera quien puso de moda a Poe en Argentina, al traducir «Berenice» y publicarlo en el folletín de *La Nación* en 1879; en 1884 traduce trece cuentos representativos, entre los que se encuentran los clásicos del relato policial: «Los crímenes de la calle Morgue», «El misterio de Marie Roget» y «La carta robada». Como señala Rivera, probablemente el entusiasmo de Olivera se produjo, dada la influencia francesa en la Argentina del 80, por las traducciones de Baudelaire publicadas por la casa Michel Lévy entre 1856 y 1869. García Merou menciona una traducción de Olivera, alrededor de 1884, que iba precedida por un prólogo de Olivera y el estudio crítico y biográfico de Baudelaire; sin embargo la traducción de Olivera se hace directamente de las ediciones en inglés.

El conocimiento de Poe también se produjo del lado de la poesía: la primera traducción del venezolano Antonio Pérez Bonalde puso en circulación «El cuervo» y ya en 1887 circula por Buenos Aires la biografía de J. H. Ingram sobre Poe, traducida por Edelmiro Mayer, director del diario *La Libertad* y traductor de su poesía.[2]

Las nuevas condiciones de enunciación y legitimación del discurso literario en el fin de siglo latinoamericano, apuntan a una intensa reflexión sobre los medios de producción estética; la cual aparece como sustrato de la resacralización del arte y del artista. Emerge así una nueva ecuación que reivindica el trabajo del escritor sobre la forma como espacio específico y especializado. Trabajo sobre la forma que garantiza un 'plus', una diferencia, para el producto estético que lo singulariza frente al producto de consumo masivo y se convierte en su marca de fábrica, esto es, el «estilo productor» de «lo bello». Expresado por Darío en *Prosas profanas*: «Yo persigo una forma /que no encuentra su estilo./ Botón de pensamiento que busca ser la rosa»; que luego se convertirá en admonición a los poetas sobre la necesaria revolución formal y la importancia de las muchedum-

---

trasladada definitivamente a Misiones en 1910 hasta 1916; después del suicidio de su primera mujer regresa a Buenos Aires, donde publica en 1917 y. por indicación de Manuel Gálvez, *Cuentos de amor, de locura y de muerte*. La década siguiente consagra a un Quiroga en el esplendor de su producción: *Cuentos de la selva* (1918); *El salvaje* (1920), *Anaconda* (1921); *El desierto* (1924); y *Los desterrados* (1926); la novela *Pasado amor* (1929). Regresa a Misiones entre 1932 y 1936. Vuelve enfermo a Buenos Aires; le encuentran una enfermedad terminal, y el 19 de febrero de 1937 se envenena en el hospital. El reconocimiento póstumo de la obra quiroguiana ha sido constante y comenzó ya con sus exequias en Buenos Aires y luego en Montevideo, donde sus restos fueron acogidos y acompañados por una multitud.
² Véase Rivera 1977: 117-119.

bres, en el Prefacio de *Cantos de vida y esperanza* (1905): «Hago esta advertencia porque la forma es lo que primeramente toca a las muchedumbres. Yo no soy un poeta para las muchedumbres. Pero sé que indefectiblemente tengo que ir a ellas» (Dario 1905: 186).

Esta advertencia, el logro de una forma que toque a las muchedumbres es, en parte, la propuesta del relato quiroguiano: la imagen de Poe del cuento como un arco tenso que, desde la primera palabra debe dirigirse como una flecha a dar en el centro de la diana —esto es el lector—, será uno de los consejos reelaborados del «Decálogo del buen cuentista» de Quiroga. Concentración temática, tensión y economía narrativa serán su insignia.

Su axioma sobre el narrador implicado, tan comentado por Cortázar[3], que dice «Cuenta como si el relato no tuviera interés más que para el pequeño ambiente de tus personajes, de los que pudiste haber sido uno. No de otro modo se obtiene la *vida* en el cuento», completa esa estrategia. En este sentido, las propuestas de Quiroga, si herederas de Poe, también se sustentan en una estrategia sistematizada del cuento breve que amplía la del norteamericano en un contexto histórico de mayor densidad y expansión de la cultura de masas. Es decir: Buenos Aires, Argentina, 1920.

Aunque los relatos de Quiroga no siguen la temática del relato policial sí podemos detectar en muchos de ellos las estrategias narrativas básicas del policial remodeladas, ensanchadas o alteradas: la apertura de un enigma, el trabajo para develarlo, el efecto de saber que se obtiene en el final. La economía y la tensión que los narradores quiroguianos ejercitan en el goteo de la información los convierte en una especie de «investigadores» que comparten o escamotean sus hallazgos con el lector hasta el efecto final. Es decir, los relatos de Quiroga son un excelente ejemplo de la relación adyacente entre el cuento policial y el cuento sin más nominaciones.

Me concentro en una serie de relatos con los que pretendo mostrar esta tangencialidad.

JUEGOS DEL CRIMEN, LA MENTE Y EL HORROR:

El 20 de noviembre de 1903 Horacio Quiroga publica un breve relato «El triple robo de Bellamore» en *El Gladiador*, que incluyó en 1904 en su primera reco-

---

[3] Véase Cortazar 1974: 59-82.

pilación de cuentos *El crimen del otro*. En rigor este es casi el único cuento de Quiroga en el que podemos señalar la adyacencia con el policial aunque señalaré la novedad y los desvíos del modelo clásico.

Pero quiero rodear este relato por otros cercanos en el tiempo, que señalan la peculiar relación entre el género policial y los cuentos de Quiroga. En 1908 publica su primera novela *Historia de un amor turbio*, a la que sigue un relato que, en el contexto de la obra del autor, podemos considerar excéntrico: «Los perseguidos». En él Quiroga explora el tema de la enfermedad mental y lo relaciona con la nerviosidad y la nueva sensibilidad del sujeto urbano. Leeré estos textos como si fueran solidarios pues conforman una reflexión sobre el crimen, la mente y el horror, unido al tema de la vivencia de lo urbano en el comienzo del siglo xx.

Un juego criminal: «El triple robo de Bellamore»

El argumento de «El triple robo de Bellamore» (1903) es, como todos los de Quiroga, casi una sinopsis: el joven Bellamore, empleado de banca, es condenado a cinco años de prisión por haber robado sumas de dinero en tres bancos situados en Montevideo, Brasil y Buenos Aires; las características de decencia y discreción del personaje llevan al narrador, que lo conoce y aprecia, a indagar si la sentencia ha sido justa. Se entera que la sentencia se ha dictado por la denuncia de un tal Zaninski de origen ruso quien, siguiendo datos que le llegan casualmente —la presencia como empleado de Bellamore en los Bancos asaltados— aplica el método deductivo y argumenta ante la policía su culpabilidad. Después de escuchar en un café las presunciones del ruso, el narrador llega a la conclusión de que no es posible con esas pruebas justificar su condena, aunque no está seguro. La concentración temporal de la historia produce una densidad en la dosificación de la información y produce un efecto de extracto de policial: por la tarde el narrador se entera de la pena y por la noche escucha los argumentos de Zaninsky.

El delito de Bellamore y la tarea deductiva de Zaninsky se presentan como esquemas y la curiosidad del narrador se despierta por las características del supuesto ladrón y del improvisado detective, descritas en pinceladas perfiladas por el narrador:

> Tengo alguna relación con Bellamore: es un muchacho delgado y grave, cuidadosamente vestido de negro. Lo creo tan incapaz de esas hazañas como de otra cualquiera que pida nervios finos. Sabía que era empleado eterno de bancos; varias

veces se lo oí decir, y aun añadía melancólicamente que su porvenir estaba cortado; jamás sería otra cosa. Sé además que si un empleado ha sido puntual y discreto, este es Bellamore (Quiroga 1991: 46).

El retrato del supuesto detective:

> Este Zaninski es ruso, aunque fuera de su patria desde pequeño. Habla despacio y perfectamente el español, tan bien que hace un poco de daño esa perfección, con su ligero acento del norte. Tiene ojos azules y cariñosos que suele fijar con una sonrisa dulce y mortificante. Cuentan que es raro. Lástima que en estos tiempos de sencilla estupidez no sepamos ya qué creer cuando nos dicen que un hombre es raro (Quiroga 1991: 47).

El cuento se articula en un juego de miradas y versiones: la mirada del narrador, que narra en primera persona y se considera amigo o conocido cercano del criminal y la mirada de Zaninski sobre el delincuente, basada solamente en la coincidencia (la presencia de Bellamore en los bancos asaltados y sus actitudes en el momento de los hechos). Estas dos miradas sobre el delincuente se cruzan produciendo un juego de verdades contradictorias: uno cree en su inocencia, el otro en su culpabilidad. En ambos casos, las verdades son absolutas y, por tanto, fallidas.

El relato no concluye con el descubriento del enigma sino que ambos ratifican, por diferentes vías, sus convicciones: ambos coinciden al final en que Bellamore es inocente; pero Zaninski considera que sus deducciones son inapelables y el narrador que no son suficientes para enviar a un hombre a la cárcel. Los dos trabajan con el prejuicio y sus interpretaciones son sesgadas y mediadas por el afecto. Así, frente a la interpretación de la finura y decencia de Bellamore por parte del narrador, Zaninski contrapone sus prejuicios:

> Estos tres rasgos eran para mí absolutos —tal vez arriesgados de sutileza en un ladrón de bajo fondo, pero perfectamente lógicos en el fino Bellamore—. Fuera de esto hay algunos detalles privados, de más peso normal que los anteriores. Así pues, la triple fatal coincidencia, los tres rasgos sutiles de muchacho culto que va a robar, y las circunstancias consabidas, me dieron la completa convicción que Juan Carlos Bellamore, argentino, de veintiocho años de edad, era el autor del triple robo [...] Al otro día mandé la denuncia (Quiroga 1991: 48).

Es decir que la mirada del narrador se focaliza en sus apreciaciones sobre los dos contendientes, más que en la búsqueda de la verdad; en el caso del delincuente atenúa su posible culpa por ser un «hombre fino», afectado por el mal del fin de siglo, la melancolía. El narrador se identifica con el delincuente y le otorga la incapacidad de llevar adelante un acto criminal tan planeado y repetido; a su vez, desconfía de las deducciones del investigador porque sospecha —y esa sospecha está soterrada— que las motivaciones de Zaninski para la denuncia no están claras.

Cabe recordar que entre Poe y Quiroga media casi un siglo de urbanización, de profesionalización del escritor, de extensión del periodismo de masas y de la proliferación de las páginas de crímenes. Por ello, en esta distancia de entre siglos, el estatuto de la verdad se va problematizando; es decir, la develación del enigma criminal va perdiendo la radicalidad afirmativa del policial clásico y el desciframiento deductivo aparece cada vez más como un juego artificioso en el cual la emergencia del develamiento del enigma queda abierto.

En «El triple robo de Bellamore» la historia primera (la de quién robó en los tres bancos internacionales) y la segunda (el secreto de por qué Zaninski inculpa a Bellamore, teniendo la convicción de que no ha sido él y la curiosidad del narrador de sus motivos) no terminan de cerrarse ni confluyen en el final. La primera se cierra arbitrariamente por una denuncia basada en datos casuales transformados en causales por la artificialidad de la deducción y la segunda deja una estela de juicios caprichosos. Y es que esta miniatura policial escenifica un conflicto diferente —el verdadero secreto de la trama— que se despliega en el nivel apreciativo de la narración: lo que se pone en juego no es el problema del robo o la inculpación, sino las relaciones que se establecen entre el narrador, el detective y el criminal. Lo que vertebra estas relaciones son dos líneas temáticas, el circuito del dinero y el de la traición, amasados sobre el fondo de mediocridad de las clases medias urbanas emergentes, que Roberto Arlt desarrollará en sus novelas de los 20.

El «fino» Bellamore, condenado al manejo de sumas importantes de dinero en bancos internacionales y descrito como un «joven vestido de negro», afectado por una pesadumbre que recuerda mucho al Erdosain arltiano de *Los siete locos*, es incapaz de los actos delictivos según el narrador. El «ruso» Zaninski, de una lengua inestable que revela su cercana ascendencia inmigratoria, se convierte en una «inteligencia pura» amoral: sus deducciones están mediadas por un recelo de clase que le lleva a cargar las tintas sobre las virtudes supuestas de Bellamore —ser culto, elegante y discreto— y las invierte como las de mayor aptitud para el crimen. El narrador, por su parte, busca las motivaciones de Zaninski para una denuncia tan contundente, pero su curiosidad no termina de afirmar una verdad cierta; enfatiza las virtudes del supuesto criminal y desacredita al investigador.

La narración sugiere, a partir de indicios apuntados brevemente, que Bella-more, Zaninski y el narrador pertenecen al mismo estrato social, a las clases medias urbanas. Estas clases emergentes que entran en la escena política a comien-zos del xx, empiezan a manifestar su incomodidad en la modernización, reclaman vías de participación política y la necesidad de ascenso social. La crisis de 1890, la primera crisis del sistema financiero en Argentina, es una alarma constante en la sociedad de comienzos del xx. Diez años después, la organización obrera, la agrupación política de las clases medias, el ascenso del partido Radical y la llegada a la presidencia de Hipólito Yrigoyen en 1916, mostrará un cuerpo social agitado y convulso que anuncia el fin del estado liberal oligárquico.

Por otra parte, la idolatría del dinero rápido, unida a un imaginario social donde el país se exalta como una potencia económica de futuro, de riquezas naturales incalculables, ese país cuyo epítome es la gran Capital del Sur, abre la imaginación de los nuevos «aventureros» dispuestos a hacer cualquier cosa para el enriquecimiento. Florece, y la literatura lo tematiza, un ansia arribista o una insatisfacción, sutilmente señalada en este relato de Quiroga. La «lucha por la vida» es un tema que impregna los relatos quiroguianos; lo acompañan la delación, la envidia. La omnipotencia de Zaninski que construye un aparato deductivo arbitrario, pero que él presenta sin fisuras; las quejas de Bellamore sobre su condena a ser un simple empleado de banca; las descripciones del narrador que estigmatiza al inmigrante; son efectos de una causalidad diferente que la del crimen y su castigo: esta causalidad subterránea puntúa que el robo y la denuncia son efecto de esa violencia entre iguales.

En un momento del relato, cuando Zaninski ha expuesto ya su aparato deductivo, dice: «Fuera de esto, hay algunos detalles privados, de más peso normal que los anteriores», esos «detalles privados» no son explicados ni entran en el juego analítico de la inculpación. Las preguntas expresadas por el narra-dor: «Tenía grandes deseos de oír la historia de boca de Zaninski; primero, la anormalidad de la denuncia, falta en absoluto de interés personal; segundo, los medios de que se valió para el descubrimiento» (Quiroga 1991: 45), no se cancelan y el narrador tampoco escarba en esos «detalles». En este sentido, se puede ratificar el aserto pigliano: este relato de Quiroga juega con el modelo del policial clásico, pero anuncia al género negro. Se abre al relato moderno: no hay sorpresa porque las dos historias no convergen en el final ni terminan de resolverse.

Por tanto, el delito supuesto de Bellamore, se desplaza hacia la denuncia del investigador, que funciona como venganza y cuyo origen se mantiene oculto; esta casualidad secreta invierte al hecho delictivo en sí: la imputación del crimen es coherente pero al basarse solamente en la deducción, sin aportar pruebas, se convierte en criminal. El narrador nada como un pez entre dos aguas: admira a Bellamore y desprecia al «ruso» hacia el cual, no obstante, deja caer una suave conmiseración y le otorga, en la última línea del relato, un «gesto cansado». Entre todos: la indecisión de la verdad.

La denuncia de Zaninski es, probablemente, la única prueba que tiene la justicia para enviar a Bellamore a la cárcel, aunque no es seguro que haya cometido el delito. Si el cruce de verdades se juega sobre la apreciación de un interpretante, la verdad jurídica se sustenta en una verosimilitud arbitraria. La pena de cinco años se sustenta en la envidia que resuma Zaninski sobre ese joven culto y refinado; mientras que la interpretación del narrador es la contraria. El rigor de la ley estatal está carcomido por la tarea interpretativa. El relato termina con la defectuosa pena jurídica y la coincidencia interpretativa de narrador e investigador sobre la inocencia de Bellamore:

> —¡Pero ésas no son pruebas! ¡Eso es una locura! —exclamé con calor— ¡Eso no basta para condenar a un hombre!
> No me contestó, silbando al aire. Al rato murmuró: —Debe ser así… cinco años es bastante… —Se le escapó de pronto—: A usted se le puede decir todo: estoy completamente convencido de la inocencia de Bellamore.
> Me di vuelta de golpe hacia él, mirándonos a los ojos.
> —Era demasiada coincidencia —concluyó con el gesto cansado (Quiroga 1991: 48).

La verdad es un presupuesto que se mantendrá en secreto; no hay más que cruces de verdades, la verdad es indecidible y la tarea de la razón deductiva se basa en la artificialidad del efecto de verosimilitud arbitraria de la deducción. La verdad es un juego de interpretaciones.

JUEGOS DE LA MENTE Y EL HORROR: «LOS PERSEGUIDOS»

Entre la década del 80 y las celebraciones del centenario en 1910, la admiración por lo «moderno» fue el tono en el cual se exaltaron los avances urbanos que, en la literatura modernista se conjugó en una mirada celebratoria y, al tiempo, temerosa de los cambios. Esa mirada exiliada, pero aún alborozada y abierta del poeta dariano, se convierte en una mirada irritada que trueca su paseo placentero en un deambular paranoico; la gran ciudad, ya estabilizada en su estratificación social y codificada en sus fronteras, se transforma en un espacio donde 'ver' y 'ser visto' forma parte del ritual urbano.

> La estación desbordaba de gente. Habiendo entrado por el pasadizo norte, tuvieron que detenerse allí, en la más absoluta imposibilidad de dar otro paso. No quedó a las de Elizalde otra acción más que medir a las paseantes de una ojeada, y cambiar a su respecto breves palabras. Rohán por su parte, admiraba la paciencia con que las chicas soportaban el examen. De lejos sabían aquéllas que al llegar allí iban a ser desmenuzadas; y sin embargo las pobres muchachas, incontestablemente mal vestidas, avanzaban sin la menor turbación hacia las de Elizalde (Quiroga 1968: 46).

Esta descripción de *Historia de un amor turbio* muestra esa condición jerarquizada del espacio urbano donde se mezclan y confunden, en la populosa estación, gentes diversas; pero el cruce de miradas separa, distancia, estratifica, a través de marcas sociales —el vestido, las maneras, los códigos de comportamiento público— que simbolizan la jerarquización de los espacios urbanos. Se «vive en», se «viene de», se «va a», se «pasea por»… Sin llegar a la acidez disolvente que, en la década del 20 y 30, ejercitará Roberto Arlt en sus novelas *Los siete locos* y *El amor brujo*, la novela de Quiroga pone en escena la pacatería de las clases medias urbanas, mostrando sus rituales amorosos y su moral social represiva y codificada.[4]

En «Los perseguidos» Quiroga se aleja del modelo modernista del relato de atmósfera, también del relato corto estructurado por la intensidad temática y la economía narrativa, a la manera de Poe. Ángel Rama afirma que este cuento es una de sus «narraciones de más aliento, aquellas en que más secretamente confiaba en ese tiempo, donde ponía más de sí, es decir del Quiroga íntimo, de esa zona de su afectividad anormal de la que surgiría, tanto su excelente novela *Historia de un amor turbio* como la «nouvelle» que la completa en la edición de 1908 (Rama en Quiroga 1968a: 9).

La escenificación de la locura y las débiles fronteras con la normalidad es su tema central. En nueve fragmentos escandidos, un narrador —que se identificará con el nombre de Horacio— cuenta la progresión de sus encuentros con Díaz Vélez, un hombre que padece delirios persecutorios intermitentes, durante los cuales siente «las calles pobladas de enemigos» y de los que guarda memoria en sus momentos de cordura.[5]

---

[4] Véase Rocca 1996: 187.
[5] El tema de la locura y el posible enloquecimiento del narrador es un tema que Quiroga ya había explorado. véase «El crimen del otro» (1903), en Quiroga 1991.

El encuentro de ambos personajes se produce en casa de Leopoldo Lugones; el relato establece de entrada un nexo autobiográfico que pone en contacto la firma del autor y la voz del narrador: La presentación social se une a la presentación del tema central y de los personajes; tanto Lugones como Horacio tienen un acusado interés por la delimitación de la locura y la cordura: «Volvimos a sentarnos prosiguiendo una charla amena, como es la que se establece sobre las personas locas. Días anteriores aquél había visitado un manicomio; y las bizarrías de su gente, añadidas a las que yo por mi parte había observado alguna vez, ofrecían materia de sobra para un confortable vis a vis de hombres cuerdos.»

El loco es testigo y participante de este ameno vis a vis y su condición se le revelará al narrador al final de la primera secuencia.

La mirada del 'loco', recreada por el narrador, es una mirada concentrada, intensa y animal que no revela cambios emotivos, ni curiosidad inteligente: «Díaz no me miraba así; me miraba *a mí* únicamente [...] Me observaba, nada más, como se observa sin pestañear la actitud equívoca de un felino.» (Quiroga 1968: ??) «Esa objetividad de mirada de loco», donde el mundo interior no se revela y no funciona como espejo, va provocando una progresiva desestructuración del narrador que, a su vez, comienza a comportarse como un 'perseguido', que busca y persigue a Díaz o se siente perseguido por él jugando con la ambigüedad del cambio del narrador, del que no se sabe si es 'contagiado' por el loco o solamente 'finge' estar loco para develar el enigma de la locura del otro:

> Pero no hallaba a Díaz Vélez. Hasta que un mediodía en el momento en que iba a cruzar la calle, lo vi en Artes. Caminaba hacia el norte, mirando de paso todas las vidrieras, como quien va pensando preocupado en otra cosa. Cuando lo distinguí ya había sacado yo el pie de la vereda. Quise contenerme pero no pude y descendí a la calle, casi con un traspié. Me di vuelta y miré el borde de la vereda, aunque estaba bien seguro de que no había nada.

Este 'traspié' señala el salto de 'el perseguido' a 'los perseguidos'; el cambio se revela en la concentración hiperestésica y fragmentadora que cobra la propia mirada del narrador:

> Me fijaba detalladamente en su cabeza, sus codos, sus puños un poco de fuera, las arrugas transversales del pantalón en las corvas, los tacos, ocultos y visibles sucesivamente. Concentración que difumina la propia identidad en una mirada inquieta, «una mirada rapidísima, preocupada y vaga al mismo tiempo», una mirada que está aquí y en otra parte, cada vez más obsesiva y metonímica, más penetrante en el detalle, y que vuelve iterativo al discurso que avanza hacia la repetición: «Tuve

un momento de angustia tal que me olvidé de ser él todo lo que veía: los brazos de Díaz Vélez, las piernas de Díaz Vélez, los pelos de Díaz Vélez; la cinta del sombrero de Díaz Vélez, la trama de la cinta del sombrero de Díaz Vélez, la urdimbre de la urdimbre de Díaz Vélez, de Díaz Vélez, de Díaz Vélez…»

En el caso de «Los perseguidos» la lógica es otra. El relato despliega un enigma central, propuesto por el narrador: la 'locura' de Díaz Vélez es un fingimiento frente a la 'normalidad' y a develarlo se dedica Horacio. Este enigma se invalida en el centro mismo de su desarrollo, se trastoca en la 'normalidad' que vive la 'locura' como única verdad posible, la certeza omnipotente del paranoico es la única verdad aceptable. Verdad a la que intenta expulsar el narrador, pero con el convencimiento de que la locura habita también en él, sujeto 'normal'.

La escena central de esta invalidación cuenta que, solo en su cuarto, Horacio siente la presencia de un «otro» inconfirmable e indudable:

Dejé un instante de respirar. Yo conocía eso ya y sabía que tras ese comienzo no está lejos el erizamiento del pelo. Bajé la vista, prosiguiendo mi carta, pero vi de reojo que el hombre acababa de asomarse otra vez. ¡No era nada, nada! Lo sabía bien. Pero no pude contenerme y miré bruscamente. Había mirado, luego estaba perdido… Desde ese instante, del silencio alumbrado, de todo el espacio que quedaba tras mis espaldas, surgió la aniquilante angustia del hombre que en una casa sola no se siente solo. Y no era esto únicamente: parados detrás de mí había seres. Mi carta seguía y los ojos continuaban asomados apenas en la puerta y los seres me tocaban casi.

Los seres que invaden la escena de la escritura, que penetran en el interior del recinto de la escritura íntima —la carta— y la observan, son los testigos mudos de ese núcleo paranoico de la escritura quiroguiana que se expandirá en la férrea arquitectura de sus cuentos posteriores.

Una poética del horror se despliega en «Los perseguidos», diferente de la que marcará los derroteros del Quiroga posterior: la del horror como vivencia de la disgregación y la anomia; el espacio urbano no es sólo escenario, sino lugar de origen, lugar de recuerdo del caos primero, anterior al furor constructivo y al orden social. Por ello cuando inicia su primera excursión detrás de su 'loco', Horacio afirma: «Tenía la sensación vertiginosa de que antes, millones de años antes, yo había hecho ya eso: encontrar a Díaz Vélez en la calle, seguirlo, y, una vez esto, seguir detrás de él, detrás. Irradiaba de mí la satisfacción de diez vidas enteras que no hubieran nunca podido realizar su deseo».

Las miradas de 'los perseguidos', miradas «extralúcidas», topografían y relevan el espacio urbano. Su itinerario es objetivado en nombres —calles, cafés, plazas— y los objetos cobran independencia bajo la mirada intensa de los protagonistas. Escaparates, calles, ruidos, coches, *tramway*, figuras humanas, espacializan la división de los sujetos y la ciudad misma desaparece como conjunto para transformarse en un fluido fundido de exterioridad e interioridad. El 'otro' es cada vez más 'el mismo', así como el afuera del espacio urbano es cada vez más el interior del sujeto:

> Seguí de nuevo, atento únicamente a Díaz Vélez. Ya habíamos pasado Cuyo, Corrientes, Lavalle, Tucumán y Viamonte. La historia del saco los tres mirones había sido entre estas dos últimas. Tres minutos después llegábamos a Charcas y allí se detuvo Díaz. Miró hacia Suipacha, columbró una silueta detrás de él y se volvió de golpe. Recuerdo este detalle: durante medio segundo detuvo la mirada en un botón de mi chaleco [...] como quien fija de golpe la vista en cualquier cosa, a punto de acordarse de algo.

El espacio urbano se conforma en esas miradas cruzadas pero cómplices que mudan el afable distanciamiento del poeta dariano de *Azul...* en un deambular psicótico, en el que la extrañada y deseante mirada del *flannêur*, se convierte en 'perseguir' y 'ser perseguido'. El recuerdo que guarda el narrador ya no es el del batiburrillo de sensaciones e imágenes que el poeta guardaba para detener y consignar el ritmo urbano en la escritura, sino presencias 'otras', invasoras de una subjetividad dividida. Dice Piglia:

> El gesto mítico por excelencia en la vida de Quiroga, su traslado a Misiones y su retiro de la sociedad, puede ser pensado desde esta óptica. Viaje iniciático, fuga de la civilización, utopía a la Robinson de la vida natural, el hecho de que Quiroga se instale en la selva misionera en 1910 debe ser visto como un modo de renovar su literatura y mantener el interés del mercado [...] En Europa la novela gótica es contemporánea de la ascensión de la burguesía y sus personajes huyen de los símbolos del orden feudal resumidos en el castillo en ruinas. Ahora bien, ese esquema no puede ser traspuesto en América [...] lo único antiguo del Nuevo Mundo es la selva», donde la novela gótica americana encontrará sus imágenes terroríficas. En relación a los relatos producidos a partir de allí apunta que deben ser leídos desde «la tentación del horror»: Sus cuentos renuevan su temática, ofrecen a los lectores de la ciudad la experiencia brutal de la naturaleza sin perder nunca la fidelidad a esa vertiente melodramática y sensacionalista, gótica digamos, que está en el centro de su concepción de la ficción. De allí que en sus mejores cuentos el gusto por el horror y el exceso lo salven siempre de la tentación monocorde del naturalismo social [...]

Una especie de folletinista, como Eduardo Gutiérrez, que escribe miniaturas. Toda su poética efectista y melodramática se liga con lo que podríamos llamar el consumo popular de emociones. En ese sentido sus cuentos son una suerte de complemento muy elaborado de las páginas de crímenes que se iban a desarrollar en esos años en el periódico *Crítica* [...] Sus relatos tienen a menudo la estructura de una noticia sensacionalista: una información directa aparece hábilmente formalizada sin perder su carácter extremo (Piglia 1993: 56-58).

En 1917 aparece su recopilación *Cuentos de amor, de locura y de muerte*, que considero una síntesis de sus obras anteriores, que produce un peculiar hibridismo entre el modelo del relato modernista y el realista, que promueve un nuevo realismo que ejercitará en las décadas siguientes en sus relatos escritos desde su retiro en la selva misionera. Piglia reflexiona, en relación con relatos como «La gallina degollada», «A la deriva», «El almohadón de plumas», cómo Quiroga, utilizando el denso arsenal formal de la prensa sensacionalista y de la constricción del relato requerida por la página de revista, en las que publicó más de cien cuentos desde 1905, se transforma a partir de su retirada a Misiones en un gran escritor popular.

Cabe agregar que, justo después de que Díaz Vélez es encerrado en el manicomio a causa de una escena en la que se exhibe desnudo y gritando ante sus vecinos, Horacio, el narrador, acepta la invitación de Lugones para marcharse 'tierra adentro'. Como si el viaje a Misiones que dura cuatro meses, según el relato, fuera necesario para tapar el agujero de la vivencia urbana. Viaje que Quiroga emprendería realmente con Lugones, con quien tenía una relación estrecha; viaje definitorio para su vida y su literatura y en el cual Quiroga comprará las tierras, cerca de San Ignacio, en las que se instalará posteriormente.

Podríamos agregar que con esta huida, escenificada en «Los perseguidos», Quiroga produce un desplazamiento en el que conjurará el horror de la desestructuración del sujeto, trasladándolo a la naturaleza. En sus posteriores relatos, traslada el horror a un 'otro' espacio, desde el cual puede articular su distancia frente a la frenética racionalidad modernizadora y organizar una mirada excéntrica, distante incluso, de la fábrica ficcional en la que, no obstante, continuará inmerso siempre a través de sus entregas constantes a la prensa-selva urbana.

4. Roberto Arlt:
juguetes criminales, juguetes «rabiosos»

1926 parece ser un año mágico para la narrativa rioplatense: aparecen en Buenos Aires simultáneamente cuatro novelas y, como apuntara Noé Jitrik (1967)[1], cada una de ellas cierra o abre un ciclo, y se transforma en una línea de tensión que articula el desarrollo de la narrativa posterior: *Don Segundo Sombra* de Ricardo Güiraldes, que cancela el ciclo de la literatura gauchesca; *Zogoibi* de Enrique Larreta, que cierra la novela modernista con amaneramiento extremo; *Los desterrados* de Horacio Quiroga, que muestra que la herencia modernista puede ser un acicate en la construcción del relato moderno y *El juguete rabioso* de Roberto Arlt, que abre la línea de la narrativa urbana crítica.[2]

---

[1]   Véase Jitrik 1987.

[2]   Roberto Arlt (Buenos Aires, 1900-1942), se crió en el populoso barrio de Flores. Hijo de inmigrantes —un alemán y una triestina de habla italiana— Arlt abandona a los 16 años la casa paterna y realiza diversos trabajos —en una librería, mecánico, pintor de brocha gorda, corredor de una empresa de papel— hasta que engancha con el periodismo. Comienza a publicar a los 18 años, el primer cuento es «Jehová» de 1918 y su primer ensayo-investigación sobre *Las ciencias ocultas en la ciudad de Buenos Aires* en 1920. Colabora en los periódicos *Extrema Izquierda, Izquierda* y *Última Hora* hasta 1927, cuando se hace cargo de la sección de policiales en el diario *Crítica* y en 1928 se integra a la redacción de *El mundo*, donde se publicarán sus populares *Aguafuertes* porteñas. Durante los años 30 colabora estrechamente en el Teatro del Pueblo, dirigido por Leónidas Barletta, en la que estrena sus piezas: «300 millones», «Saverio el cruel», «El fabricante de fantasmas», entre otras. En vida de Arlt se publican sus cuatro novelas: *El juguete rabioso* (1926), *Los siete locos* (1929), *Los lanzallamas* (1931) y *El amor brujo* (1932); dos libros de cuentos: *El jorobadito* (1933) y *El criador de gorilas* (1941). En 1936 publica una serie de sus *Aguafuertes*, en las que incluye sus impresiones

Apunto una tensión que considero altamente significativa: el binomio Güiral-des-Arlt, y los efectos que sus novelas tienen en el público rioplatense: la novela de Güiraldes se transforma en un éxito inmediato de librería, y su libro, último gran exponente del tema gauchesco, pasa a ser un clásico temprano de la literatura nacional. Hasta 1962 la novela de Güiraldes había vendido 250.000 ejemplares. Luego de deambular por varias editoriales, Arlt logra la publicación de su primera novela, *El juguete rabioso* en la editorial Latina, y su novela, centrada en la angustiada vida de un adolescente, hijo de inmigrantes en la ya populosa Buenos Aires de los 20, pasa prácticamente desapercibida para el gran público.

El éxito de ventas de *Don Segundo Sombra* —que tomó desprevenido a Güiraldes, autor ya prestigiado entre los intelectuales y figura paternal, junto con Macedonio Fernández, de los martinfierristas— creo es explicable: Parece significativo que poco después de su primera edición, surge en el mercado bonaerense la primera traducción al yiddish, dato que muestra la intensa presencia judía en Argentina y la necesidad de una oferta literaria en diversas lenguas, adecuándose a la heterogeneidad de las hablas rioplatenses.[3]

Don Segundo Sombra restaura un espacio campero y unos personajes perdidos de la tradición nacional, que los inmigrantes leen con avidez pues les provee un pasado convertido en arquetipo de lo «nacional»; este pasado se vierte desde el presente y se da a conocer desde la clausura y la nostalgia. La metáfora de la «sombra» cubre a una Argentina pastoril y paternal, anterior a la avalancha inmigratoria. Más aún: leída desde una óptica actual, *Don Segundo Sombra* trabaja, temática y estilísticamente, todos los tópicos de la «nueva cultura» convertidos en emblemas de lo «literario».

Por el contrario, *El juguete rabioso,* novela de aprendizaje y de adaptación social del protagonista Silvio Astier; un adolescente cuyo progresivo encanallamiento pone al desnudo la realidad de esas clases medias; les planta en las narices su propia frustración, desnuda su imaginario. La memoria funciona en *El juguete...* como una pegajosa elaboración del presente, donde la clase media no arranca, donde la lucha por la vida es feroz. *El juguete...* escenifica esa cara miserable de la próspera Buenos Aires, simétrica al lugar de Roberto Godofredo Cristophersen Arlt en los campos culturales de la década de los 20, en los que elige un lugar incómodo. Vive del periodismo hasta su muerte, alternándolo con sus experimentos de inventor. Forma parte de la mitología arltiana sus sueños de

---

sobre un viaje a España y el norte de África. Póstumamente se han recogido muchos de sus colaboraciones en revistas y periódicos.
[3] Véase Peris 1997.

inventor: Tenía un laboratorio en el que buscaba un procedimiento de galvaniza-
ción de las medias de seda para señoras, con el que pretendía su perdurabilidad,
patentarlo y hacerse rico.

En la división generacional de la década de los 20, Arlt no encuentra su sitio
ni en Florida ni en Boedo. Mientras Güiraldes le acepta editar el primer capítulo de *El juguete...* en *Proa,* como he dicho, otros vanguardistas hablan de su
incultura y su descalabro gramatical (González Lanuza). Sus parientes de Boedo,
a los que se sentía más próximo, rechazan fieramente su falta de «buen gusto»
literario. Elías Castelnuovo, uno de los más firmes cultores de la literatura social
de Boedo, afirmaba sobre *El juguete rabioso*:

> El libro de cuentos que me trajo, pese a su fuerza temperamental, ofrecía innu-
> merables fallas de diversa índole, empezando por la ortografía, siguiendo por la
> redacción y terminando por la unidad y coherencia del texto. Le señalé hasta doce
> palabras de una suntuosidad insultante, mal colocadas por añadidura, cuyo signifi-
> cado no supo determinar. Había, asimismo, una ensambladura de estilos distintos y
> contrapuestos. Una mezcla de Máximo Gorki y Vargas Vila... (Pezzoni en Shwartz
> y Lerner 1984: 517).

Las novelas de Arlt, desde *El juguete rabioso* (1926) a la trilogía formada por
Los siete locos (1929), *Los lanzallamas* (1931) y *El amor brujo* (1932) ironizan sobre
el concepto de lo «literario» que la cultura de las clases medias rioplatenses había
entronizado. Pero la propuesta corrosiva de Arlt no ataca solamente el concepto
de «estilo», sino que éste es el efecto de una desarticulación general de lo narrativo y de lo literario.

Novelas flotantes donde las intervenciones especulativas de los personajes se
insertan sin piedad, sin ninguna concesión al lector y hacen efectiva la máxima
arltiana de escribir libros que «tengan la violencia de un 'cross' en la mandíbula».
En ellas reelabora la herencia de géneros «espúreos». El imaginario de sus personajes se construyen a partir de la cultura de masas: las novelas de aventuras, el
folletín, los cromos, el cine, la novela policial.

Los ídolos de la pandilla de Astier en *El juguete rabioso* son Rocambole, Fan-
tomas y los bandoleros españoles. En las angustiadas reflexiones de Erdosain,
el protagonista de *Los siete locos,* los mitos cinematográficos son la alternativa
imaginaria de salvación:

> ¿Qué es lo que hago con mi vida? —decíase entonces, queriendo quizás aclarar
> con esta pregunta los orígenes de la ansiedad que le hacía apetecer una existencia
> en la cual mañana no fuera la continuación de hoy con su medida de tiempo, sino

algo distinto y siempre inesperado como en los desenvolvimientos de las películas norteamericanas, donde el pordiosero de ayer es el jefe de una sociedad secreta hoy y la dactilógrafa aventurera una multimillonaria de incógnito.

En el prólogo a *Los lanzallamas* defiende la lectura de traducciones, en contraposición, por ejemplo, del Borges que abomina por la reciente introducción del doblaje en el cinematógrafo (Borges 1997: 283). Es en traducciones de donde extrae su cultura literaria. Señala Piglia (1975):

> Arlt se zafa de la tradición del bilingüismo [...] Si todo el siglo xix y hasta Borges se encuentra la paradoja de una escritura nacional construida a partir de una escisión entre el español y el idioma en que se lee, que es siempre un idioma extranjero [...] Arlt no sufre ese desdoblamiento: Arlt es un lector de traducciones.

En efecto, una buena parte del léxico literaturizante de Arlt proviene de las traducciones españolas de la editorial Tor; por ello utiliza palabras como «jamelgo», «mozalbete» uniéndolas al desjerarquizado mundo de su lengua. Una lengua hecha de retales, «perversa, marginal, que no es otra cosa que la transposición verbal, estilística, de los temas de sus novelas».

En el prólogo de *Los lanzallamas,* Arlt defiende su poética:

> Me atrae ardientemente la belleza. Cuántas veces he deseado trabajar una novela que, como las de Flaubert, se compusiera de panorámicos lienzos. Mas hoy, entre los ruidos de un edificio social que se desmorona inevitablemente, no es posible pensar en bordados. Un nuevo tipo de escritura se postula, entonces: aquélla para la cual el «estilo», cualidad suprema de lo «literario» es una antigualla, un bordado. La escritura arltiana propone no un antiestilo, sino una «ausencia de estilo».

Dice Barthes al respecto:

> [...] la restitución del lenguaje hablado imaginado primeramente en el mimetismo divertido de lo pintoresco, acabó por expresar el contenido de la contradicción social: en la obra de Céline, por ejemplo, la escritura no está al servicio de un pensamiento como un decorado realista logrado y superpuesto a la pintura de una subclase social; representa verdaderamente la inmersión del escritor en la opacidad pegajosa de la condición que describe. Se trata siempre de una «expresión» y la literatura no se halla superada. Pero es necesario aceptar que, de todos los medios de descripción —ya que hasta ahora de la literatura sólo se quiso eso— la aprehensión del lenguaje real —que no realista— es para el escritor el acto literario más humano. Y una gran parte de la literatura moderna está atravesada por los jirones más o menos precisos de

este sueño: un lenguaje literario que haya alcanzado la naturalidad de los lenguajes sociales (Barthes 1973: 20).

La literatura como signo de prestigio para la pequeña burguesía es ridiculizada ferozmente por Arlt:

> Las doncellas, mayores de veintiséis años, y sin novio, languidecían en Lamartine y Cherbuliez, se deleitaban en Chateaubriand. Esto les hacía abrigar la convicción de que formaban parte de una élite intelectual, y por tal motivo designaban a la gente pobre con el adjetivo de chusma. Chusma llamaban al almacenero que pretendía cobrar sus habichuelas, chusma a la tendera a la que habían sonsacado unos metros de puntilla (Artl 1981: 34).

Todas sus narraciones se articulan sobre el delito: El robo de libros en *El juguete rabioso*. El hurto, el asesinato y la conspiración política en el delirante proyecto revolucionario, financiado por una red de prostíbulos, que fraguan *Los siete locos* y continúa en *Los lanzallamas*. El delito moral en *El amor brujo*. Todas son colindantes con los temas del relato policial —la intriga, la conspiración, la delación, la violencia— cercanas a la tonalidad de la emergente novela negra norteamericana. Sin embargo, solamente en los últimos años se ha comenzado a ligar las conexiones de los relatos de Artl con el policial. No comentaré estas novelas, porque ya lo he hecho en otro lado desde otras premisas; sino que bucearé en algunas *Aguafuertes porteñas*, crónicas periodísticas que Arlt publicó a lo largo de toda su vida, como una crónica continua de la ciudad y el crimen. Luego comentaré un tardío relato policial clásico, señalando las imposturas del género en «Un crimen casi perfecto» (1940) y las particularidades de un relato que produce una torsión que acerca a Arlt a la novela negra: la escenificación de la subjetividad del criminal en «Las fieras» (1932).

TRATADO DE DELINCUENCIA: UN SUBURBIO SIN ÉPICA

Señala Sylvia Saítta que Arlt es un escritor que sigue escribiendo para los argentinos medio siglo después de su muerte,

> [...] la suma de libros, de recopilaciones o cuentos que se han publicado en los últimos años iluminan una zona de la producción arltiana que se mantuvo, durante décadas, sepultada entre diarios y revistas, en los anaqueles de la Hemeroteca de la

Biblioteca Nacional. […] Una de las razones por las cuales siempre hay 'más Arlt' es que nos enfrentamos a un autor que apostó fuertemente a la prensa periódica como medio eficaz de intervenir en los debates estéticos, sociales, culturales y políticos de su época. […] Un escritor que, en suma, encontró en la escritura cotidiana de una columna diaria, un lugar de enunciación, una forma de vida y el espacio de reconocimiento a través de «una vocal y tres consonantes» (Arlt) se transforman en el nombre propio que señala un proyecto literario exitoso […] Un escritor, de origen inmigratorio, sin un tercero de primaria terminado, eternamente descontento de su ciudad y de su gente, encontró un tono y una mirada para reflexionar sobre su presente; las estrategias mediante las cuales se convirtió en testigo de una sociedad en constante cambio a la que, muchas veces, reflejó bajo la lente de un espejo deformante para que aprendiera a verse mejor (Saítta 1997: 12).

Siguiendo esta reflexión señalo que esta constante demanda de «más Arlt» se conecta con una voluntad de saber: sigue habiendo un público para Arlt. Los motivos, probablemente, los podemos cifrar en su «contemporaneidad», porque cincuenta años después los lectores argentinos siguen identificándose con los problemas, angustias y miserias que Arlt destripó y puso obscenamente en papel de periódico y en novelas y cuentos. Es decir que, también, la avalancha de «inéditos» de Arlt reencontrados responde a una necesidad, muy evidente a partir de la década de los 80 del siglo xx, de volver a pensar en los orígenes de la crisis política, económica y social, de un país que se diseñó como «la potencia del Sur».

Pero, quizá podríamos pensar que hay también una necesidad de desestabilizar o abrir caminos nuevos, las interpretaciones que historiadores y críticos —contemporáneos a su producción que le colgaron el ribete de «escritor analfabeto» (hasta su amigo Castelnuovo del grupo de Boedo insistió en el desaliño y la incultura narrativa de Arlt) y algunas generaciones más que fraguaron para Arlt el lugar de un escritor «atípico». Hay en las nuevas generaciones de escritores y lectores, una necesidad de creación de nuevas genealogías literarias; de «reconocer» en Arlt la brecha por donde la vertiente europeísta de la literatura argentina se diluye y abre un camino que seguirán Onetti, claro; pero también el David Viñas de *Dar la cara*, el Daniel Moyano de *Mi música es para esta gente*, el Ricardo Piglia de «El laucha Benítez cantaba boleros», *Plata quemada*, por supuesto, Manuel Puig y más…

Sorprende al revisar la crítica argentina las variaciones que ha sufrido la consideración de la narrativa de Arlt desde la década del 40. Podemos dividirla en tres grandes bloques que reconocen la originalidad de Arlt en el panorama narrativo de las décadas de los 20 y 30. Por una parte, está la crítica que enfatiza su condición de *outsider*, unida con su escasa formación literaria, justificada por su extracción social. Esta tendencia busca hacer trascendente el modelo arltiano ensalzando su capacidad para captar el «alma de la ciudad» —Onetti— o reconstruyendo su metafísica de la abyección —Diana Guerrero, David Maldavsky—. Por otra, está la que busca conocer a Arlt «desde adentro» y que ha dado lecturas magníficas —tal es la de Oscar Massota: *Roberto Arlt, sexo y traición*— pero que no termina de delimitar el elemento corrosivo de su propuesta escritural. Dentro de esta línea, otra vertiente coloca a Arlt en las coordenadas socioculturales de su época y reconoce sus hallazgos, pero termina en requisitorias moralizantes sobre las «contradicciones» ideológicas de Arlt —Viñas, Pastor—. Finalmente, está la que coloca a Arlt como «el primer escritor moderno» de la literatura argentina contemporánea, y subraya el carácter perverso de la escritura arltiana, propuesto por Piglia, que ya apunté.

Estas interpretaciones se centraron intensamente en las novelas, cuentos, y *Aguafuertes* editados específicamente por el autor y no tomaron en cuenta las posibilidades de su producción periodística en la que Arlt trabajara con géneros específicos. En el prólogo a la edición de Adolfo Prieto se alude por primera vez, a partir de relatos como «Viaje terrible» o «El traje del fantasma», a las relaciones de Arlt con el relato fantástico o el policial.

En 1984 Omar Borré recupera una selección de catorce relatos aparecidos en la prensa periódica entre 1926 y 1939 en las revistas de consumo masivo *Mundo argentino* y *El hogar*, bajo el título de uno de ellos: *Estoy cargada de muerte*. Con esta recopilación se descubría una producción oculta como cuentista, que hasta ese momento era solamente el autor de nueve cuentos reunidos por el autor en *El jorobadito* (1933). Con ello, también, se abría la posibilidad de acercamiento a Arlt desde el ribete del relato policial. Tarea avanzada con la publicación de *El crimen casi perfecto* (Artl 1994), recopilación también de Borré, que reúne ocho relatos policiales publicados originariamente entre 1937 y 1940, en las revistas citadas, y puso de relieve este escoramiento de Arlt sobre el policial. Por su parte, Piglia titula su *Antología del género policial en la Argentina*, con el nombre de un relato de Arlt que, a su vez, incluye: «Las fieras», de *El jorobadito*.

La narrativa arltiana se vertebra con un centro temático: el crimen, el delito y la mala vida. Lo testimonia la serie de *Aguafuertes porteñas*, rescatada por Saítta bajo el título general de *Tratado de delincuencia*, que resalta la importancia de estos temas en las publicaciones periódicas, y la edición de Rita Gnutzmann que incluye una serie de *Aguafuertes* sobre las problemáticas urbanas, colindantes con la mala vida y el crimen (Artl en Gnutzmann 1995).

Arlt se inició en el periodismo en el diario *Crítica*, el primer gran periódico de masas que logró atraer a las mejores plumas nacionales; entre muchos otros, en sus páginas publicó Borges sus relatos de *Historia universal de la infamia* en el suplemento *Multicolor* de los sábados.[4]

En *Crítica*, Arlt se encargó de la sección de policiales. Fue su entrada en el mundo de la «mala vida». Pero, será en diario *El mundo*, fundado en 1928 en el que publicó sus *Aguafuertes*; comenzó a escribir en este periódico desde su fundación, desde su primer número, y continuó toda su vida. Al principio diariamente y luego de manera más esporádica. La suma total de sus notas publicadas llega al fabuloso número de mil ochocientos artículos, de los cuales no se han reeditado ni la mitad. Las *Aguafuertes* recopiladas por Saítta conforman una serie publicada en sus comienzos, entre enero de 1929 y setiembre de 1932.

Arlt, hombre de periódico de masas, se vanagloriaba de que el tema de sus *Aguafuertes* siempre se lo sugerían la observación directa o las noticias que le contaban o escuchaba directamente en la calle. Esta serie de crónicas sobre la delincuencia señala un conocimiento profundo del submundo bonaerense; desde el uso del lenguaje urbano, de esa cruza de jergas superpuestas de la calle que utiliza en sus columnas; hasta la estructuración repetitiva del esquema de los artículos, señalan una intención de impacto y rápida comunicación con el lector. Lo cierto es que esa panlingua era la suya y no hacía un ejercicio de pintoresquismo lingüístico al reproducirla; y la simplicidad del esquema era un método de trabajo ágil para un escritor que publicaba sin cesar.

Todas esta *Aguafuertes* siguen un esquema preelaborado: una introducción breve el tema central, concentrado ya en el título; una breve anécdota narrativa con un suceso o un comentario de alguien y un breve comentario —jocoso, admonitorio, reflexivo—. Si la extensión es mayor introduce una serie de entradillas que fragmentan el relato y su funcionalidad es abrir una nueva expectativa; a lo cual hay que agregar, que Arlt trabajaba series: una tirada de varios artículos que desarrollaban los temas desde diferentes facetas. Por ello podemos leer estos artículos como una crónica continua en las que se escenifica la vida criminal que discurre desde la clasificación de los tipos de malhechores a las prácticas cotidianos de los suburbios.[5]

Las primeras se concentran en las transgresiones de las leyes, pero desde el comienzo se desnuda no a un mundo sumergido y siniestro sino a las prácticas cotidianos de todos los ciudadanos: comienza con un listado de leyes y reglamentaciones urbanas que los habitantes de la ciudad violan constantemente —desde bajar y subir de los autobuses y tranvías en movimiento hasta las de higiene en

---

[4] Véase Saítta 1998.
[5] Véase Gnutzmann 1995.

los conventillos o la expendeduría de alcoholes, quinielas, mendicidad en las calles— para introducir el centro nodal: «la inutilidad de las leyes».
Su conclusión:

> Las leyes son para infringirlas todas; y a las que no se infringen, quebrantarlas; y a las que no se quebrantan, violarlas; y a las que no se violan, se fuerzan; y a las que no se fuerzan ni se violan, se tuercen como medias de pobre, se adaptan como trajes de serie, quedando las pobres tan maltrechas, tan sin jugo, tan sin ley, que ya no son leyes, sino entuertos.

Un movimiento ascensional se observa en «La inutilidad de las leyes», que parte de la ilegalidad consentida y se eleva a otra ilegalidad generalizada: la coima. La coima no es un juego inocente nacional, sino un mecanismo sancionado y practicado desde el estado.

> La coima es la polilla que roe el mecanismo de nuestra administración, la rémora que detiene la marcha de la nave del estado [...] del inspector y subinspector [...] la madre de muchos bienestares [...] de todos los comisarios que entran flacos y salen gordos, de todos los magistrados que se taponan los oídos para no escuchar los alaridos de la justicia». Pero, esta corrupción desde arriba se generaliza a toda la ciudadanía: «Panaderos, lecheros, hueveros, mercaderes de aceite, de vino, de drogas, dueños de fábricas, de industrias, de ministros, covachuelistas, embajadores, escritores, periodistas...

Y sigue. Una cierta finta anarquista despunta en estos textos de Arlt. No en vano siempre estuvo cerca de los escritores de Boedo, aunque no se identificaba del todo con el grupo, entre los cuales florecían los anarco-sindicalistas:

> Y es que las leyes, amigo lector que no coimeas (porque no puedes), es que las leyes se han hecho para eso: para dar de comer a innumerables pelafustanes, a indescriptibles y gordos tiburones. Si no se pudiera robar ¿qué fin habría en hacer gobierno? (Artl 1997: 15-16).

La gradación de la temática de estas *Aguafuertes* se va adentrando progresivamente en el mundo del crimen. Desde las tipologías del delincuente miserable, cada uno con una especialidad específica y un nombre ad hoc, la vida mísera y cotidiana del suburbio donde la muerte violenta es un lugar común; las relaciones entre hombres y mujeres, ellos machacados por el trabajo extenuante o alcoholizados, ellas sosteniendo el hambre en la casa de inquilinato o «haciendo la calle». La identificación del periodista con «los bajos fondos» es constante, no hay juicios ni moralinas; Arlt se posiciona como uno más en un mundo que conoce bien.

Dice en «El crimen del barrio»:

> No me refiero al barrio céntrico, sino al barrio de la orilla; Mataderos, cercanías del arroyo de Maldonado, sur de Floresta, radio de Cuenca, Villa Luro, Villa Crespo, etc. Estos barrios, de casas amontonadas, de salas divididas en dos partes, donde en una trabaja el sastre y en la otra se apeñusca la familia, son mis tierras de predilección. Allí se desenvuelve la vida dramática, la existencia sórdida que, cuando yo tenía doce años, aprendí a admirar en las novelas de Carolina Invernizzio, y ahora en las de Pío Baroja. Con la diferencia que ahora todos esos barrios me son familiares. Los he recorrido en tantos sentidos y tantas veces... (Arlt 1997: .21).

Otras son la exposición de una investigación personal, en las que aparece el periodista como detective y acusador social. Emblemáticos son la serie de «Escuela de Delincuencia», cuatro artículos en los que Arlt despliega un trabajo de indagación en los denominados entonces «Depósitos de Menores». Arlt entrevista a los funcionarios, a los jueces defensores de menores; describe las cárceles de menores en las que conviven hacinados, sin educación formal, entrenándose en el ejercicio del delito y. termina con un alegato contra los máximos culpables: los jueces, «doblemente culpables porque no existiendo una jurisprudencia adecuada respecto al menor, ni instituciones que encierren en su funcionamiento una garantía severa para salvar al menor, actúan frente a éste con más crueldad que ante los mayores de edad» (Artl 1997: 87).

Como se puede espigar de estas breves notas, Arlt no estetiza el suburbio. El suyo no es el suburbio de arquetípicos compadritos o almacenes rosados o lupanares diabólicos, sino el Buenos Aires de «la vida puerca», el de una masa anónima que aguanta, desquiciada, en las orillas. Tampoco hace una épica del arrabal. No hay valentía, ni aventuras, ni tan siquiera muertes dignas; sino ladrones y obreros, costureras y «fabriqueras», niños de mirada torva y hambrienta, mezclados en una retorta violenta.

En paralelo a esta radiografía de la mala vida y el suburbio, Arlt escribió numerosas crónicas líricas sobre los extramuros de Buenos Aires. A pesar de su mirada, aguda y airada, sobre la marginación y la exasperación de los bajos fondos, aparece también una mirada seducida por la Buenos Aires de las orillas. En ellas la prosa arltiana se despliega con toda la fuerza lírica de sus novelas y relatos, describiendo la ciudad como un acordeón sentimental. Cito un fragmento de este «Acordeón en Dock Sur»:

> No conozco instrumento más triste que el acordeón, ni más melancólico y huraño. Es la máquina musical de las almas solitarias. Lo he escuchado en los depósitos de materiales, en los aserraderos donde levanta la guardia un italiano nocturno; en las obras a medio terminar con fuegos de tizones encendidos [...] Pero es Dock Sur, es el panorama más adecuado para la filarmónica del pobrete en la noche de su desgracia. [...] El acordeón es casi siempre viejo, desdentado, con el nácar «baratieri» reventado, con dos teclas que fallan, con el fuelle que «pierde», el acordeón, casi siempre, vino embalado en el fondo de un baúl en la sentina de tercera clase. Y a pesar de todo sirve, se dobla, sufre y canta en las rodillas de un trabajador [...] No hay una sola alma que de pronto no se incorpore y estire sus orejas invisibles para recoger las íntimas palabras del acordeón, que rezonga en la soledad de una melopea cavernosa y trágica [...] La melodía se repite como los pensamientos de un hombre encadenado a una obsesión (Artl en Gnutzmann 1995: 33-35).

La mitificada cosmópolis modernista, la creadora de nuevas y variables mitologías ultraístas, es en Arlt una presencia viva, poderosa, aplastante. No es la Buenos Aires, urbe del Plata, ni la Buenos Aires que se nos fue, de los barrios calmos coloniales, sino una especie de animal sudoroso que se adhiere a la piel de los protagonistas. Arlt escribe, con ribetes humorísticos a veces, con mirada triste otras, o con ira contenida, la contracara de la brillante «reina del Plata». Su lengua es una espesa conjunción de jergas, de tonos dispares; trozos de un *puzzle* multiforme que no logra unidad. Así es también el estilo arltiano.

Roberto Arlt: un crimen demasiado perfecto

Si bien es cierto que algunos de los relatos de *El jorobadito* (1933) se acercan al relato policial, como el que da nombre al volumen y «Las fieras», no obstante ninguno de ellos se acerca al policial de enigma. Sorprende el cultivo del policial en los últimos años de la producción arltiana, compilados por Omar Borré. Me concentro en uno de ellos: «Un crimen casi perfecto», publicado en 1940, en la revista *Mundo argentino*, que puede ser considerado como la apertura del relato de enigma en la Argentina en la década de los 40 (Artl 1994).

Con la característica compresión de las informaciones fundamentales en las primeras líneas, a la manera de sus *Aguafuertes* donde registró la «mala vida» y diversas caras de la criminalidad del Buenos Aires de la década de los 30[6], el argumento se desarrolla alrededor del suicidio de la señora Stevens. Una anciana de cierta fortuna que, según la primera hipótesis del investigador-narrador, se habría matado con una mezcla de whisky y cianuro de potasio, después de una alegre comida de cumpleaños compartida con sus tres hermanos.

Escena incongruente que el investigador del caso no termina de aceptar por sus fallos psicológicos, y porque las pruebas científicas provenientes del registro de la casa y objetos no le parecen suficientes. Emprende una pesquisa sobre los hermanos que resultan ser «tres bribones»: uno, procurador especialista en divorcios, es un proveedor de chantajes; otro, corredor de seguros, había asegurado a su hermana con una suma fuerte; el tercero, un veterinario dedicado al dopaje de caballos de carreras. Es decir, tres posibles asesinos que, además, pueden heredar una interesante suma de dinero. Un pálpito del investigador permite la revelación del enigma que es descubierto por este miembro de la policía que sigue con la investigación no por interés profesional sino por «interés deportivo».

El pensamiento deductivo racionalista del investigador se une a la intuición del poeta, que sigue las pautas de Sherlock. Por su parte, el «asesino sagacísimo» cumple el perfecto papel de contrincante que establece la lucha entre «dos inteligencias puras».

El relato es referido como «una fantasía de novela policial», cuya estructura permite el descubrimiento del criminal; la explicitud del modelo del género policial es aceptada como una «ficción artificial» conveniente a la realidad de los hechos. Es reseñable la escenificación de los placeres y negaciones de las clases medias argentinas, con su cuota de corrupción y picardía, que descoyunta al espacio familiar. Sorprende el aire juguetón de este «artificio» policial, en la que la voz del narrador-investigador está lejana de los tonos negros de las novelas y cuentos arltianos o de las *Aguafuertes* sobre la miseria del suburbio.

«LAS FIERAS»: LA SUBJETIVIDAD DEL CRIMINAL

De la serie de nueve cuentos que Arlt compiló bajo el título *El jorobadito* (1933) el más explícito sobre el crimen es el que da título al libro. La confesión sobre el estrangulamiento de un jorobado llevado por un atormentado narrador que cometió el crimen, escrita desde la cárcel, pretende demostrar la necesidad

---

[6] Véase Arlt 1997: 12.

del asesinato por una especie de higiene social. La maldad del jorobado y de las turbias relaciones familiares del asesino con su novia y su futura suegra son los motivos que utiliza el narrador-asesino para exculparse y ocultar su propia miseria moral. Mal contra mal; relato apegado a la moral nietzscheana que justifica la legitimidad del crimen por la inferioridad y perversión de un jorobado que azotaba brutalmente a una cerda; y alegato que invierte la ley jurídica para hacer pasar el crimen como socialmente necesario. Señala Mirta Arlt que «El jorobadito presenta ya al «hombre de la iniquidad», el que afirma la negación sobre la tierra, y para quien la deformidad física será una especie alter ego plástico de la deformidad interior de éste y otros personajes protagónicos» (Artl, Mirta: 1968). Con una prosa densa y existencial, este relato es, entre líneas, un homenaje a los torturados personajes de Dostoyevski.

Sin embargo creo que es en «Las fieras», donde Arlt bordea con más intensidad al relato policial en su vertiente «negra»: un hombre habla a una mujer. Amó a esa mujer y ahora no está. Le cuenta a este fantasma su vida desde que la dejó. Este es el esquema del argumento de «Las fieras» (Artl: 1981).

Un largo monólogo se desenrolla ante la imagen recuperada de esa mujer, perdida pero viva en el recuerdo, para contarle el proceso de degradación y criminalidad en el que se ha ido internando. Una especie de autobiografía del maleante y, a la vez, diálogo elidido con la imagen de una mujer «decente»: «No te diré nunca cómo fui hundiéndome, día tras día, entre los hombres perdidos, ladrones y asesinos y mujeres que tienen la piel del rostro más áspera que cal agrietada», dice en el comienzo. Y desde allí se desata la vida y los sentimientos de un hampón, al que acompaña una prostituta Tacuara (criolla, achinada, de tez oscura) de la cual es su *macró*: «Jamás le he hablado a ninguno de mis compañeros de ti, ¿y para qué? La única informada de tu existencia es Tacuara».

Cada etapa de la vida contada del criminal está puntuada por el recuerdo y la imagen de esta mujer sin nombre:

> Estalló tu recuerdo, una noche que tiritaba de fiebre, arrojado al rincón de un calabozo. No estaba herido, pero me habían golpeado mucho con un pedazo de goma y la temperatura de la fiebre movía ante mis ojos paisajes de perdición [...] Una cuña de gran sufrimiento me partió el cerebro, y más allá de la ferocidad de todos nosotros, oprimidos u opresores, más allá de la dureza de las grises piedras cuadradas, distinguí tu semblante pálido y la almendrada aceituna de tus ojos.

A medida que se va desatando el imaginario se despliega la vida cotidiana de un delincuente, de sus amigos, y las etapas del encallanamiento: los lúgubres prostíbulos de provincia donde ha seguido a su prostituta, el paso reiterado por las cárceles, la brutalidad policial. Destacan los encuentros de amigos en el café Dos Mundos, en las que el narrador asume una enunciación colectiva desde una primera persona plural: «De un modo o de otro hemos robado, algunos han llegado al crimen; todos, sin excepción, hemos destruido la vida de una mujer, y el silencio es el vaso comunicante por el cual nuestra pesadilla de aburrimiento y angustia pasa de alma».

Destacan los breves apuntes de sus amigos criminales: el negro Cipriano, Guillermito el Ladrón, Uña de Oro, el Relojero y el Pibe Repollo. Los retratos, aventuras delictivas y sentimientos de estos rufianes, insertos en el monólogo, componen un fresco del hampa donde conviven la malignidad con la ternura. Los espacios que habitan o a los que concurren topografían una Buenos Aires nochera que baja del centro y las luces de la calle Corrientes hacia los tugurios del arrabal.

Arlt recupera en esas páginas el tono de las *Aguafuertes* del delito; este relato contrapuntea con algunas de sus «aguafuertes», tal como «Conversación entre ladrones», en la cual Arlt escribe: «A veces, cuando estoy aburrido, y me acuerdo de que en un café que conozco se reúnen algunos señores que trabajan de ladrones me encamino hacia allí para escuchar historias interesantes».

«Las fieras» es un relato excéntrico, original y tortuoso. Un relato narrado por el criminal. Asistimos a la pura interioridad del criminal, a una confesión íntima suscitada por el resto de una única instancia moral: la memoria del amor perdido, inaccesible en el presente. No hay detectives, ni autoridad que intervenga para contrapuntear la voz del criminal; más bien las imágenes de la ley y del estado, son las de esos policías rabiosos que convierten las cárceles en campos de tortura. No hay maniqueísmo: el criminal se reconoce responsable del odio. Habla desde el odio; un odio frío, sin alardes, naturalizado, donde el lazo social se establece en la ley del silencio; el silencio que une al narrador con sus iguales es la única ley que reconocen y ejercitan: la ley del hampa.

> [...] Un doble uso del lenguaje está en el centro de esa exigencia de tener que decir las causas. «Las fieras» es paradigmático: el relato criminal está hundido en el silencio. La inversa es la delación que certifica la ley del género: el que habla es culpable. En el género, el crimen es siempre la condición del lenguaje. Hay relato porque hubo crimen (Piglia 1991: 12-13).

Sin embargo, ese silencio no esconde enigmas, ni misterios que develar. Lo que el relato policial oculta, su gran secreto, es la subjetividad del criminal; en

«Las fieras» Arlt invierte las reglas del género, la ética causal que desarrolla viola la ley del género: expone, muestra, obscena y morosamente, esa subjetividad. Lo único que redime al delincuente es la lucidez de su verdad, el reconocimiento de su decisión de serlo y la imposibilidad de cambiar su destino. La verdad de este relato es una: un hombre encarado frente a frente con el enigma del mal subjetivo.

II. El relato policial y el dominio de la literatura

ADOLFO BIOY CASARES, SILVINA OCAMPO, JORGE LUIS BORGES,
JULIO CORTÁZAR, RODOLFO WALSH, RICARDO PIGLIA,
JUAN SASTURAIN, LUISA VALENZUELA, JUAN JOSÉ SAER (1940-2000)

1. Artesanos del enigma: el relato policial argentino en las décadas de los 40 y 50

EL RELATO POLICIAL DE ENIGMA: UNA OPERACIÓN CULTURAL

Es notable que durante la década de los 40 surjan en Argentina —mejor, en su populosa y ajetreada metrópolis— un conjunto de obras que genéricamente han sido clasificadas como adscritas a la 'literatura fantástica', y cuyos principios constructivos fueron elaborados por Borges en la década anterior. Una producción definida por universos narrativos cerrados, con tramas y motivos fantásticos o misteriosos —ya sean aporías científicas o de intervención sobrenatural— que, al tiempo reivindica, frente a la novela realista, el carácter lúdico de la lectura y la primacía de una trama despegada de lo histórico y lo cotidiano.

Como ha señalado Rivera[1], «en la década de los 40 cristalizan en el plano literario los materiales culturales previsiblemente aportados por la revista *Sur*, fundada en 1931 por Victoria Ocampo:

> Lo cual significa que las diversas pero concentradas lecturas de los autores cercanos a *Sur*, unieron, en un proceso peculiar, las lecturas intensas de la novela policial inglesa clásica, el interés por los arquetipos de Jung, los estudios sobre el pensamiento mágico puestos en marcha por el Frazer de *La rama dorada* y los del pensamiento primitivo analógico, descritos en *El pensamiento salvaje* de Levy Brühl, el contacto con las nuevas teorías científicas de Einstein y Eddington, y las preferencias literarias que unen en un mismo arco tendencias tan disímiles —excéntricas

---

[1] Véase Rivera en Lafforgue 1975.

en el campo cultural argentino— como la novela gótica inglesa, la moderna ciencia ficción —desde Wells a Stapleton—, la novela policial inglesa denominada «novela problema», lejana de la conflictiva y crítica novela negra americana y las novelas más actuales —de Woolf a Kafka—.

Todos estos elementos conforman un marco formativo que coagula en esta vertiente narrativa, a la que Rivera denomina «arquetipista».

El policial fue uno de los géneros marginales más atendidos por esta generación, en la que se incluye a Silvina Ocampo, Adolfo Bioy Casares, Pérez Zelaschi, Anderson Imbert, Manuel Peyrou, José Bianco y Borges, entre otros. Estos autores cultivaron de manera simultánea el fantástico y el policial. Es más, muy a menudo los mezclaron, con el objetivo de unir las aporías de la imaginería fantástica con la precisión del relato policial de enigma: la presencia de lo «extraño» o «sobrenatural» unida a la composición de una lógica deductiva. En un listado mínimo aparece este cruce en los cuentos de Anderson Imbert: *Las maravillosas deducciones del detective Gamboa*; en las novelas de Manuel Peyrou —*La noche repetida, El estruendo de las rosas, La espada dormida*— y en los cuentos de increíble eficacia de *Divertimento para revólver y piano* de Adolfo Pérez Zelaschi.[2]

No sólo produjeron relatos policiales, sino que garantizaron la difusión de la «novela-problema», traduciendo y editando a la plana mayor de la novela policial inglesa. Esta tarea editorial se acrecienta con la atrayente colección El Séptimo Círculo de Emecé Editores, dirigida por Borges y Adolfo Bioy Casares a partir de 1944, quienes la diseñaron y dirigieron hasta 1955, año en el que toma el relevo Carlos Frías, que la continúa siguiendo las indicaciones de los fundadores.

La selección de novelas policiales editadas provenía, fundamentalmente, del campo anglosajón, aunque se incluyeron también un estimable número de escritores nacionales. Con este diseño la colección El Séptimo Círculo produce una jerarquización del relato policial «literario» que rivaliza con el policial de difusión masiva. En esta colección Borges y Bioy incluyen los siguientes títulos de escritores rioplatenses: *El asesino desvelado* (1945) de Enrique Amorim, *Los que aman odian* (1945) de Bioy Casares y Silvina Ocampo, *El estruendo de las rosas* (1948) de Manuel Peyrou, *Bajo el signo del odio* (1953) de Alejandro Ruiz Guiñazú, *La muerte baja en el ascensor* (1955) de María Angélica Bosco, *Sanatorio de altura* (1963) de Eduardo Morera.

---

[2] Anderson 1930; Bioy 1988; Ocampo y Bioy 1989; Peyrou 1948 y 1953; Pérez Zelaschi 1981.

Estas décadas de sostenida producción se completa con títulos significativos que señalan la calidad y estabilidad del género: *El perjurio de la nieve* (1944) de Bioy Casares; *Las nueve muertes del padre Metri* (1942) y *El crimen de Ducadelia* (1959) de Leonardo Castellani; *Un modelo para la muerte* (1946) de Suárez Lynch (seudónimo compartido por Bioy Casares y Borges); *El asesino cuenta el cuento* (1955) y *Reportaje en el infierno* (1956) de Abel Mateo; *Variaciones en rojo* de Rodolfo Walsh (1953), y *Rosaura a las diez* (1955) de Marco Denevi, entre otros.

En 1953 Rodolfo Walsh publica la primera antología del relato policial argentino, en cuyo prólogo deja constancia de un nuevo fenómeno literario: «Los ingenios del 'detectivismo', antes exclusivamente anglosajones y franceses, emigran a otras latitudes. Se admite ya que Buenos Aires sea el escenario de una aventura policial» (Walsh 1953: Prólogo). Tales afirmaciones se producían diez años después de la publicación de lo que él consideraba «el primer libro de cuentos policiales en castellano» refiriéndose a los *Seis problemas para don Isidro Parodi* de 1942, hijo del binomio Bioy Casares y Borges. La antología de Walsh no era, como ya comenté en la introducción, una antología del relato policial de difusión masiva, sino una recopilación de diez cuentos de escritores reconocidos y su fin era destacar la producción del relato policial de enigma argentino.

La expropiación del género policial masivo es una operación cultural en la cual el campo literario se crea un nicho prestigioso —la importancia de los «grandes» del policial internacional— para introducirse en él. Se reconoce la vitalidad novedosa del género, que ya había producido una ampliación notable del público lector, pero marcando la diferencia entre el policial «literario» y el policial de quiosco, que había protagonizado el consumo masivo en periódicos, revistas y colecciones, en las décadas anteriores.[3] Este gesto recopilatorio se repetirá con la *Antología del relato fantástico* (1947), publicado por el trío Borges, Bioy y Silvina Ocampo.

No obstante, la pregunta de por qué el relato policial de enigma impregna de manera tan notable el campo literario, se mantiene abierta. Ya he presentado, en la introducción, los factores históricos que fueron el caldo de cultivo de la emergencia del relato policial, tales como el desarrollo de las grandes concentraciones urbanas, la aparición de las primeras «policías secretas» y el nacimiento de la prensa sensacionalista, llamada luego «prensa amarilla», fueron elementos decisivos en el despegue del género policial. En el caso de Argentina, el pro-

---

[3] En relación con el consumo del policial como lectura de masas y la jerarquización de los productos véase Brunori 1980: 112-267.

ceso de aceleración modernizadora y los flujos inmigratorios que avanzan desde fines del siglo XIX, traen consigo una expansión de la criminalidad urbana y la contrapartida del estado que lanza leyes más restrictivas para el control de la inmigración y de los nuevos movimientos sociales; el endurecimiento del sistema penal, las restricciones de las entradas de extranjeros y la modernización de la policía «científica» asociada a los métodos de la era positivista.

Sin embargo, desde el territorio literario se proponen explicaciones que atañen a la literatura misma. Borges propone una interesante motivación que explica el interés del género para el campo literario argentino y su floración en la década de los 40.

Dice Borges al respecto: «Frente a una literatura caótica, la novela policial me atraía porque era un modo de defender el orden, de buscar formas clásicas. Para cualquier persona que esté encandilada por el género policial, todo lo otro le resulta más bien informe. Luego descubro que ese rigor y esa coherencia pueden reducirse a un pequeño grupo de artificios» (Lafforgue y Rivera 1996: 47).

Esta necesidad de «rigor» y «coherencia» narrativa, en principio, es la que alentó el cultivo de un género anacrónico de larga y casi agotada trayectoria, y en parte explicaría su florecimiento en la narrativa argentina.

Por otra parte, la persistencia del policial de enigma en las décadas de los 40 y 50 se sostiene por una fuerte impugnación del realismo, de allí sus conexiones con el fantástico. Tal rechazo revaloriza el oficio del escritor como artesano de las formas. Esta necesidad de redefinición del artefacto narrativo aparecía ya en el ensayo «El arte narrativo y la magia» (1932) en el cual señalaba la conjunción de una férrea causalidad con una vindicación de la artificialidad del relato, desdeñando el verosímil realista y su pretendido efecto de realidad (Borges 1977). En cierta medida se puede señalar que es justamente ese «pequeño grupo de artificios», que Borges señalara casi con despecho, el que interesa a los narradores delas décadas de los 40 y 50: un molde estricto que se utiliza como patrón y, a la vez, sirve para desbordarlo.

Ejercicio anacrónico, pero también transformación creativa: En el relato de enigma argentino despunta un desenfado irónico y humorístico, cuando no paródico, que lo separa de sus modelos ingleses. La distorsión de la tersura del policial inglés y su confianza en el imperio de la ley se deshilacha en numerosos relatos de la época. El descaro en el tratamiento del crimen y la manipulación del género clásico admite una doble jugada: se ensalza y cultiva un género para distorsionarlo o disolverlo.

En su ensayo sobre Evaristo Carriego, Borges apunta otra pista sobre el interés del policial que lo relaciona con el aparato del Estado. Señala una «estructura de sentimiento» —diríamos con Williams— que anima a los argentinos en su identificación con el pasado heroico de la nación. Las mitologías argentinas —dice— no enaltecen la historia guerrera y militar de la nación en sus gestas independentistas, ni reverencian a sus próceres fundadores, sino a figuras que están en el límite de la ley. Afirma en *Evaristo Carriego*:

> El argentino, a diferencia de los americanos del Norte y de casi todos los europeos, no se identifica con el Estado. Ello puede atribuirse al hecho general de que el Estado es una inconcebible abstracción; lo cierto es que el argentino es un individuo, no un ciudadano. Aforismos como el de Hegel: «El Estado es la realidad de la idea moral» le parecen bromas siniestras.

En nota al pie explica: «El Estado es impersonal; el argentino sólo concibe una relación personal. Por eso, robar dineros públicos no es un crimen. Compruebo un hecho, no lo justifico o disculpo» (Borges 1977: 162).

Es decir, las ficciones literarias —en este caso las policiales— afirman la individualidad en el diálogo entre el texto y el lector y rivalizan con las ficciones estatales que proponen monólogos unilaterales; en realidad, el policial argentino de las décadas de los 40 y 50 pone en solfa el imperio de la ley y enaltece al criminal y sus astucias.

El progresivo repliegue hacia un intelectualismo idealista, como rechazo y arma defensiva ante la emergencia del populismo peronista provoca, en el sector más exocéntrico de la *intelligentzia* argentina, una concentración reflexiva que procura volcar una filosofía antipositivista, contradictoriamente liberal y laicista. Algunos críticos adscriben al irracionalismo este repliegue; otros, más cáusticos, a los sueños gigantistas de una élite que aún cree posible el mandarinato intelectual y fraguan un modelo de creación literaria que «racionaliza» sus contenidos para sostener un orden eleático.

En este sentido en la Argentina de la década del 40, con la emergencia potente de las masas y el ascenso del peronismo, el cultivo del policial de enigma sirvió también para desmarcar a un sector del campo literario de los referentes históricos cercanos. Referentes que, desde la atalaya del enigma, se eluden o sesgadamente se aluden. En muchos de los relatos policiales de la época se percibe la reticencia, el desprestigio o la oposición virulenta al peronismo, el cual desacreditó los rituales culturales de la «ciudad elegante» y configuró nuevas masas urbanas que empezaban a ejercitar un consumo diferente de bienes simbólicos.

JUEGOS PARÓDICOS Y JUEGOS SINIESTROS: ADOLFO BIOY CASARES Y SILVINA
OCAMPO,

En las décadas del 40 y 50 se produce la vigorosa colaboración entre Borges,
Bioy Casares y Silvina Ocampo. Me detengo en algunos de los relatos de estos
autores, con el objetivo de puntuar esta relación y, a la vez, ejemplificar la operación cultural a la que aludía. En 1942, Borges y Bioy publican *Seis problemas
para don Isidro Parodi*, bajo el seudónimo de Bustos Domecq. Serie de relatos del
delito que tiene como centro la figura del detective. Más allá de los excéntricos o
desaforados relatos que llegan hasta los oídos de D. Isidro Parodi, toda la serie se
concentra en la perversión de la ley del género policial que, a la vez, contamina
a la ley estatal. Comentaré con mayor intensidad esta obra en colaboración en
un apartado posterior.

Reseño ahora la propuesta que hacen Silvina Ocampo y Bioy Casares en
su novela *Los que odian, aman* y dos obras de Bioy Casares: *El perjurio de la
nieve y Diario de la guerra del cerdo*, que cruzan elementos del relato policial y
el fantástico.

Divertimento policial: *Los que aman, odian*

En 1945, el binomio Bioy Casares y Silvina Ocampo[4] publican *Los que aman,
odian* (Bioy Casares y Ocampo: 1989), en la serie de El Séptimo Círculo, escrito
a cuatro manos. Novela que continúa la línea de divertimento policial, trabajando los tópicos desarrollados por el policial inglés: un hotel de descanso en la
playa al que acuden una serie de personajes; el asesinato de una muchacha; un
despliegue de la investigación y un final sorprendente que resuelve el crimen y
sus motivaciones.

Un personaje narrador, testigo y participante de la historia, el Dr. Huberman
—médico, escritor y guionista de cine— narra en primera persona los acontecimientos y avatares del crimen. A su alrededor una trama de amores contrariados

---

[4] Silvina Ocampo (1903-1993) nace en Buenos Aires en el seno de una familia de
raigambre criolla. Su producción literaria abarca poesía y narrativa, que descolla en el tratamiento del cuento. Participa en el grupo de la revista *Sur*. Su narrativa se desarrolla entre el
relato fantástico, el policial y la narrativa de exploración de la subjetividad. Reseño sus libros
más reconocidos: *Viaje olvidado* (1937), *Autobiografía de Irene* (1948), *Las invitadas* (1961),
Lo amargo por dulce (1962), *Las reglas del secreto* (1991).

—dos hermanas se disputan las atenciones de un hombre interesante; una de ellas asesinada (la dominante y coqueta Mary) y la mejor candidata a criminal es su hermana, Emilia. Un policía sagaz, pero que no termina de esclarecer la verdad; que es revelada al narrador en una carta: el asesino es un niño.

El tono paródico del relato se evidencia ya en el comienzo del relato en una reflexión del narrador: «¿Cuándo renunciaremos a la novela policial, a la novela fantástica y a todo ese fecundo, variado y ambicioso campo de la literatura que se alimenta de irrealidades? ¿Cuándo volveremos nuestros pasos a la picaresca saludable y al ameno cuadro de costumbres?» Esta acotación evidencia que el relato incurrirá en la mezcla de todos estos géneros: es una novela policial, marcada de irrealidad; también novela de costumbres en las que se escenifican los rituales de las clases medias, desplegados en un fresco de personajes *mid-cult*, presentados en un abanico de conductas estereotipadas, que exhiben sus pasiones sustentadas en la trivialidad.

Sin embargo, Bioy Casares no continuará con esta ligereza de divertimentos policiales.

Bioy Casares: aventuras entre el fantástico y el policial

Creo que la crítica ha puesto sobre todo la mira en la valoración de su producción primera tomando como emblema *La invención de Morel* (1940), donde se enfatiza el antirrealismo de Bioy Casares[5] y la radicalidad de su autónomo «fantástico» —fundamentalmente sancionado por Borges en el prólogo de esta novela—.

---

[5] Adolfo Bioy Casares (1914- 1990) nació en Buenos Aires. Realizó sus estudios en el Colegio Libre, donde comenzó su tarea de escritor a los 14 años con la publicación de su primer cuento «Vanidad o una aventura terrorífica» —mezcla de fantástico y policial— . A los 15 años publica su primer libro, *Prólogo*, y luego del intento de dos carreras universitarias truncas, publicó en 1934 su segundo libro *Diecisiete disparos contra el porvenir* bajo el seudónimo de Martín Sacastrú. En la década de los 30 comienza su amistad con Borges, y su primera colaboración se produce en 1937: es un folleto de propaganda de la marca de leche «La Martona», en el cual ya se entrevé el estilo cómico y paródico de otras colaboraciones, que juega con el discurso científico y la broma. También fundan ambos la revista *Destiempo* que llegó al tercer número y en la que publicaron Alfonso Reyes, Henríquez Ureña, Jules Supervielle, Fernández Moreno, Silvina Ocampo y otros. En la editorial Destiempo —también organizada por los dos amigos— Bioy publica *La nueva tormenta o La vida múltiple de Juan Ruteno* (1935) y *Luis Greve, muerte*. Pero la verdadera andadura de Bioy como narrador se produce con su novela *La invención de Morel* (1944), a la que le siguen *Plan de evasión* (1945), *El sueño de los héroes* (1954), *Diario de la guerra del cerdo* (1969), *Dormir al sol* (1973), *Aventura de un fotógrafo en*

En este sentido, creo, es expresiva la autocrítica del propio Bioy en la postdata de la famosa *Antología de la literatura fantástica*, en su reedición en 1965. En ella revisa algunas afirmaciones del 40 contra la «novela psicológica», que atribuye al «ardor sectario» de la juventud y a la necesidad de construir una narrativa regida por el rigor, que además respondiera al humano «inmarcesible anhelo de oír cuentos. Bioy suaviza sus ataques contra el realismo y dice:

> Desde luego la novela psicológica no peligró por nuestros embates: tiene la duración asegurada, pues como un inagotable espejo refleja rostros diversos en los que el lector siempre se reconoce.

Obviamente, Bioy está realzando una de las claves del verosímil realista: el principio de identificación del lector, por medio del cual opera el «efecto de real».

Pero, a continuación, reconduce tal principio a lo fantástico a través de una finta reflexiva: «Aún en los relatos fantásticos encontramos personajes en cuya realidad irresistiblemente creemos: nos atrae en ellos, como en la gente de carne y hueso, una sutil amalgama de elementos conocidos y de misterioso destino.» Esta reconsideración del realismo es indicativa de los rumbos que sigue su narrativa en décadas posteriores.

El reconocimiento de la eficacia del modelo realista de representación le permitirá también un encuentro género policial, del cual utilizará el rigor de la composición y la generación de un enigma, que se sostiene a través del contraste de versiones. En 1944 publica, *El perjurio de la nieve*, incluido en *La trama celeste* (Bioy 1948). Algo del orden alucinatorio tiene este relato del crimen, que une el aislamiento de la vida campera con el vértigo de las subjetividades urbanas.

El circuito de la historia está protagonizado por tres escritores: el narrador que se presenta con las siglas del autor A.B.C., un segundo narrador-escritor y crítico literario (Villafañe) que escribe una «confesión» sobre los «verdaderos» hechos, reproducida por el narrador en el cuerpo del texto, y un joven poeta (Oribe), asesinado por el padre de una muchacha, supuestamente seducida por él.

Tres conflictos se desenlazan: la historia de una familia dinamarquesa, recluida en una hacienda cerrada al mundo exterior, por los designios de un padre de fría moral calvinista (Luis Vermehren) que asesina al joven poeta que

---

La Plata (1985). Las recopilaciones de cuentos de *La trama celeste* (1948), *Historia prodigiosa* (1956), *Guirnalda con amores* (1959), *El Gran Serafín* (1962), entre otros.

ha deshonrado a su hija; el de los dos escritores que rivalizan por la posesión del genio literario y de la muchacha, y las diversas versiones de la verdadera historia entre los narradores.

El eje de la narración está guiado por una reflexión sobre el tiempo y las pasiones: «La realidad (como las grandes ciudades) se ha extendido y se ha ramificado en los últimos años. Esto ha influido en el Tiempo: el pasado se aleja con inexorable rapidez»[6], dice el narrador en su comienzo.

Este achatamiento del tiempo histórico, que acompaña a la vertiginosa urbe en crecimiento, otorga a la literatura una función de rescatadora de memoria, desde la cual se puede recordar un crimen olvidado e interpretarlo desde el presente. A su vez, el padre calvinista y asesino del poeta, Vermehren, al enterarse de la enfermedad de su hija menor, se encierra con sus hijas y sus servidores en su hacienda aislada para congelar el tiempo y retrasar el advenimiento de la muerte. Un mínimo cambio desata la tragedia: una visita secreta a la cama de la virginal muchacha abre la puerta del tiempo y de la muerte. Florecen en este relato, las trampas pasionales frente a las racionalizaciones obtusas, temas en los que Bioy insistirá en su narrativa posterior. El juego de las pasiones se pone en marcha en el espacio mismo de la narración: El manuscrito de Villafañe propone una secuencia investigadora que justifica el asesinato de Oribe, el poeta depredador de honras femeninas; el narrador y transcriptor refuta ese texto mostrando las incongruencias del manuscrito de Villafañe y afirma que éste fue el seductor de la muchacha.

En el círculo masculino de este relato, la rivalidad, la envidia y la posesión contaminan las complicidades viriles. Así, la muerte de la muchacha corroída por la enfermedad; la del poeta secuestrador de la honra (Oribe); la del suicida asesino padre que cree vengar ese abuso; la muerte del plausible instigador del suicidio del padre (Villafañe); quedan veladas por las trampas de las pasiones, que también contaminan las interpretaciones del narrador (A.B.C). Escenificación del conflicto pasional que mixtura el espacio campero con el urbano, jugando con la diferencia cultural de los contrincantes y, a la vez, juega con las versiones de la historia, sin llegar a la «verdadera» historia. El enigma, en este relato, no es otra cosa que una serie de versiones en pugna, que se desacreditan entre sí por la irrupción pasional de sus protagonistas.

---

[6] «En 1932, caminando por el barrio de La Recoleta, referí a Borges el argumento de "El perjurio de la nieve"; una noche de insomnio, once años después, uní y até uno por uno los cabos sueltos, armé sin dificultad la historia y a la mañana me puse a escribirla» (Bioy 1967).

Si es cierto que desde *La invención de Morel* a la recopilación de *La trama celeste* se percibe esa defensa del deseo de contar historias y del alejamiento de lo referencial, relatos como *El sueño de los héroes* (1954) y *Guirnalda con amores* (1959) señalan un escoramiento en la obra de Bioy en la que aparece una contextualización en la que proliferan datos y situaciones que se acercan a la realidad más inmediata. En una entrevista decía: «En el invierno de 1958 [...] pensé que tal vez fuera un poco absurdo el hecho de que siempre escribiera cosas que no sabía y nunca sobre lo que conocía, como todo el mundo. Decidí, pues, no escribir más historias fantásticas, escribir historias de amor» (Paley 1975: 78).

En efecto, aunque a partir de allí no todas las historias de Bioy fueran historias de amor —el núcleo del enamoramiento como proyección fantasmática es, quizá, el más sugerente ya en *La invención*...— lo cotidiano entra en sus relatos.

Los relatos de *El gran Serafín*, plagados de Don Juanes más o menos fallidos, cercanos al hombre de la calle, marca una línea exploratoria que conduce a la que, para mí, es la novela más agria y conseguida de Bioy: *Diario de la guerra del cerdo* (1969). En ella consigue su fórmula: «Me siento estimulado por tramas fantásticas y personajes realistas».

Diario de la guerra del cerdo sucede en la Buenos Aires en la década de los 40, la de los suburbios cuajados de inmigrantes del interior del país, la de las masas eufóricas y para el autor «desaforadas», la de los conventillos y casas de inquilinato. En ella transcurre la apacible vida de un grupo de jubilados cuyas actividades —reunirse en la plaza, en el café o jugar una partidita al truco— se van viendo amenazados por suceso inexplicables: la progresiva agresión contra los viejos que llevan a cabo grupos de jóvenes organizados.

Focalizada sobre un entrañable personaje, Isidro Vidal, al borde de los sesenta años, viudo, tímido y pudoroso con las mujeres, convive con su hijo. El Diario —una crónica más bien, narrada en tercera persona— se concentra en la descripción de ocho días en los que se intensifica la violencia. Fragmentados capítulos nos meten en la vida cotidiana del Buenos Aires suburbano: diálogos del porteño medio; pequeñas vidas e historias anodinas en las que se instala el horror, casi sin que los agredidos mismos lo perciban.

La sabia dosificación de las informaciones sobre las acciones violentas va produciendo chispas de alarma que coagulan en el clima de una ciudad asediada por un enemigo tan anónimo, tan colectivo y tan cercano como los propios hijos.

En esta novela, el crimen es difuso; los asesinos, anónimos, sólo contorneados; las víctimas, esperan convertirse en víctimas. Futuras víctimas que saben que lo serán pero que intentan no creer en la situación, no hacerse cargo de la violencia. No hay móviles claros, es una guerra unilateral, de jóvenes sobre viejos. Los representantes de la ley no aparecen, nada ni nadie protege a los agredidos. Un plan de exterminio.

2. Jorge Luis Borges: desde el alma del barrio a la infamia del arrabal

Haciendo referencia al primer libro de poemas de Borges[1], *Fervor de Buenos Aires* (1923), Guillermo de Torre reseñaba, en un artículo de 1954, el distanciamiento borgeano del entusiasta ultraísmo de sus primeros haceres en las revistas vanguardistas españolas y argentinas. Las críticas de Torre eran ya perceptibles en

---

[1] Jorge Luis Borges (1899-1986) nació en Buenos Aires, en una familia de raigambre criolla y ascendentes ingleses. Su familia se desplaza a Ginebra en 1914, donde hace el bachillerato y descubre a los poetas expresionistas alemanes. En el año 1918 reside en España, fundamentalmente en Mallorca, donde forma parte de las tertulias vanguardistas de Gómez de la Serna y Cansinos Asséns. Regresa a Buenos Aires en 1921 y aclimata el ultraísmo en el Río de la Plata; participa en el grupo de la revista *Martín Fierro*. En este período se publican sus tres primeros poemarios. En la década de los 30 forma parte del grupo de la revista *Sur*, en la cual colaborará con artículos críticos de los autores del momento, y aparecen los relatos de *Historia universal de la infamia* (1935) y la *Antología clásica de la literatura argentina* (1937) en colaboración con Pedro Henríquez Ureña. Su fervor antológico se continúa en la década de los 40: publica la *Antología de literatura fantástica* (1940) y la *Antología poética argentina* en colaboración con Silvina Ocampo y Adolfo Bioy Casares. Comienza la colaboración con Bioy Casares con quien publicará en 1942 *Seis problemas para don Isidro Parodi*, bajo el seudónimo común de Honorio Bustos Domecq y 1943 aparece la recopilación *Los mejores relatos policiales*. Es también el período en el que se hacen cargo de la colección El Séptimo Círculo que puso en las manos de los lectores argentinos a la novela policía internacional. En este período aparecen las obras narrativas más emblemáticas *Ficciones* y *El Aleph* y con ellas el reconocimiento internacional. Murió en Ginebra, en 1986.

su libro *Literaturas europeas de vanguardia*, donde expresaba con mayor claridad su reprobación por la radicalidad del abandono borgeano de las Vanguardias. Pero resulta un cambio en *Fervor de Buenos Aires* que no es, solamente, el de la expurgación ultraica:

> En *Literaturas europeas de vanguardia* hube de explicar, ante todo, su cambio temático: el 'atrezzo' moderno por los motivos sentimentales del contorno. Porque precisamente el choque psíquico recibido por el reencuentro con su ciudad nativa, Buenos Aires, tras varios años de permanencia en Europa, había sido la causa determinante de tal cambio. A la continuación de una 'manera' había preferido el descubrimiento de un tono. Al 'entusiasmo' de tipo whitmaniano ante la pluralidad del universo, le sustituye el 'fervor' por el espacio de una ciudad; más exactamente de unos barrios y un momento retrospectivo. Vuelve a su infancia, y casi a la de su país, idealizando nostálgicamente lo entrevisto» (De Torre en Alazraki 1976: 82).

Efectivamente, el cambio es de tono y *Fervor...* es un libro nostálgico sobre la Buenos Aires perdida detrás de los fastos modernizadores que se habían acentuado y que sorprendieron al joven Borges recién venido de Europa. Sin embargo, la nostalgia por la ciudad perdida y de los emblemas del patriciado criollo del XIX, simbolizados en la quinta solar de la infancia, lindera a la ciudad, o de la casona de hacienda, no era extraña en el corpus literario de la década de los 20 latinoamericanos. Nostalgia defensiva ante los cambios, verificable en un número importante de obras que giran alrededor de la destrucción de una idealizada Arcadia tradicional y tematizan el sentimiento de inestabilidad de las élites criollas ante los avasalladores procesos de modernización, que en el caso del Río de la Plata se unen a la avalancha inmigratoria que había modificado el perfil de las ciudades y de sus habitantes.

No es otro el tema que, en 1926, despliega el argentino Ricardo Güiraldes en su novela *Don Segundo Sombra*, centrada en la pérdida de los valores de la Argentina pampera o la venezolana Teresa de la Parra en las suyas, *Ifigenia* (1924) y *Memorias de Mamá Blanca* (1928), que manifiestan el desagrado por los «nuevos ricos», hijos de la cultura del petróleo, y el fin de la casona hacendada. En este contexto, también el joven Borges busca su Buenos Aires perdido e, incluso, lo recupera en un poema dedicado a «Montevideo» (1924):

> La noche nueva es como un ala sobre tus azoteas
> eres la Buenos Aires que tuvimos,
> la que en los años se alejó quietamente. [...]
> Ciudad que se oye como un verso

Calles con luz de patio
(Borges en Sarlo 1960: 60).

El estupor por los cambios y la melancolía ante la nueva ciudad, el reencuentro con el pasado y las costumbres de la infancia, se entrelee en los poemarios de la década de los 20; pero también, el viraje borgeano hacia nuevas búsquedas; entre otras, la necesidad de integrar la revuelta vanguardista, absorbida en la estancia europea a la coyuntura específica de la cultura argentina. De esas nostalgias —que, no obstante, mantendrá como motivo en creaciones posteriores— Borges se repone pronto y lo hace participando activamente en el ajetreado mundo cultural bonaerense.

El reajuste de Borges con el ultraísmo aparece, entonces, como una necesidad de interiorizar los cambios socio-discursivos de Argentina y su indagación se dirigirá a la elaboración de nuevas estrategias creativas: Por una parte, la conjunción de los hallazgos de las vanguardistas con la tradición literaria argentina. Por otra, la exploración de la cultura de masas, promovida por la modernización pujante en la Argentina de fines de la década de los 20.

Al ritmo de aperturas democratizadoras como la Reforma Universitaria, la consolidación de las clases medias en la gestión política, el surgimiento de los movimientos obreros urbanos y la organización sindical, el avance de las mujeres en el espacio público, expresadas en el cambio político en los gobiernos de Hipólito Irigoyen[2], Borges explora nuevas vías: La intervención activa en la potente cultura de masas, concretada en sus artículos periodísticos y su presencia en revistas de distribución masiva, junto a las indagaciones sobre las formas populares —desde la poesía gauchesca al tango, del suceso criminal al relato policial, de la literatura de masas al cine—. De las cuales derivará la invención de nuevas mitologías urbanas, entre las que la estetización del suburbio, convertido en espacio de sutura entre la tradición literaria ruralista y la emergente literatura urbana, será preeminente.

En los ensayos de comienzo de la década de los 30 —*Evaristo Carriego* (1930) y *Discusión* (1932)— Borges publica una serie de indagaciones sobre la incorporación de la temática urbana y suburbano, la cultura de masas y los géneros populares, en las que espesa sus reflexiones de la década anterior —*Inquisiciones* (1925), *El tamaño de mi esperanza* (1926) y *El idioma de los argentinos* (1928)—. Puntuaré brevemente los dos primeros para señalar la relación de Borges con el tema del suburbio y su novedosa propuesta narrativa.

---

[2] Véase el volumen dedicado a este período: Montaldo: 1989.

EL ALMA DEL ARRABAL: CARRIEGO

¿Qué otro mejor motivo llevó a Borges a examinar la obra poética de Evaristo Carriego sino la necesidad de inventar literariamente el suburbio, o mejor, las «orillas»? Podemos pensar que la avidez de una tradición cultural propia tan consistente como la europea —conocida desde niño y paladeada de adolescente— y el reconocimiento de los cambios de la Buenos Aires modernizada, lo condujo a buscar temas y formas en el arsenal de la tradición argentina para crear a sus precursores.

Sin embargo, la tradición de una literatura urbana en la Argentina era sólida ya y venía desde el XIX —desde *El matadero* de Echeverría a *Sin rumbo* de Cambaceres, desde *La gran aldea* de Vicente Fidel López a *La bolsa* de Martel. Sin contar a Roberto Arlt y sus desgarradas novelas urbanas, porque es sabido que Borges no lo tuvo explícitamente entre sus contemporáneos, aunque más de un homenaje secreto a Arlt hay en algún cuento borgeano— ¿por qué no elegir a estos precursores? El encuentro con Evaristo Carriego (1883-Entre Ríos, 1912-Buenos Aires) no es solamente efecto del asombro por la novedosa poetización de las «orillas» de la ciudad, sino la coincidencia con el rumiar de Borges mismo: el suburbio inventado como un espacio de juntura, que coserá el pasado de la Argentina ganadera, de prosapia oligárquica y acriollada del XIX, con la arrolladora, cosmopolita y babélica Buenos Aires.[3]

El ensayo sobre Carriego, a más de una semblanza biográfica y un comentario de la obra del poeta, es un conjunto discontinuo de aproximaciones a la historia del Buenos Aires que a Borges le interesa: sus fronteras. Comienza delineando la minúscula historia de un barrio, que Borges mismo transfigurará en emblema: «Palermo de Buenos Aires». Su origen, descubierto por Groussac, se remonta a un italiano —Domínguez (Doménico) de Palermo— que instaló allí un corral dedicado a la recogida y matanza de «hacienda cimarrona», conocido como la chacra de Palermo entre 1605-1614.

Para suscitar su remembranza Borges no apela a una descripción historicista, sino que se sirve de un procedimiento cinematográfico, la acumulación de imágenes discontinuas. Se inventa

> una continuidad de figuras que cesan: un arreo de mulas viñateras, las chúcaras con la cabeza vendada; un agua quieta y larga [...] el campo abierto sin ninguna cosa que hacer; las huellas del pisoteo porfiado de una hacienda, rumbo a los corrales

---

[3] Véase Sarlo: 1995.

del Norte; un paisano (contra la madrugada) que se apea del caballo y le degüella el ancho pescuezo; un humo que se desentiende en el aire (Borges 1977: 106).

Luego cifra su consolidación definitiva con el asentamiento de la casa de «Don Juan Manuel de Rosas: padre ya mitológico de Palermo» que, a partir de 1840, sería el centro de mando de «la corte del dictador y palabra de maldición para los unitarios» y, finalmente, recorre las consignaciones literarias del barrio con versos de Ascasubi, anotaciones de Hudson, hasta llegar a las construcciones modernizadoras de la década de los 80 y al momento en el que «los Carriego» compraron casa en 1889.

Más adelante, a partir de 1912 —año de la muerte de Carriego— reseñará los cambios urbanos en los principios del xx, que no terminan de borrar las dos caras, como las de un naipe, del Palermo originario. La dualidad entre el barrio de «la chacra decente y el soez matadero» se mantiene en los sucesivos cambios del barrio: una parte noble, que se moderniza rodeada de nuevas construcciones públicas (la Penitenciaría (1877), el hospital del Norte (1882), el Hospital Rivadavia (1887), luego el Botánico y el Jardín Zoológico, en el amanecer del nuevo siglo.

El avance de las calles empedradas, del tranvía y de nuevas casonas es enjuiciado: «Palermo se apuraba hacia la sonsera: la siniestra edificación *art nouveau* brotaba como una hinchada flor hasta de los barriales». Pero es el otro Palermo, el de «una despreocupada pobreza», el del «malevaje criollo» que fue llegando del campo y el de «la miseria gringa» de la inmigración reciente, el que suscita su vehemencia.

Su mirada se enfoca aún más hacia el malevaje y con él comienza a perfilar su mitología: «El término las orillas cuadra con sobrenatural precisión a esas puntas ralas, en que la tierra asume lo indeterminado del mar» […] y en el que «una brisa casi confidencial inauguraba la pampa». En esa zona, hacia el Norte, Borges se recrea evocando sus casitas dispersas, la luz de un farol de almacén donde «el barrio era una esquina final» y «un malevaje de a caballo, un malevaje de chambergo mitrero sobre los ojos y de apaisanada bombacha», diestro en el manejo del cuchillo mejor templado que el machete largo de la policía. Puñal de hoja corta el del malevo, obligado al riesgo y a la valentía.

Cuando introduce la semblanza de Carriego y el comentario de sus libros, Borges anuda la «biografía» del barrio con la de Carriego, une la biografía del poeta con su poesía concentrada en «el alma del suburbio». Pero también podemos unirla a la del propio Borges, quien en 1929 reivindicaba «su» barrio, Palermo, como origen de la ciudad y fabulaba una «Fundación mítica de Buenos Aires»:

¿Y fue por este río de sueñera y barro
que las proas vinieron a fundarme la patria?
Irían a los tumbos los barquitos pintados
Entre los camalotes de la corriente zaina. [...]

A la que se agrega la consagración de su barrio, Palermo, como origen de la
ciudad:

Prendieron unos ranchos trémulos en la costa,
durmieron extrañados. Dicen que en el Riachuelo,
pero son embelecos fraguados en la Boca.
Fue una manzana entera y en mi barrio: en Palermo.

Una manzana entera pero en mitá del campo
expuesta a las auroras y lluvias y sudestadas.
La manzana pareja que persiste en mi barrio:
Guatemala, Serrano, Paraguay, Gurruchaga» [...]
A mí se me hace cuento que empezó Buenos Aires:
La juzgo tan eterna como el agua y el aire» (Borges 1977).

Al comentar la sangre italiana de Carriego, por parte materna, señala el
desprecio del poeta por los gringos: «el criollismo del íntegramente criollo es
una fatalidad, el del mestizado una decisión, una conducta preferida y resuelta».
El desprecio de Carriego hacia los nuevos habitantes de la ciudad deja entrever
las ambigüedades del criollismo urbano: italianos y españoles pobres, recién
llegados, eran objeto de su sorna. Borges mismo se hace cómplice de ese desdén
de las elites fundadoras de la nación hacia la inmigración reciente, vivida como
mácula a la tradición criolla, que despuntará reiteradas veces en la posterior
obra de Borges. Por ejemplo, cuando Borges, para caracterizar la pureza criolla
de su personaje «Funes el memorioso», apunta: «Recuerdo claramente su voz; la
voz pausada y nasal del orillero antiguo, sin los silbidos italianizantes de ahora»
(Borges 1977:48).

En cuanto a la obra poética de Carriego, Borges insistirá en las figuras que
le servirán de anclaje de su creación posterior: el comentario del primer libro de
Carriego —*Las misas herejes*— le permite ejercer el descrédito de la ascendencia
de Rubén Darío[4] en algunos poemas «malogrados» de este «libro de aprendizaje»

---

[4] El juicio sobre Darío es tajante: «Vincular esas naderías —se refiere al poema de
Carriego: «Las últimas etapas»— con el simbolismo es desconocer deliberadamente las
intenciones de Lafforgue y Mallarmé. No es preciso ir tan lejos: el verdadero y famoso

y exalta las composiciones «realistas» que integran *El alma del suburbio* (1908). Así convalida las figuras que al propio Borges le interesaban: «la calle popular hecha patio», «la magia servicial de los naipes del truco», «el tango, que era cielo de varones nomás» despuntando en las veredas.

Al comentar el poema «El guapo» de Carriego, Borges se apropia, directamente, de Carriego y postula las líneas centrales de su poética: «El guapo no era un salteador ni un rufián ni obligatoriamente un cargoso; era en la definición de Carriego: un 'cultor del coraje'» [...] «Un estoico, en el mejor de los casos; en el peor, un profesional del barullo». Aclara que habla del guapo antiguo y no «de su presente desfiguración italiana de 'cultor de la infamia', de malevito dolorido por la vergüenza de no ser canfinflero». Su exaltación justifica, incluso, la frecuente profesión del 'guapo': ser fuerza de choque y apretador al servicio de políticos y caudillos de comité.

El suburbio, entonces, es frontera; las «orillas» de la ciudad, límite y sutura con el campo. Frontera donde emergerá la figura del compadrito que hereda los atributos del gaucho inventado por la poesía gauchesca en el xix —la amistad, la lealtad entre hombres, la valentía y el desprecio por la muerte— y los del delincuente suburbano, en pugna permanente con la autoridad del Estado. La guitarra y el facón; el chambergo y el poncho, usado como escudo en la pelea cuerpo a cuerpo; el coraje y una parla acriollada, recuerdan hasta el atuendo del gaucho. Estos elementos que componen la figura del compadre no están al servicio de un supuesto «color local», sino que muestran ese punto de recreación de la tradición que Borges efectúa. Esto es, el cosido de la herencia de la gauchesca con las figuras fronterizas del arrabal en la ciudad modernizada.

La invención de las «orillas» será una operación central en el Borges de la década de los 30; con ella une la tradición literaria local con la revuelta vanguardista. Esta ejecución conduce a una operación cultural estratégica, que considero el hallazgo más trascendente del proyecto borgeano posvanguardista: la localización de lo universal y la universalización de lo local. Esta operación

---

padre de esa relajación fue Rubén Darío, hombre que a trueque de importar del francés unas comodidades métricas, amuebló a mansalva sus versos en el Petit Larousse con una tan infinita ausencia de escrúpulos que 'panteísmo' y 'cristianismo' eran sinónimos para él y que al representarse 'aburrimiento' escribía 'nirvana'». Sin embargo en nota para la edición de 1954 apunta: «Conservo estas impertinencias para castigarme por haberlas escrito. En aquel tiempo creía que los poemas de Lugones eran mejores que los de Darío. Es verdad que también creía que los de Quevedo eran superiores a los de Góngora». No obstante, la fluctuación de negaciones y estimas sobre estos autores fue constante en sus juicios a lo largo de su vida; y no fueron los únicos.

ya había sido inventada parcialmente: desde los postulados estéticos de Esteban Echeverría o de Domingo Faustino Sarmiento, en la generación romántica de 1837 a la *Historia de la literatura argentina* de Ricardo Rojas de 1924, las representaciones culturales argentinas habían sido relacionadas con las de la tradición cultural europea y norteamericana.

Lo novedoso en Borges es, justamente, la disolución del referente cultural occidental como modelo aventajado; que propiciaba la comparación para dignificar lo propio mediante una alusión prestigiosa. Borges, en cambio, pone en contacto la producción nacional con la internacional y señala virtudes o defectos, logros o carencias en ambas. Por decirlo con sus palabras en «El idioma de los argentinos»: «Toda la tradición nos pertenece, toda la cultura de occidente y la de oriente también».

Truco, tango y cuchilleros

Borges agrega al libro sobre Carriego, en una serie de «Páginas complementarias», apostillas a algunos de estos temas, confiando que «el encariñado con los temas de Buenos Aires no se impacientará con esas demoras». Destaco su refinada explicación de «El truco», un juego de naipes de origen catalán que sigue siendo el deporte nacional argentino, y su «Historia del tango». Ambas aportaciones le sirven para universalizar dos tradiciones populares, a partir de una reflexión sobre la temporalidad del juego y de la música. La instauración de una realidad artificial, instalada en el juego de naipes y en la música, desemboca en una interrogación sobre la sustancia del tiempo, en la que insistirá en ensayos posteriores como *Historia de la Eternidad*.

En su breve ensayo «El truco»[5], el devenir del juego de naipes crea una realidad paralela: «Cuarenta naipes quieren desplazar la vida [...] El tallador baraja esas pinturitas. La cosa es fácil de decir y aun de hacer, pero lo mágico y desaforado del juego —del hecho de jugar— despunta en la acción. 40 es el

---

[5] El truco es un juego de naipes de enorme popularidad en Argentina. Aunque Borges no hace explícito su origen y lo presenta como un juego de raigambre criolla, el truco es de origen catalán: se juega en Mallorca y Valencia, con el nombre de *truc* y con figuras idénticas: «envite», *truc, vals quatre, joc fora*, entre otros. La figura que Borges realza, «la flor» —«olorosa» o «jardinera», metáforas argentinas— que se produce cuando se recogen tres cartas del mismo palo, también se incluye con el mismo nombre, según mis noticias, en algunos pueblos de Valencia.

número de los naipes y 1 por 2 por 3 por 4...por 40, el de maneras en que pueden salir. Es una cifra delicadamente puntual en su enormidad, con inmediato predecesor y único sucesor, pero no escrita nunca». Esta escena en la que los jugadores entran, instaura una temporalidad tangente a la vital; en ella el azar ejercita combinatorias infinitas, cuya causalidad es precisa pero imposible de prever. Una cifra imposible de aprehender en su totalidad por cada jugador, que abandona su condición de sujeto individual para pasar a ser una figura del juego mismo: «Es una remota cifra de vértigo que parece disolver en su muchedumbre a los que barajan».

La entrada en el juego transforma a los jugadores que se sumergen en la tradición; son «acriollados de golpe», entran en un mundo suspendido que desplaza al habitual, «juegan de espaldas a las transitadas horas del mundo. La pública y urgente realidad en que estamos todos, linda con su reunión y no pasa; el recinto de su mesa es otro país. Los truqueros viven ese alucinado mundito», para el cual se han inventado una serie de reglas, de rituales y prohibiciones. Ese mundito tiene su propio lenguaje: «el idioma es otro de golpe», se convierte en una lengua ritual que incluye versos, retruécanos, cantos, gestos y señas, mantenidos y renovados cada vez. El «ruido criollo del diálogo» truquero recoge y actualiza la tradición conversadora, la payada gauchesca, el intercambio de ingenios, de invenciones a veces humorísticas, otras retadoras o soeces. Una lengua, que hay que aprender a conjugar, sustenta las astucias del juego.

Pero además, los jugadores «se aligeran de su yo habitual». «Un yo distinto, un yo casi antepasado y vernáculo, enreda los proyectos del juego», que los aminora como individuos y los ensancha como figuras míticas, para las cuales las prohibiciones acotan el azar y repiten una escena arcaica: los jugadores «lo cuidan como a un fuego». Escena que se matiza con su peculiaridad criolla:

> La habitualidad del truco es mentir. La manera de su engaño no es la del póquer: mero desanimación o desabrimiento de no fluctuar, y de poner a riesgo un alto de fichas cada tantas jugadas; [el truco] es acción de voz mentirosa, de rostro que se juzga 'semblanteado' y que se defiende, de tramposa y desatinada palabrería [...] Cómodo en el tiempo y conversador está el juego criollo, pero su cachaza es de picardía. Es una superposición de caretas [...].

Realidad suspendida, tiempo paralelo, sujetos aligerados en su identidad e inmersos en una escena iterativa y mitológica, actualización de la tradición y sus estratagemas de diferencia, son los pretextos borgeanos para hacer saltar un motivo «local» hacia lo universal:

Pensar un argumento local como este del truco y no salirse de él o ahondarlo —las dos figuras pueden simbolizar aquí un acto igual, tal es su precisión— me parece una gravísima fruslería [...] ¿Qué es el truco para un ejercitado en él, sino una costumbre? Mírese también a lo rememorativo del juego, a su afición por fórmulas tradicionales. Todo jugador, en verdad, no hace ya más que reincidir en bazas remotas. Su juego es una repetición de juegos pasados, vale decir, de ratos, de vivires pasados. Generaciones ya invisibles de criollos están enterradas vivas en él: son él, podemos afirmar sin metáfora. Se trasluce que el tiempo es una ficción, por ese pensar. Así, desde los laberintos de cartón pintado del truco, nos hemos acercado a la metafísica: única justificación y finalidad de todos los temas (Borges 1977:147).

El tango será un punto de llegada de este 'bildungsroman' del suburbio, de los pobres y del juego. En su «Historia del tango», ampliada en 1953, Borges contrapone las diversas hipótesis de Vicente Rossi, Carlos Vega y Carlos Muzzio sobre el origen del tango, con sus propias indagaciones y el testimonio oral brindado por algunos autores —José Saborido, Ernesto Poncio, Vicente Greco, e incluso de Nicolás Paredes, caudillo de Palermo, quienes, al igual que los escritores citados reiteran la ratificación del origen del tango en diversos lugares unidos a sus propias geografías, Montevideo o Buenos Aires, en diversos barrios como el Retiro, la calle Chile en el Sur o en la calle Junín en el Norte.

Pero todos le confirman un «hecho esencial: el origen del tango en los lupanares» y las fechas fluctuantes entre 1880 y 1890. Afirma, por tanto, que el tango no nació en las orillas «que siempre se bastaron con las seis cuerdas de la guitarra», sino en los prostíbulos que se podían permitir orquestas variadas de piano, flauta, violín, después el bandoneón. Tal origen se ratifica en las lascivas figuras de su baile y de sus letras; también que fue baile de hombres ya que «las mujeres del pueblo no querían participar en ese baile de perdularias». «Reptil de lupanar» lo denominó Lugones y el tango tardó en llegar al Barrio Norte y a los conventillos pobres; primero lo tuvo que adecentar el éxito parisino: «Antes era una orgiástica diablura; hoy es una manera de caminar».

Junto a su índole sexual, Borges devela una faz poco advertida del tango: su vertiente pendenciera. Relaciona sexualidad y pelea, insistiendo en la necesidad masculina de la guerra y citando la frase de un afghán en el Kim de Kipling: «A los quince años, yo había matado a un hombre y procreado a un hombre»; esta necesidad se relaciona con la alegría del combate, convertido en una «fiesta». Metáfora que universaliza al tango pendenciero poniéndolo en contacto con variadas tradiciones, desde la Ilíada de la cual recuerda que para los aqueos la «guerra era más dulce que regresar en huecas naves a su querida tierra natal», la primera epopeya sajona —el Beowulf—, la Chanson de Roland o Ariosto.

Pero el tango, según Borges, es mucho más eficaz que las múltiples variaciones culturales de este festín de la guerra:

«La música es la voluntad, la pasión; el tango antiguo, como música, suele directamente transmitir esa belicosa alegría cuya expresión verbal ensayaron, en edades remotas, rapsodas griegos y germánicos».

Borges se implica y se confiesa: «no suelo oír El Marne o Don Juan sin recordar con precisión un pasado apócrifo, a la vez estoico y orgiástico, en el que he desafiado y peleado para caer al fin, silencioso, en un oscuro duelo a cuchillo. Tal vez sea ésa: dar a los argentinos la certidumbre de haber sido valientes, de haber cumplido ya con las exigencias del valor y el honor» (Borges 1977:162).

«LA PESADILLA DE LO CAUSAL»: VARIACIONES SOBRE LA NARRATIVA

Como he intentado exponer, en el filo de las décadas de los 20 y 30 Borges abre, frente a las intensas reflexiones sobre las nuevas formas y el ejercicio de la poesía de la década anterior, una línea de ajuste con el proyecto vanguardista que le conduce a la revisión de los postulados narrativos de Macedonio Fernández y Ramón Gómez de la Serna[6] y al perfilamiento de una poética narrativa propia que se distancia de sus maestros.

En el «Prólogo» a *Discusión* (1932) Borges pone en contacto tres ensayos del conjunto recopilado, como si de uno se tratara: «El arte narrativo y la magia», «Films» y «La postulación de la realidad» responden a cuidados idénticos y creo que llegan a ponerse de acuerdo». Leídos en continuidad, efectivamente, configuran una línea reflexiva que apunta líneas maestras de su teoría del relato que, elaborada en la década del 30, será la que dirigirá el ejercicio persistente del cuento breve (Borges 1977).

El primero cronológicamente, «La postulación de la realidad» (1931) se dirige a cuestionar el aserto de Croce sobre «la identidad de lo estético y de lo expresivo». Como se observa en el enunciado de este objetivo, la realidad —exterior al sujeto, objetiva o como se la llame— importa poco[7]; lo que a Borges le interesa

---

[6]   Véase Mattalia 1991.

[7]   De hecho, el artículo comienza con un párrafo asertivo y desdeñoso sobre las propuestas de Berkeley sobre la inexistencia de la realidad, a quien Borges había dedicado un breve ensayo en *Inquisiciones* (1928), citando a Hume: «Hume notó para siempre que los argumentos

no es una teorización sobre la naturaleza de eso que llamamos «realidad», sino los modos de representación que postulan una realidad literaria. Modos que propone disyuntivos, el clásico y el romántico, «prescindiendo de toda connotación histórica» y entendiéndolos como «dos arquetipos de escritor (dos procederes): «El romántico, en general con pobre fortuna, quiere incesantemente expresar; el clásico prescinde contadas veces de una petición de principio».

Después de citar y analizar textos clásicos (cita a Gibbon y a Cervantes) considera que éstos prescinden de la intención expresiva y aspiran «a registrar la realidad no a representarla». Es decir, la descripción que hacen no da cuenta de las primeras impresiones y contactos con la realidad sino que presentan conceptos elaborados y finales, de allí su notoria imprecisión la cual, no obstante, producen una realidad creíble. Borges saca conclusiones: la literatura trabaja con el mismo límite de la percepción humana de la realidad que es imprecisa. Afirma que:

> La simplificación conceptual de estados complejos es muchas veces una operación instantánea. El hecho mismo de percibir, atender, es de orden selectivo: toda atención, toda fijación de nuestra conciencia, comporta una deliberada omisión de lo interesante. Vemos y oímos a través de recuerdos, de temores, de previsiones.
>
> En lo corporal, la inconsciencia es una necesidad de los actos físicos. Nuestro cuerpo sabe articular este difícil párrafo, sabe tratar con escaleras, con nudos, con pasos a nivel, con ciudades, con ríos correntosos, con perros, sabe atravesar una calle sin que nos aniquile el tránsito, sabe engendrar, sabe respirar, sabe dormir, sabe tal vez matar: nuestro cuerpo, no nuestra inteligencia. Nuestro vivir es una serie de adaptaciones, vale decir, una educación para el olvido» (Borges 1977:218).

Pero, además, la índole convencional de los clásicos transforma en invisible la operación representativa pues se sustenta en la idea de que «una vez fraguada una imagen, ésta constituye un bien público. Para el concepto clásico, la pluralidad de los hombres y de los tiempos es accesoria, la literatura es siempre una sola». En este sentido, «la realidad que los escritores clásicos proponen es cuestión de confianza, como la paternidad de cierto personaje de Lehrjahre».

Es ese pacto de fe que establece con el lector la que elimina la duda sobre la postulación clásica de la realidad. Por el contrario, el modo romántico —ejercitado, según Borges, intensivamente en la contemporaneidad— se sustenta en «el hallazgo de la personalidad». «Ser personal» obliga a desarrollar una serie de

---

de Berkeley no admiten la menor réplica y no producen la menor convicción; yo desearía, para eliminar los de Croce, una sentencia no menos educada y mortal».

«habilidades» que conducen al fetichismo romántico de lo original o novedoso. La realidad que «procuran agotar los románticos es de carácter impositivo más bien: su método continuo es el énfasis, la mentira parcial». El descrédito del modo romántico es evidente.

Borges explicita tres fórmulas clásicas: «La notificación de los hechos que importan» es la primera, ejemplificada con un fragmento de Cervantes. La segunda «consiste en imaginar una realidad más compleja que la declarada al lector y referir sus derivaciones y efectos», con ejemplos de Tennynson y Morris. La tercera, considerada más difícil y eficiente es «la invención circunstancial», que implica la inserción de detalles que convencen por su rigor. Sus modelos son «las rigurosas novelas imaginativas de Wells», las «exasperadamente verosímiles de Daniel Defoe» y «las novelas cinematográficas de Josef von Sternberg, hechas también de significativos momentos».

Como veremos, la concentración de la historia contada en momentos cruciales y en detalles imaginativos, hilados por rasgos circunstanciales producen un efecto de verosimilitud que postula una realidad coherente, compacta, que no es la constatación de la exterior, sino la realidad que la literatura procura. Este rasgo compositivo será una constante en la producción cuentística del autor.

En una línea diferente pero coligada a la anterior, el artículo «Films» (1932), además de mostrar su sabiduría analítica y su entusiasmo por la apasionante máquina ficcional del cine, Borges se detiene en los procedimientos de una serie de películas estrenadas ese año. Examina, negativamente, la reciente entrega de Chaplin, Luces en la ciudad, y Marruecos de von Sternberg, alaba la ejecución de El asesino Karamasoff de Ozep y considera con humor algunos de los procedimientos, absorbidos por la industria de Hollywood del cine de vanguardia europeo, entre otras consideraciones.

Pero lo sustancioso, en cuanto a la teoría que él mismo está fraguando sobre la narrativa, son los comentarios generales que desliza entre sus juicios; así, cuando justifica su desagrado por la película de Chaplin, apunta:

> Su carencia de realidad sólo es comparable a su carencia, también desesperante, de irrealidad» y que «su destartalado argumento pertenece a la difusa técnica conjuntiva de hace veinte años. Arcaísmo y anacronismo son también géneros literarios, lo sé; pero su manejo deliberado es cosa distinta de su perpetración infeliz.

La distinción que hace de films «reales» —nombra desde *El acusador de sí mismo*, *Los pesqueros* hasta *La melodía de Broadway*, y films de «voluntaria irrealidad»: las individualísimas de Borsage, las de Harry Langdon, las de Buster Keaton, las de Eisenstein»—, muestra que Borges cuestiona el procedimiento del film de Chaplin limitado a la simple unión conjuntiva de escenas que no construyen un mundo «real» o «irreal», sino un mundo «destartalado». Para el futuro Borges narrador, el relato deberá regirse por la ley de máxima congruencia.

Por otro lado, se lamenta en su crítica a *Marruecos* de Von Sternberg, la pérdida del «laconismo fotográfico, la organización exquisita, los procedimientos oblicuos y suficientes» del film anterior del director austríaco —*La ley del hampa*— y denuncia la artificialidad del reciente, donde se han reemplazado estos procedimientos escuetos y eficaces por una mera acumulación de comparsas, por los brochazos de color local». Salta como juicio máximo: «la trabajosa falsificación de una ciudad mora en suburbios de Hollywood, con lujo de albornoces y piletas y altos muecines que preceden el alba y camellos al sol». Cuando comenta *Street Scene* de King Vidor, adaptada al cine de la novela del «ex—expresionista Elmer Rice», alude a la insistencia de Vidor de no parecer estándar, con lo cual sólo consigue que haya «personajes de veras y otros disfrazados». Su conclusión: «No es, sustancialmente, una obra realista; es la frustración o la represión de una obra romántica».

Este recorte de las críticas de cine de Borges muestran una serie de constantes: Borges impugna el concepto de expresividad, negativamente romántico y reivindica la coherencia conceptual clásica y su capacidad para producir convicción, cuyos logros pasan por el manejo adecuado de procedimientos que apuntan a la concisión, a la elaboración de un microcosmos compacto que produce un efecto de «realidad» o de «irrealidad» coherente. La idea clásica de introducir rasgos circunstanciales o la vanguardista de superponer imágenes disímiles pueden ser, ambas, favorables para producir ese efecto. La capacidad sintética de estos procedimientos lo conducirá directamente a la elección del cuento breve como género de obligada ejecución.

En «El arte narrativo y la magia» Borges explica con mayor intensidad la problemática narrativa. Considero que podemos leer este breve ensayo como un manifiesto de su posterior poética narrativa: En primer lugar, Borges comienza puntuando la inexistencia de una teoría que sustente el análisis del género novela. Atribuye esa carencia a dos causas centrales a la preeminencia de otros géneros, mejor considerados históricamente, y la «inextricable complejidad de los artificios novelescos, que es laborioso desprender de la trama». La insuficiencia de una metodología, de términos convenidos para el examen de la narrativa y la extensión de las novelas, hace imposible consignar ejemplos sintéticos que evidencien las virtudes o defectos de una pieza. Por ello solicita paciencia al lector y comenta dos textos de diferente naturaleza, narrativos los dos, que le sirven para plantear dos retos en la narrativa: la consecución de la verosimilitud —por medio de la cual se produce el pacto de lectura que abre la posible credibilidad de una historia— y el de la causalidad.

La primera pregunta se expone en el comentario de «la faz novelesca de *The life and Death of Jason*» (1867), larga narración en verso de William Morris. Advierte que su fin es un comentario «literario, no histórico»; significativa finta borgeana que desgaja la obra literaria en sí misma de los avatares históricos del tema, lo que le permite omitir la «filiación helénica del poema» y la repetición del tema argonáutico en las diversas versiones desde los griegos a la contemporaneidad.

Justamente, el hecho de repetir una historia clásica de larga prosapia y novelizar las aventuras de Jasón en los tiempos modernos abre el problema de la verosimilitud: ¿Cómo hacer creíble en el siglo xix las aventuras de Jasón? «Esta necesitaba ante todo una fuerte apariencia de veracidad, capaz de producir esa espontánea suspensión de la duda, que constituye, para Coleridge, la fe poética. Morris consigue despertar esa fe; quiero investigar cómo». Borges escoge dos ejemplos de difícil credibilidad: la presencia del centauro Quirón y de las sirenas en la vida de Jasón. El procedimiento de Morris para verosimilizar al centauro que crió al héroe argonauta se sustenta en una búsqueda gradual por la selva que crea una cierta expectación. Cuando aparece «nos dicen que antes fue de pelo manchado pero en la actualidad casi blanco, no muy distinto de su melena humama, y con una hoja de encina en la transición de bruto a persona».

Semejante a la introducción de las sirenas, en las cuales las imágenes dulces del mar se unen al dulzor de la brisa y de las voces y la inserción de una imagen verosímil: en un principio, los navegantes no entienden las palabras de sus cantos. Estos rasgos circunstanciales —la hoja de encina que rodea el corte entre el hombre y el animal en Quirón y la incomprensión de lo que las sirenas cantan— son, en juicio borgeano, los que inducen a la fe poética.

En ambos casos se omite una descripción realista de estas figuras. Por el contrario «Morris tiene el maravilloso escrúpulo de advertirnos que las canciones atribuidas por él a la boca imbesada de las sirenas y a la de Orfeo no encierran más que un transfigurado recuerdo de lo cantado entonces». Para Borges hacer evidente el límite de la representación, mostrar la importancia de lo que no se puede reproducir, es lo que produce verosimilitud, es decir, la «veracidad» en el arte. Sólo lo sugerido es verosímil, sólo lo que apunta a la libertad de la imaginación conduce al pacto poético.

En la lectura de *Narrative of Arthur Gordon Pym* (1838) de Edgar Allan Poe, Borges se detiene, nuevamente, en la composición de la narración, proponiendo dos tramas: una evidente, de «vicisitudes marinas» y una secreta, que se revela al final,«el temor y la vindicación de lo blanco», en la que Poe «finge» la existencia de unas tribus, habitantes de una región cercana al Círculo Antártico, para las cuales el color blanco es un anatema «y puedo confesar que lo es, cerca del último renglón del último capítulo, para los condignos lectores».

La idea de Mallarmé de que «nombrar un objeto es suprimir las tres cuartas partes del goce del poema que reside en la felicidad de ir adivinando; el sueño es sugerirlo», citada por Borges, reitera su condena al descriptivismo realista por su ineficacia. Reivindica, por tanto, el acierto de Poe de insertar detalles indescriptibles, como el color y la consistencia del agua de los riachuelos de la región de aquella tribu, que no aluden al blanco, sino «que su fluencia proponía a los ojos todos los matices del púrpura, como los tonos de una seda cambiante», formadas por vetas de colores diversos que no se mezclaban en el líquido.

Toda esta aproximación tiene un objetivo central en «El arte y la magia»: la sutil impugnación borgeana del realismo decimonónico.

Señala:

> Rectamente se induce de lo anterior que el problema central de la novelística es la causalidad. Una de las variedades del género, la morosa novela de caracteres, finge o dispone una concatenación de motivos que se proponen no diferir de los del mundo real. Su caso no es el común —continúa—. En la novela de continuas vicisitudes, esa motivación es improcedente, y lo mismo en el relato de breves páginas y en la infinita novela espectacular que compone Hollywood con los plateados idola de Joan Crawford y que las ciudades releen. Un orden muy diverso los rige, lúcido y atávico. La primitiva claridad de la magia (Borges 1977: 168).

La nominación de «morosa novela de caracteres», —lenta, detallista, aburridora, psicologista, sociologista— es suficiente execración. No obstante, Borges no impugna el procedimiento causal, ni la producción de verosímiles que produzcan la identificación entre historia contada y lector —como sí hacían Macedonio Fernández y Gómez de la Serna que postulaban novelas «incongruentes»— solamente critica la vocación del realismo del «efecto de realidad», fingimiento que aspira a la imposible reproducción mimética. Por ello, Borges, ubica al realismo como una posibilidad compositiva, pero reivindica otros modos de relatar, asentados en la verosimilitud mágica: la novela de aventuras, el relato breve y la nueva narratividad del cine.

Toma como punto de reflexión el libro de Frazer *The Golden Bough*, concentrado en la vindicación de la lógica del pensamiento mágico. Borges recuerda la ley general de la causalidad mágica: la de la simpatía «que postula un vínculo inevitable entre cosas distantes, ya porque su figura es igual —magia imitativa, homeopática— ya por el hecho de una cercanía anterior —magia contagiosa—». Esta ley general de la simpatía y sus dos procedimientos básicos —la similitud y la proximidad— serán centrales para su poética narrativa.

Después de explayarse en ejemplos varios de conexiones causales mágicas concluye:

> La magia es la coronación o pesadilla de lo causal, no su contradicción [...]. Para el supersticioso hay una necesaria conexión no sólo entre un balazo y un muerto, sino entre un muerto y una maltratada efigie de cera o la rotura profética de un espejo o la sal que se vuelca o trece comensales terribles. Esa peligrosa armonía, esa frenética y precisa causalidad, manda en la novela también (Borges 1977: 168).

Validan tal afirmación, la tradición de las historias árabes que no nombran la muerte, sino que la metaforizan para no atraerla sobre los vivos; las fantasmagorías de Chesterton; la mostración de los bastidores teatrales en el *Fausto* de Estanislao del Campo que «contamina de incómoda irrealidad las figuraciones del amanecer, de la pampa, del anochecer»; sus films preferidos —*A cartas vistas, La ley del Hampa, Fatalidad*— que convocan, a través de motivos repetidos, los núcleos sustanciales del relato; hasta llegar al «vertiginoso» *Ulises* de Joyce, «ilustración cabal de un orbe autónomo de corroboraciones, de presagios, de monumentos».

Su firme conclusión: «He distinguido dos procesos causales: el natural, que es el resultado incesante de incontrolables e infinitas operaciones; el mágico, donde profetizan los pormenores, lúcido y limitado. En la novela, pienso que la única posible honradez, está con el segundo. Quede el primero para la simulación psicológica»

No me parece baladí la atribución de «honradez» al procedimiento elegido por Borges. Una ética de la escritura asentada en la veracidad —esto es, el señalamiento de los límites de la representación y por ello del conocimiento humano— se delinea en ella: en la creación artística, en la elección de una forma se configura un «ethos»que compromete al escritor con su época, con su sociedad, con las crisis de la historia. Es en el espacio reflexivo sobre las formas, en el arsenal acumulado de las formas artísticas puestas en marcha en la creación estética, en los «procederes» del escritor diría Borges, se cifra la capacidad transformadora del arte.

Capacidad que se verifica en la transformación del lector al cual Borges, asumiendo la posición de las vanguardias históricas, otorga el papel de coautor, de ese 'otro' cuya atenta mirada hace posible el hecho estético. El breve artículo «La supersticiosa ética del lector» (1930), también incluido en *Discusión*, pone a punto las supercherías producidas por la «superstición del estilo», que Borges atribuye a esa «era bajamente romántica» que es la contemporánea. Las recetas de una escritura 'buena', en la cual se respetan ciertas supersticiones —la adjetivación sorprendente, la supuesta virtud de la frase breve y concisa y el desprecio por una frase larga, la repetición cercana de sílabas como cacofónicas en prosa, aunque en verso «agencie un gusto especial, simulado también»— han difundido el gusto por las «tecniquerías», expresión unamuniana utilizada por Borges:

> Los que adolecen de esta superstición entienden por estilo no la eficacia o ineficacia de una página sino las habilidades aparentes del escritor: sus comparaciones, su acústica, los episodios de su puntuación y de su sintaxis […] Subordinan la emoción a la ética, a una etiqueta indiscutida más bien. Se ha generalizado tanto esa inhibición que ya no van quedando lectores, en el sentido ingenuo de la palabra, sino que todos son críticos potenciales (Borges 1977: 202).

El perfeccionismo vacuo, la «patética vanidad» de los escritores, la exterioridad de «la preferida equivocación del énfasis», el comercio de palabras definitivas la necia ambición de totalidad, promueven la trivialidad y la pobreza de la literatura y del idioma. Frente a esa abusiva moda, Borges anuncia la necesidad de una escritura ideográfica «directa comunicación de experiencias, no de sonidos» y una lectura silenciosa, «síntoma venturoso», que anuncia para el porvenir.

Es decir, Borges recoge aquí, otra vez, algunas de las herencias de su admirado Macedonio: la de una escritura asensorial, de obra que se da a ver, que suscita la simpatía y del ejercicio de inteligencia del lector, lejana de la identificación sentimental o prejuiciosa de las obras al uso. La operación vanguardista más radical, la proposición de nuevas operaciones de lectura, continúa indemne en este Borges que, no obstante, revisa su procedencia vanguardista.

El principio de funcionamiento mágico, según Borges en este ensayo, exaspera el principio de causalidad, base de la construcción narrativa, pero distanciándolo del empobrecedor método del realismo decimonónico. La puesta en contacto de hechos disímiles, remotos en el tiempo y en el espacio, ejercitado por la magia homeopática o la imitativa estudiada intensamente por Frazer, se le aparece a Borges no como una «contradicción de la causalidad» sino como una «pesadilla de lo causal». Y esta indagación acercará a Borges al relato policial y su clásica precisión.

Más allá del relato de enigma: otros usos del policial en Borges

Después de estos agudos comentarios arribo, como diría Borges, al centro de mis cavilaciones: el uso del policial en Borges.

El cruce de las lecturas e intereses comentados encontrará en el joven Borges a su teorizador más sistemático y agudo, como he referido en los comentarios sobre sus primeros ensayos. Sin embargo, no me propongo revisar la fidelidad de Borges al modelo del policial ajedrecístico, que él ensalzara en Poe, Conan Doyle, Collins, Chesterton, de los cuales surgieron sus magistrales «El jardín de los senderos que se bifurcan» (1941) o «La muerte y la brújula» (1944), sino leer en otros relatos que giran alrededor del tema del crimen, la relación que demarcan con la ley. Distinguiré dos apartados con dos líneas diferentes: la refutación de la ley de coherencia textual y la perversión de la ley, entendida como fundamento de legitimidad social. Me concentraré en los relatos de *Historia universal de la infamia* (1935), en *Seis problemas para don Isidro Parodi* (1942), escritos en colaboración con Bioy Casares, y en esa pieza perfecta que es «Emma Zunz», incluido en *El Aleph* (1949).

Historia universal de la infamia: crímenes universales y un crimen local

Cuando en 1935 Borges publica *Historia universal de la infamia*, el relato policial es usado para ejercer una doble crítica: Por una parte, la revisión de la propuesta vanguardista de disolución del epos tradicional y de sus procedimientos que Borges, en el prólogo de este su primer volumen de relatos, denomina «abusos». Por otra, la crítica del modelo referencial del realismo decimonónico, estructurando lo que será el basamento de su poética narrativa: la ironía y la parodia.

Estos relatos, publicados en la *Revista multicolor de los sábados* en las novedosas páginas del periódico *Crítica*[8], que respondía a las necesidades de la prensa de impacto y que significó un cambio del periodismo en Argentina, extraen

---

[8] Véase Saítta 1999; 1998; 2000.

sus materiales de diversos márgenes: la novela de aventuras, el relato policial y las minuciosas referencias bibliográficas de cada relato con la que concluye el volumen. Además, el cine de gánsteres y la avalancha de las páginas rojas de la prensa, que devoraba el público urbano

Consigna Sarlo:

> La literatura de Borges y el periodismo de *Crítica* eran lo más nuevo que podía leerse en Buenos Aires. El diario de masas y el escritor vanguardista tenían en común algo más que el gusto por las historias de bandidos y estafadores: compartían el desprejuicio [...] Ambos, los vanguardistas porteños y el diario de masas, tenían el desparpajo de quienes llegan para dar vuelta las relaciones simbólicas establecidas por el periodismo 'serio' o por la literatura modernista. El encuentro de Borges con *Crítica* no es, entonces, producto de una casualidad, sido de dos talentos muy diferentes: la imaginación periodística de Botana, el fabuloso director de *Crítica*, y la originalidad de Borges que, en esos años, está inventando nuevos cruces de discursos y mezclando las operaciones más complicadas de la literatura 'alta' con los géneros llamados «menores» (Sarlo 1995: 116-117).

Borges presenta *Historia Universal de la infamia* como un conjunto de «ejercicios de prosa narrativa», cuestionados por el autor desde su mismo prólogo, a través del método que caracteriza a su reflexiva escritura; esto es, mostrando sus fuentes y los procedimientos utilizados para construir sus ficciones. Así advierte en el prólogo:

> [Estos relatos] Derivan, creo, de mis relecturas de Stevenson y Chesterton y aun de los primeros films de Von Sternberg y tal vez de cierta biografía de Evaristo Carriego. Abusan de algunos procedimientos: las enumeraciones dispares, la brusca solución de continuidad, la reducción de la vida entera de un hombre a dos o tres escenas. (Este propósito visual rige también el cuento «Hombre de la esquina rosada») No son, no tratan de ser, psicológicos (Borges 1977: 289).

Me interesa puntualizar el particular argumento que hace Borges en este primerizo prólogo de su remisión a las fuentes literarias. Comento el uso del verbo «derivar»: Como bien se sabe tal vocablo, en su sentido lingüístico técnico, apunta a la formación de nuevas palabras partiendo de una raíz madre, y en este sentido el apunte de Borges señala el cruce de sus maestros de la literatura inglesa —lecturas intensas de Stevenson y Chesterton desde la infancia—; la biografía del poeta Evaristo Carriego (1930) del propio Borges que, como ya avancé, daba su primer paso en la construcción del mito de «las orillas» de la ciudad, como punto de sutura entre la literatura pampeana y la literatura urbana, de la cual saldrá la invención del 'orillero', el malevo.

Además, los primeros films de Von Sternberg, *La ley del hampa* (1927) y *Los muelles de Nueva York* (1928), que sentaron las bases modélicas del cine policial, transfiriendo y adaptando la herencia del expresionismo fílmico alemán a las necesidades de la máquina hollywoodense, fueron comentados con gran admiración por Borges unos años antes.[9] Pero «derivar» alude, también, un sentido tomado de la náutica: navegar sin rumbo fijo; esta acepción matiza la relación con las fuentes citadas, ya que Borges trastocará sus matrices derivándolas hacia otros problemas no previstos en sus declaradas fuentes.

En la segunda edición de 1954, Borges cuestiona tanto su estilo, manchado por el pecado de «barroquismos», como su vacía desmesura: «Ya el excesivo título de estas páginas proclama su naturaleza barroca. Atenuarlas hubiera equivalido a destruirlas [...] Son el irresponsable juego de un tímido que no se animó a escribir cuentos y que se distrajo en falsear y tergiversar (sin justificación estética alguna) ajenas historias» [...] «Patíbulos y piratas lo pueblan y la palabra 'infamia' aturde en el título, pero bajo los tumultos no hay nada. No es otra cosa que apariencia, que una superficie de imágenes» (Borges 1977: 291). Aparece aquí el procedimiento básico de la literatura borgeana: la tergiversación. Esto es, la interpretación sesgada de un antecedente histórico o literario que se desvía y deriva hacia otros rumbos.

Dice Molloy:

> *Evaristo Carriego* intenta registrar, desde un yo que conjuga en precario equilibrio un adentro y un afuera, lo que había «del otro lado de la verja con lanzas. *Historia universal de la infamia* marca el triunfo, por así decirlo, del límite franqueado [...] Las 'biografías infames' que presenta Borges carecen notoriamente de la voz nostálgica, morosa con amor que narraba a Carriego. En cambio insiste Borges en revelar el carácter artificial del mecanismo narrativo (Molloy 1979).

Esta exhibición produce una parodia que no produce identificación, sino que «extraña al lector, para recuperarlo en otro plano», apuntando al regodeo de la composición. Estas biografías imaginarias, que siguen la estela de Marcel Schwob, cruzan historias de héroes infames, construidos literariamente con el fervor de la novela de aventuras y del policial, más la ferocidad de los criminales del periódico sensacionalista, con la intención de derogar un par de conceptos tópicos: el de

---

[9] Véase Borges 1977.

«historia» y el de «universalidad». No abundaré en la refutación de la «historia» que Borges demolerá de manera continua en textos posteriores, denunciándola como construcción reglada por el verosímil narrativo realista; sólo me detengo en la «lateralidad»[10] que ejerce Borges frente al concepto de «universalidad». La exposición de una «historia», que se presenta como la suma de biografías individuales de infames héroes imaginarios, pone en solfa la idea totalizadora de la historia que, en su sentido tradicional, funciona como abstracción de lo biográfico individual. Correlativamente la universalidad de esta «historia» se compone como un conjunto dispar de fragmentos y de tradiciones culturales diversas, una coexistencia de espacios y tiempos culturales diversos. Una universalidad fraguada, entonces, sobre la convivencia heterogénea de un traficante de negros, un gangster de Nueva York, una pirata china, un maestro de ceremonias japonés, un tintorero árabe y, finalmente, un malevo porteño.

En el prólogo de su antología del género policial en Argentina realizada, por Ricardo Piglia, leo las siguientes consideraciones:

> La clave de la narrativa policial es por supuesto la causalidad: el género trabaja el orden de las causas en un sentido a la vez literario y moral. Convierte los desvíos de la causalidad narrativa en un problema ético. O, si se prefiere, una versión menos neutra: el género convierte la incertidumbre de la motivación en un procedimiento narrativo [...] Escamoteo de las pruebas, desplazamiento de las razones jurídicas, orden de los hechos, inversión de la causalidad (Piglia 1999).

Justamente, el trabajo innovador de Borges en estas historias de criminales es jugar con la arbitrariedad de las causas, a las que convierte en un batiburrillo de hechos. Como ejemplo, el origen de un traficante de negros «El atroz redentor Lazarus Morell» se cifra en la remota «variación de un filántropo», el Padre las Casas quien «tuvo mucha lástima de los indios que se extenuaban en los laboriosos infiernos de las minas de oro antillanas, y propuso al Emperador Carlos V la importación de negros, que se extenuaran en los laboriosos infiernos de las minas de oro antillanas».

De lo cual derivan

> ...infinitos hechos: los 'blues' de Handy, el éxito logrado en París por el pintor oriental D. Pedro Figari, la buena prosa cimarrona del también oriental D. Vicente Rossi, el tamaño mitológico de Abraham Lincoln, los quinientos

---

[10] Este concepto es trabajado por Sylvia Molloy como un posicionamiento de Borges frente a la centralidad discursiva de la cultura occidental. Véase Molloy 1979.

mil muertos de la Guerra de Secesión, los tres mil trescientos millones gastados en pensiones militares, la estatua del imaginario Falucho, la admisión del verbo linchar en la decimotercera edición del diccionario de la Academia, el impetuoso film Aleluya, la fornida carga a la bayoneta llevada por Soler al frente de sus Pardos y Morenos en el Cerrito, la gracia de la señorita de Tal, el moreno que asesinó a Martín Fierro, la deplorable rumba El Manisero [...] la habanera madre del tango, el candombe. Además: la culpable y magnífica existencia del atroz redentor Lazarus Morell (Borges 1977: 295).

Este listado de causas y efectos tiene como objetivo la conmoción de la ley de coherencia narrativa. Esta ley organiza una enumeración articulada de hechos, objetos o imágenes, unidos por la regla asociativa que privilegia lo semejante, una lógica discursiva asentada en el 'factor común'. En los relatos de *Historia...* esta ley se subvierte por la profusión de hechos históricos, objetos, discursos disímiles, puestos en contacto entre sí y que llegan hasta la broma privada «la gracia de la señorita de Tal» o « la deplorable rumba el Manisero».

El procedimiento no sólo apunta a la impugnación del causalismo realista por proliferación, sino que provee de un origen 'histórico' prestigioso al imaginario héroe infame, cuya posibilidad de existencia se establece en aquella «causa remota». Un resto inquietante aparece en esta ida y vuelta de la ley de coherencia: La pregunta que salta después de esta presentación sería ¿es, acaso, imposible romper la ley de coherencia causalista? ¿Puede la cadena significante construirse derogando su implacable linealidad?

Estas preguntas apuntan al problema del origen. Todo origen, parece señalar este comienzo de «El atroz redentor Lazarus Morell», no es otra cosa que un corte arbitrario producido en un paradigma; corte que sólo puede expresarse en la linealidad y, ya sea que se elija el procedimiento de encadenamiento de lo semejante al modo realista, o la sorprendente enumeración dispar vanguardista, la cadena que surge produce el mismo efecto: enumerar es federar significantes que, por el sólo hecho de su puesta en contacto, encuentran un nexo asociativo.

Calabrese, refiriéndose a la disolución de las fronteras de la novela histórica que Borges produce en relatos como «El jardín de los senderos que se bifurcan», «Biografía de Tadeo Isidoro Cruz» y «Tema del traidor y del héroe», señala que «el efecto de lectura es de una corrosiva ironía; al negativizar procesos de certidumbre que el lector espera, la escritura se convierte en matriz de una productividad liberada» (Calabrese 1994: 63).

De esta 'productividad' surge una teoría de la lectura como asociación libre, que Borges postula en la conclusión de su primer prólogo de *Historia universal de la infamia*: «A veces creo que los buenos lectores son cisnes aun más tenebrosos y singulares que los buenos autores [...] Leer, por lo pronto, es una actividad posterior a la de escribir: más resignada, más civil, más intelectual» (Borges 1977: 289).

Creo que este postulado sobre la lectura encuentra su ejemplo más perfilado en las tribulaciones de «Funes, el memorioso», cuya imposibilidad de olvidar le impide ejercer un corte arbitrario, lo cual lo incapacita para seleccionar o extraer de la masa vivencial y significante, fragmentos jerarquizados que permitan construir un sentido. Es decir, Funes es incapaz de leer, cortar, interpretar, abstraer.

Regresando al «derivar», primero observo que la construcción del origen es el nódulo central de la escritura borgeana, al que hay que agregar el problema de las 'fuentes' que su escritura exhibe: Señalar una fuente implica en Borges marcar un origen firme y, al tiempo, producir una deriva que conmueve esa firmeza y la refuta.

NUESTRO MALEVAJE: «HOMBRE DE LA ESQUINA ROSADA».

Otra postulación originaria: en la composición de las biografías imaginarias de su *Historia universal*, la adición heterogénea de biografías aparece desjerarquizada, decía, poniendo en contacto una inventada e imposible universalidad de contiguas infamias. Sin embargo, hay en este conjunto un texto, claramente marcado, que se diferencia del resto: «Hombre de la esquina rosada» Ya señalé que Borges construye, en este relato, el primer hito narrativo del proceso de construcción de una nueva mitología, que recoge la herencia de la gauchesca desplazada hacia el suburbio, en la que surge un personaje arquetípico, el malevo. Operación que Sarlo denominó «criollismo urbano de vanguardia» Sarlo 1994).[11]

Pero quiero abundar en otras marcas: Este relato salta fuera del conjunto por una serie de diferencias en relación a los otros relatos incluidos en *Historia universal*. En primer lugar, es el único relato que no posee una fuente literaria explícita en el listado final del libro; como si no poseyera un antecedente, un origen firme del cual se derivase; a no ser, que señalemos la alusión del prólogo a su propio ensayo sobre Carriego. Este texto se postula como originario, y así ha funcionado en las interpretaciones posteriores de Borges.

En segundo lugar, es el único relato de la serie en el que se produce un salto del punto de vista. El conjunto de las biografías infames es narrado por una

---

[11] Véase Sarlo 1994; Prieto 1988.

voz, personalizada y distante, que juega un papel de mediador entre las fuentes originales y la deriva narrativa, al tiempo que mantiene una peculiar relación con la legalidad social, a la que aludiré luego. Por el contrario, en «Hombre de la esquina rosada» el narrador es el propio asesino; primero narrador, luego testigo de un crimen y finalmente criminal. El efecto de ficción oral surge, no sólo por la entonación arrabalera y plena de modismos del hampa porteña del narrador, sino por la coincidencia del receptor interno del relato, el que escucha la confesión del asesino verdadero y el nombre del que firma como autor:

> Yo me fui tranquilo a mi rancho, que estaba a unas tres cuadras. Ardía en la ventana una lucecita, que se apagó en seguida. De juro que me apuré a llegar, cuando me di cuenta. Entonces, Borges, volví a sacar el cuchillo corto y filoso que yo sabía cargar aquí, en el chaleco, junto al sobaco izquierdo, y le pegué otra revisada despacio, y estaba como nuevo, inocente, y no quedaba ni un rastrito de sangre (Borges 1977: 334).

Tres cambios de lugares en la historia y en el discurso: el del malevo cobarde Rosendo Suárez que se niega a pelear con otro bravucón, Francisco Real, el Corralero, relevado, en un duelo secreto, por el valiente narrador que mata al Corralero para cumplir con la ley de la bravura. El del narrador distante de los otros relatos se ha convertido ahora en un narrador viejo, en un cuentero protagonista, que confiesa su crimen y, finalmente, por el sujeto de la escritura, integrado como personaje en el cuento: el propio Borges.

¿Qué sentido tiene, en el conjunto de esta universal historia, la aparición del nombre del autor, convertido aquí en receptor interno y personaje? Obviamente, el de producir un efecto testimonial: la historia es contada a su transcriptor por quien la vivió. Así, la fuente letrada (los libros prestigiosos de los que derivan las otras biografías) es relevada por la fuente oral. Esa fuente oral y marginal del propio asesino autoriza el salto hacia la literatura; en los textos posteriores sobre el malevaje Borges eludirá la fuente oral También, el refuerzo de una marca de origen: el autor es depositario de esa tradición oral, traslada a la literatura.

Historia universal de la infamia propone una refutación paródica de la «historia» y de la «universalidad» y las sustituye por la exhibición de heterodoxos archivos y fronteras genéricas difuminadas, que juegan con la mezcla, el cruce y la heterogeneidad de los materiales. «Hombre de la esquina rosada» se postula como un relato de origen, como texto fundacional, no solamente de una mitología del suburbio cuyo cultor primero es Borges, sino de una específica relación con el legado cultural que aparece metaforizado en una dualidad: la letra (la ley) y la voz (el límite de la ley).

En su ensayo sobre «El tango» Borges enfatizaba una cierta disculpa por la violencia pendenciera del tango, que emparienta al Gaucho con el Compadre, ensalzando su máxima virtud: la valentía. Aún más, el Gaucho y el Compadre, convertidos por Borges en emblemas de un modo de ser argentino, no sirven a una causa, no se adscriben a un fin colectivo, sino que su valentía es un acto puro. Valentía pura, sin más recompensa que poder contarla, asociada a la rebeldía contra la autoridad de estos personajes genéricos que deja entrever, según Borges, un individualismo inconscientemente anárquico.

De ello deriva la amistad y la fidelidad al lazo personal como valores intrínsecos de la identidad argentina, cuyos ascendentes son claramente hispánicos; lo demuestra una frase del Quijote: «No es bien que los hombres honrados sean verdugos de los otros hombres, no yéndoles nada en ello» que Borges pone, directamente, en contacto con

> una noche de la literatura argentina: esa desesperada noche en la que un sargento de la policía rural gritó que no iba a consentir el delito de que se matara a un valiente y se puso a pelear contra sus soldados, junto al desertor Martín Fierro (Borges 1977: 162-163).

El gesto del sargento Cruz que, en el *Martín Fierro*, salta contra la propia ley para la que trabaja y ayuda a un delincuente por su valentía, será repetido en más de una de las ficciones borgeanas. Esta transgresión del policía convertido en amigo y defensor del criminal, le producía a Borges una enorme fascinación; de tal manera que hasta inventó, para el sargento que cambió de bando, una sucinta biografía imaginaria: «Biografía de Tadeo Isidoro Cruz».[12]

Historia universal de la infamia se construye sobre la perversión de la ley social de castigo al criminal y se desmarca del concepto ejemplarizante del relato policial clásico. El gánster, el pirata, el ladrón, el maleante, el compadre, jamás culminan su carrera con la prisión ni cumpliendo con la ley del estado, aunque sean arrestados y perseguidos más de una vez. Es más, lo que estos textos señalan, en la oscilante mirada del narrador —distante pero fascinado con su infames heroicos— es la existencia de una legalidad diferente.

Una ley propia del delincuente, pero igualmente honorable, incluso mejor formulada que la ley oficial, como se consigna en la biografía de «La viuda

---

[12] Véase «Biografía de Tadeo Isidoro Cruz», en Borges 1977.

Ching, pirata»: «El reglamento, redactado por la viuda Ching en persona, es de una inapelable severidad, y su estilo justo y lacónico prescinde de las desfallecidas flores retóricas que prestan una majestad más bien irrisoria a la manera china oficial de la que ofreceremos después algunos alarmantes ejemplos». Copio algunos artículos:

> Todos los bienes trasbordados de naves enemigas pasarán a un depósito y serán registrados. Una quinta parte de lo aportado por cada pirata le será entregada después; el resto quedará en el depósito. La violación de esta ordenanza es la muerte [...] El comercio con las mujeres arrebatadas en las aldeas queda prohibido sobre cubierta; deberá limitarse a la bodega y nunca sin el permiso del sobrecargo. La violación de esta ordenanza es la muerte (Borges 1977: 307).

El fin de esta corsaria oriental muestra la benevolencia de la ley imperial: el Emperador que utiliza un método de guerra muy especial: le hace llegar en breves mensajes flotantes en cañas de bambú un relato sobre el curioso amor entre una zorra y un dragón y convence a esta depredadora de los ríos para que cese con la destrucción: «Los cronistas refieren que la zorra obtuvo su perdón y dedicó su lenta vejez al contrabando de opio. Dejó de ser la viuda; asumió un nombre cuya traducción española es Brillo de la Verdadera Instrucción».

Como se observa, los héroes infames de esta *Historia* no tienen un castigo ejemplar. Su castigo es, no en todos los casos, la muerte; una muerte imprevista o anodina; violenta pero coherente con su código de honor y con su propia vida. Leo, como ejemplo, el final de un gangster de Nueva York, «El proveedor de iniquidades Monk Eastman», distinguido por su valor en la guerra del 14:

> Sabemos varios rasgos de su campaña. Sabemos que desaprobó la captura de prisioneros y que una vez (con la sola culata del fusil) impidió esa práctica deplorable. Sabemos que logró evadirse del hospital para volver a las trincheras. Sabemos que se distinguió en los combates cerca de Montfaucon. Sabemos que después opinó que muchos bailecitos del Bowery eran más bravos que la guerra europea. El veinticinco de diciembre de 1920 el cuerpo de Monk Eastman amaneció en una de las calles centrales de Nueva York. Había recibido cinco balazos. Desconocedor feliz de la muerte, un gato de lo más ordinario lo rondaba con cierta perplejidad (Borges 1977: 315).

En «Hombre de la esquina rosada» se produce una variación importante: la diferencia de este relato frente a los otros ya había sido anunciada en la biografía de Monk Eastman, el gangster neoyorkino. El narrador opone, siguiendo la línea del Martí de *Nuestra América*, la historia del malevaje porteño a la de los hombres de pelea de la 'otra América', depositaria de «la confusión y la crueldad de las cosmogonías bárbaras y de su ineptitud gigantesca». Frente a esta confusión señala la sobriedad del malevaje criollo:

> Perfilados bien por un fondo de paredes celestes o de cielo alto, dos compadritos envainados en seria ropa negra bailan sobre zapatos de mujer un baile gravísimo, que es el de los cuchillos parejos; hasta que de una oreja salta un clavel porque el cuchillo ha entrado en un hombre, que cierra con su muerte horizontal el baile sin música. Resignado, el otro se acomoda el chambergo y consagra su vejez a la narración total de ese duelo tan limpio. Esa es la historia detallada y total de nuestro malevaje. La de los hombres de pelea de Nueva York es más vertiginosa y más torpe (Borges 1977: 311).

El relato del malevo borgeano de «Hombre de la esquina rosada» es una expansión de esta oposición, llevada hasta sus últimas consecuencias, en lo que al castigo se refiere: el criminal ni siquiera es divisado por la policía. No sólo mata a un hombre para mantener la ley moral del coraje, sino que tal acto convierte al criminal en un heredero y defensor de una legalidad prestigiosa extraída, evidentemente, de la práctica caballeresca del duelo por afrenta a la honra. Más aún: es premiado por el amor de la Lujanera. No muere en su ley sino que, como se dice, vive para contarla y transferirla (a Borges).

Lejos de la ecuanimidad del brillante padre Brown, el narrador de los relatos de *Historia universal de la infamia,* no funciona como un detective solucionador de enigmas, sino como un cronista, un investigador historicista avisado, que recopila datos dispersos, con evidente fruición erudita y admiración. Un narrador concentrado en exaltar la grandeza de sus héroes, cuya mácula de 'infamia' se vacía de contenido moral.

En el caso del malevo de «Hombre de la esquina rosada», ni siquiera tiene este rango, no sólo no investiga sino que el resultado del enigma le es revelado por el propio delincuente: el lugar del detective es borrado y reemplazado por el del testigo que se hace cargo de la escucha de un relato criminal.

BORGES/BIOY CASARES. EL DETECTIVE Y LA CORROSIÓN DE LA LEY: DON ISIDRO PARODI

Señala Jorge Lafforgue: «De la copiosa labor de Borges con otros escritores, sin duda la más fructífera ha sido aquella que realizó junto con Adolfo Bioy Casares, y si de ella hubiese que elegir un texto, pocos durarían en señalar los *Seis problemas para don Isidro Parodi* aparecido en Sur, en marzo de 1942».

Como este autor advierte, en la edición de las *Obras en colaboración* (1979):»podemos comprobar que la mitad de volumen lo ocupan las obras de H. Bustos Domecq y la de B. Suárez Linch, *Un modelo para la muerte*, prologada por ese mismo Honorio de los pagos de Pujato, autor además de de los *Seis problemas...*, de *Dos fantasías memorables* (1946), *Crónicas de Bustos Domecq* (1967) y *Nuevas crónicas de Bustos Domecq* (1977)» Es decir que, a partir de la primera entrega del año 1942, la figura de Don Isidro desaparece como personaje, y toman protagonismo como narradores esos Bustos Domecq y Suárez Lynch que impostan Bioy y Borges.

Walsh, en el prólogo a la primera antología del género, evalúa la figura del D. Isidro Parodi como una culminación del detective clásico:

> *Seis problemas para don Isidro Parodi* tenía el doble mérito de reunir una serie de plausibles argumentos, y de incorporar al vasto repertorio del género un personaje singular: un «detective» preso, cuyo encierro involuntario —y al parecer inmerecido— ponía de relieve la creciente tendencia de los autores policiales a imponerse un afortunado rigor y una severa limitación de los medios al alcance del investigador. Forzosamente despreocupado de indicios materiales y demás accesorios de las pesquisas corrientes, Parodi representa el triunfo de la pura inteligencia (Walsh: 1953).

Sin embargo, considero que esta aseveración de Walsh enfatiza la fidelidad extrema al modelo del policial clásico por parte de sus autores; al contrario, considero que, justamente, es en el tratamiento de la figura del «detective» donde Bioy y Borges señalan los límites del género policial para disolverlo.

Veamos en qué ha quedado la figura fundamental del detective, garante no sólo de la legalidad social, sino de la ley de la lógica y la razón:

El émulo criollo de Sherlock Holmes es don Isidro Parodi, un pobre peluquero espiritista, que había cometido el error de alquilarle una habitación al escribiente de la policía. Después de no pagar el alquiler durante un año este inquilino, amigo de policías, acusa de asesinato al mísero Parodi que es condenado a veintiún años de cárcel.

Este Holmes agauchado, que toma mate mientras escucha a los «clientes», que llegan en peregrinación a la celda 273 de la Penitenciaría de la calle Las Heras, será el centro de atención de la serie. Su inmovilidad espacial —impuesta por la celda— y el uso de la lógica interpretativa en un tiempo también alargado, se funda en un aserto: todo está en el lenguaje, basta escuchar diferentes versiones para, cotejándolas, imaginar una verdad que es aceptada como definitiva.

El lugar del detective se localiza, entonces, en el de un oyente e interpretador absoluto. Su posición y su método deductivo, atado solamente por la interpretación de «indicios» tomados de los periódicos y «testimonios» de los visitantes, pone bajo sospecha a la legalidad estatal. En el paroxismo paródico que ejercita el binomio Borges-Bioy, un «supuesto» delincuente es encarnación de la verdad y es la voz misma de la Ley.

Por otra parte, la revelación del enigma y el imperio de la verdad desconoce los efectos normativos de la ley: don Isidro se niega, y con buenas razones, a denunciar a sus criminales. Como ejemplo, en el cierre del sexto enigma y final de la serie, «La prolongada busca de Tai An», se produce este diálogo entre el criminal Fang She y don Isidro. «Esta es mi historia. Usted puede entregarme a las autoridades» —dice el delincuente. Responde Parodi:

> —Por mí puede esperar sentado. La gente de ahora no hace más que pedir que el gobierno lo arregle todo. Ande usted pobre y el gobierno tiene que darle un empleo; sufra un atraso en la salud y el gobierno tiene que atenderlo en el hospital; deba usted una muerte, y en vez de expiarla por su cuenta, pida al gobierno que lo castigue. Usted dirá que yo no soy quien para hablar así, porque el Estado me mantiene. Pero yo sigo creyendo, señor, que el hombre tiene que bastarse. —Yo también lo creo, señor Parodi —dijo pausadamente Fang She— Muchos hombres están muriendo ahora en el mundo para defender esa creencia (Borges y Bioy 1981: 133).

En estos «problemas» fraguados por Bioy-Borges señalan la incapacidad del Estado para ejercer una ley protectora y justa, sobre todo con los delitos que tienen que ver con el individuo y su ética particular. La ironización del relato policial clásico se muestra no solamente como un revoltoso juego con los límites del policial clásico, sino como una refutación de la legalidad social reglada por el Estado. La parodia desarticula la estrategia fija del policial clásico y pone en evidencia las políticas de representación de la ley estatal que, en el contexto de 1942, se recupera como denuncia defensiva frente al fascismo, representación paroxística a su vez, del Estado.

Apunta Sarlo:

La literatura de crímenes no podía escribirse ya sino bajo la forma de la crónica roja del periodismo de masas o de la novela policial. Borges toca estos géneros muchas veces. Como es su costumbre, los toca diagonalmente, introduciendo más variaciones que obediencias. Para Borges, la única relación posible con un género es una relación perversa, en su sentido original: hacer con el género lo que el género no ha hecho todavía, lo que no hará después, lo que no está indicado en sus regulaciones. Borges más que transgredir límites de género, los pasa por alto. El escritor refinado observa el gesto brutal del crimen: un cisma de culturas separan los asesinos semibárbaros y los cuchilleros de arrabal de otros violentos de la literatura. Borges trabaja en los bordes de este cisma; lo que la sociedad ha separado, Borges lo junta. Como Dahlmann, como Espinosa, su destino podría haber sido obedecer a la atracción hipnótica de lo diferente (el punto ciego que tira hacia abajo y hacia atrás en la tradición criolla). Sobre eso, Borges escribió cuentos memorables precisamente porque pudo desconfiar de ese hipnotismo. Trabajó sobre él. La pregunta es por qué esto bárbaro cruel, mortal, es tan fascinante. Es fascinante precisamente porque no debería serlo. Borges no acepta ninguna configuración cultural como cautiverio sino como campo en tensión de fuerzas contradictorias. Con un impulso radical, llega allí donde no se esperaba que llegara. Y cuando ha llegado, vira las leyes de ese territorio culturalmente ajeno, lo coloniza trastocándolo (Sarlo en Rodríguez y Nagle 2003).

CUENTOS DE AMOR Y DE ODIO: «LA INTRUSA» Y «EMMA ZUNZ»

«Enamorarse es producir una mitología privada y hacer del universo una alusión a la única persona indudable». Esta lúcida definición de lo que llamamos el cenit de la subjetividad, de ese tiempo y ese espacio en el que el «yo» se concede el derecho de ser extraordinario, es decir del enamoramiento, pertenece a Borges. Definición notable de un autor cuya imagen, tanto en su vida como en su producción literaria no parece haber sido ubicada en el terreno de la reflexión sobre las pasiones.

Muchos estudios críticos y diversas difusiones, desperdigadas en entrevistas o artículos de prensa, han construido un mito sobre la frialdad de sus textos y han promovido la imagen de un Borges sumido en una enorme biblioteca, de pocas vivencias amorosas, vago en sus referencias pasionales. Sin embargo, desde sus inicios hasta el final, los textos borgeanos muestran una línea persistente que atiende, representa y reflexiona sobre las pasiones humanas. Poemas y relatos de amor, desde la amistad al enamoramiento más idealizante llenan las páginas de Borges, de las cuales mis preferidos son «Otro poema de los dones» en *El Otro, el Mismo* (1962) y «Ulrika» de *El libro de arena* (1975). También Borges ha producido una teoría de las pasiones que traman muchos de sus relatos y poemas. Como es la representación del odio y las ambivalencias del amor presentes en estos relatos de asesinatos y venganzas que son «La intrusa» y «Emma Zunz» (Borges 1977).

BORGES: INTRUSAS Y FINGIDORAS

El asesinato: «La intrusa»

Dos hermanos, los Larsen (alias) los Colorados, criollos hijos de inmigrantes daneses o irlandeses, protagonizan la violencia sobre las mujeres en el cuento «La intrusa» de *El Informe de Brodie* y muestran los avatares de la rivalidad entre hombres. Un cuento contado como una crónica en la que se despliega un melodrama de las orillas de Buenos Aires.

El narrador justifica la crónica diciendo: «La escribo ahora porque en ella se cifra, si no me engaño, un breve y trágico cristal de la índole de los orilleros antiguos. Lo haré con probidad, pero ya preveo que cederé a la tentación de acentuar o agregar algún pormenor» (Borges 1977: 1025).

Reacios a toda sociabilidad los dos hermanos Nilsen, hoscos troperos, ladrones, tahúres, viven el mundo violento del arrabal. Su vida de hombres solos, frecuentadores de zaguanes y prostíbulos, se ve alterada por la acción del hermano mayor que trae a la casa común a una mujer, Juliana. El hermano menor desea también a la mujer. La rivalidad entre los dos se centra en disputas y desavenencias producidas secretamente por la mujer, aindiada y morena, que se ha interpuesto entre los dos. Como buenos hermanos pactan compartirla: «La mujer atendía a los dos con sumisión bestial; pero no podía ocultar alguna preferencia por el menor, que no había rechazado la participación, pero que no la había dispuesto» (Borges 1977:1027). Las discusiones persisten y ellos deciden venderla a un prostíbulo al cual, a escondidas, acuden ambos. Después de alguna trifulca la llevan a casa otra vez. El final se precipita: el hermano mayor lo decide, éste es el final del relato:

> Cristián, tiró el cigarro que había encendido y dijo sin apuro: A trabajar hermano. Después nos ayudarán los caranchos, los buitres. Hoy la maté. Que se quede aquí con sus pilchas. Ya no hará más perjuicios. Se abrazaron, casi llorando. Ahora los ataba otro vínculo: la mujer tristemente sacrificada y la obligación de olvidarla (Borges 1977: 1028).

Apunta Beatriz Sarlo:

> Juliana, que era una cosa: el nudo triple del relato. La incidental potencia la significación de la metáfora que transporta lo animado (lo que tiene subjetividad) a lo inanimado (que carece de subjetividad). Dicha de paso, como frase subordinada a la que se le presta tanta menos atención cuanto que lo que comunica es evidente, la incidental no se somete a discusión: Juliana es, literalmente, una cosa. El misterio de lo que sucede a los hermanos Nilsen está, precisamente, en la metáfora de un nombre que designa a una mujer que Cristián considera «una cosa». Adornada como se adorna un caballo con «horrendas baratijas» y mostrada a los demás en las fiestas, Juliana provoca lo que las cosas no provocan sino excepcionalmente, la avaricia como deseo de posesión no compartida. La cosa se convierte en objeto pasional, a pesar de que Cristián trata de limitarla a su carácter de objeto de uso compartido. La metáfora (Juliana era una cosa) se destruye en primer lugar, por el enamoramiento de Eduardo; luego por los celos; finalmente en la frase conclusiva que convierte el nudo Juliana-cosa en otro nudo: Juliana-objeto de la pasión (la frase es: «pero los dos estaban enamorados»). Los Nilsen quieren borrar una pasión, no un crimen: Juliana debe volver a su ser de cosa. No hay arrepentimiento sino dolor por haber perdido algo. La palabra que se usa para el asesinato es «sacrificada». En la llanura, sacrificar un animal significaba que se le daba muerte en ciertas circunstancias inevitables (para que no sufriera, por ejemplo); obviamente, «sacrificada» también designa algo sagrado en cuyo nombre se realiza un acto propiciatorio (Sarlo en Rodríguez y Nagle 2003).

La venganza: Emma Zunz

Emma Zunz, hija de Manuel Maier, antes Emmanuel Zunz, llora la muerte de su padre un día completo mientras recuerda sus días infantiles y fragua alrededor del secreto, guardado durante años, una consistente venganza: la muerte justa del verdadero asesino de su padre, aquél que lo implicó en un robo no cometido, aquél que lo llevó al oprobio y al exilio. Planea y ejecuta la muerte de Aaron Lowental, «antes gerente y ahora uno de los dueños» de la fábrica en la que trabaja Emma.

Sobre este crimen perfecto, lo que prima es la escenificación del amor y el odio. Podríamos decir que este es un relato de horror. El horror es lo no formalizable, lo abyecto es el vómito del horror.

> El horror es la pasión de lo real en un sujeto afectado de pasiones: es un nudo en la representación, de lo irrepresentable mismo, pero un nudo que se desanuda sin parar [...] Mecanismo de la fascinación mortal, alianza del horror y del

deseo que encuentra su cumplimiento en determinados sujetos para quienes el centelleo seductor del objeto no es otra cosa que la cara dispersante misma: no simplemente no soportar que la sociedad ni el mundo ni la humanidad subsistan, sino propiamente desear que no subsistan, no reconocer por nombre de un deseo aquello que dispersaría todo nombre, no admitir para sus demandas otra regla que esta dispersión misma (Milner: 66).

El odio dispara al ser del otro. Más allá de la potencia negativa que constituye al sujeto en su identidad, más allá del lazo disuelto y del descrédito del otro, la efectividad mortífera de la pasión del odio se confirma en un acto, el homicidio.

La pasión del odio pone en juego la disolución del sujeto: En el centro del relato, cuando Emma se entrega a un marinero, para luego tener la coartada de haber sido violada por el que va a asesinar, el relato se expande en la representación del horror confesando la incompetencia de la representación:

> Referir con alguna realidad los hechos de esa tarde sería difícil y quizá improcedente. Un atributo de lo infernal es la irrealidad, un atributo que parece mitigar sus terrores y que los agrava tal vez. ¿Cómo hacer verosímil una acción en la que no creyó quien la ejecutaba, cómo recuperar ese breve caos que hoy la memoria de Emma Zunz repudia y confunde?

Virgen violada por el pasado, cuerpo expuesto al sacrificio en nombre del Padre muerto, elige un marinero grosero «para que la pureza del horror no fuera mitigada»; en el vestíbulo de la habitación a donde la conduce el marinero, encuentra «una vidriera de losanges idénticos a los de su casa en Lanús», la casa de su infancia feliz. Horror y cópula con el horror.

Pero, en el medio, filtrándose en los intersticios del relato, la enunciación neutra que nos informaba sobre el proceso de la venganza y su ejecución, pega un salto y hace emerger un enunciador personal, un 'yo' que desliza una conjetura y dice el horror escupiendo un fragmento abyecto:

> ¿En aquel tiempo fuera del tiempo, en aquel desorden perplejo de sensaciones inconexas y atroces, pensó Emma Zunz una sola vez en el muerto que motivaba el sacrificio? Yo tengo para mí que pensó una vez y que en ese momento peligró su desesperado propósito. Pensó (no pudo no pensar) que su padre le había hecho a su madre la cosa horrible que a ella ahora le hacían.

Real e imaginario entrechocándose, desanudando a un sujeto que desaparece y se disuelve. ¿Dónde? En el horror de su violencia subjetiva, una violencia que está más allá de la venganza y que reproduce la escena de un crimen primordial, la escena primaria: la aversión infantil del engendramiento sexuado.

Emma se refugia en el vértigo para recuperar su proyecto: «El hombre, sueco o finlandés, no hablaba español; fue una herramienta para Emma como ésta lo fue para él, pero ella sirvió para el goce y él para la justicia». También el inusitado comentarista personal se recompone y regresa al anonimato.

La conclusión del relato afirma la verdad de la pasión individual del odio como una realización del ser:

> Ante Aaron Lowenthal, más que la urgencia de vengar a su padre, Emma sintió la de castigar el ultraje padecido por ello. No podía no matarlo, después de esa minuciosa deshonra.

Más allá del nombre del padre, Emma Zunz ejecuta su propio deseo; mata al asesino de su padre y al adre. No en vano ha destruido previamente las pruebas que confirmaban su lazo imaginario: el dinero que recibió a cambio de su cuerpo violado y la carta que le anunciaba el suicidio de su progenitor.

La minuciosa deliberación de la venganza, la impecable ejecución del crimen, el planeamiento de la coartada y su eficacia convierten a Emma Zunz en un relato soñado por los lectores del policial: el crimen perfecto. Un crimen «perfecto»: primero porque la versión de Emma Zunz será creída, y, segunda, porque es una venganza justa. Crimen que se sustenta en las fallas de la Ley estatal, que se anudan a las falencias del lazo familiar y social. Emma incluye en la estrategia de su crimen el simulacro de la delación: cuando llama a su próxima víctima —Aaron Lowenthal, el empresario— obtiene la cita con la promesa de denunciar a sus compañeras de trabajo en huelga. Si hubo culpa, no hay castigo; la justicia está en las manos de la asesina que repara con su crimen las injusticias del pasado y las degradaciones del presente. Su cuerpo mancillado es el pago de la venganza, que ella transforma en justicia. Emma gana: es su ser el que se afirma. Aunque «la historia era increíble» se impone, «porque era sustancialmente cierta. Verdadero era el tono de Emma Zunz, verdadero el pudor, verdadero el odio; sólo eran falsas las circunstancias, la hora y uno o dos nombres propios».

Emma afirma su ser y es quien quiso ser. Frente a la mujer-cosa de *«La intrusa»* esta Emma Zunz es la vengadora, la mujer que se autoriza a responder a la violencia con una planificación criminal perfecta que la conduce a la impostura de la inocencia.

Pero, a diferencia, de los asesinos hermanos Nilsen, Emma paga con la violación de su propio cuerpo para vengar una afrenta: una violencia subjetiva que la transforma en instrumento de un crimen necesario, el sustento de una larga y heredada venganza masculina. Es decir, en el imaginario misógino: las mujeres pagan siempre con y en el cuerpo.

3. Aperturas de fin del milenio: policial y testimonio de la violencia

Líneas de fuga

La evaluación de la narrativa argentina en los finales del siglo XX presenta las apropiaciones del policial como una veta fundamental de su desarrollo. Con la tradición sólidamente asentada, los nuevos narradores dela década de los 60 exploran nuevos usos del policial.

Por otra parte, las polémicas sobre el interés del relato policial «negro», protagonizada por los jóvenes, refutan las excelencias asépticas de la «novela de enigma», ya discutidas por Arlt, Borges y Bioy Casares, pero esta vez con celo militante. La relación con el modelo de la novela negra se presta a reelaboraciones e hibridaciones, de la misma manera que se habían realizado, en períodos anteriores, con la novela de enigma.

El entusiasmo de algunos escritores impulsó la difusión de la «novela negra» norteamericana en la Argentina. Piglia dirigió desde 1969 la Serie Negra de la editorial Tiempo Contemporáneo, en la que se publicaron los clásicos y los nuevos de la novela negra, también creando un espacio de admisión de esta nueva forma del policial, consolidado en la década de los 30 en Estados Unidos, para introducirlo en el marco de la literatura nacional. El campo literario hace un viraje en el enfoque del crimen y el delito: el modelo de la novela negra norteamericana les provee una línea de composición que los escritores argentinos desde la década de los 70 utilizan como andamiaje para representar la intensidad de la violencia estatal y de la revuelta social. Un híbrido de ficción negra y, a la vez, testimonio de la realidad más inmediata. Semejante al gesto de Borges y Bioy en la colección del Séptimo Círculo, la Serie Negra traduce y publica novelas negras norteamericanas y francesas. Tal operación, hace de disparador y colabora en el asentamiento de una prolífica veta de la producción nacional.

Esta emergencia del «negro» implica una operación cultural que permite hacer uso de esta forma innovadora del policial por la literatura, con el objetivo de proponer representaciones del crimen en direcciones divergentes a las de la década de los 40, que despunta en la novela testimonio y en la novela política. La violencia y represión de la última dictadura, con su política de asesinatos masivos, de control y censura cultural, fue contestada y sorteada desde la literatura. Desde entonces, la ascendencia del relato policial negro en la narrativa argentina ha sido persistente. Lo han cultivado, desde diversos puntos de vista y diferentes composiciones, numerosos escritores. La lista sería inacabable pero arriesgo algunos nombres: Osvaldo Soriano, Angélica Gorodischer, Juan Carlos Martini, José Pablo Feinmann, Marcelo Cohen, Tomás Eloy Martínez, Vlady Kociancich, Alejandro Rozichner.

He seleccionado para mostrar estas líneas de fuga un conjunto de cuentos y novelas que señalan la apertura hacia nuevas líneas de trabajo y a la inclusión de otros autores.

En el primer apartado «Julio Cortázar: Juegos con el policial» que hace de encaje entre el relato y el negro, presento unas notas sobre dos cuentos de Cortázar, donde aparece la figura del lector como testigo y víctima y un cuento en el se mezcla el boxeo, el crimen y la política. «En Walsh: el desplazamiento del enigma. Del policial al testimonio de la violencia», señalo el viraje de la novela de enigma hacia la ascendencia de la novela negra que lo lleva al abandono del policial de enigma y lo conduce a la novela testimonial y política.

En el segundo, con «La verdad de la locura: Ricardo Piglia», comento un relato de este autor: «La loca y el relato del crimen» (1975) que, justamente, desarrolla la problemática relación entre la literatura, el relato policial y la crónica periodística. Para luego hacer una excursión hacia *Respiración artificial*, donde me detendré en la representación del discurso paranoico del Estado.

Bajo el epígrafe, «Versiones del crimen: Las memorias del cuerpo: Luisa Valenzuela y Juan Sasturain», desplegaré un relato de Luisa Valenzuela, «Cambio de armas» (1982), donde la indagación sobre el crimen se reconstruye a partir de la recuperación de una amnésica mujer que vive secuestrada por un militar; y otro de Juan Sasturain : «Versión sobre un relato de Hammett» (1997), que plantea una apropiación de la novela negra para relatar las secuelas de la violencia sobre el cuerpo del escritor.

Finalmente, en el apartado «*La pesquisa*: la memoria y el fantasma», comentaré la novela que, considero, es la mejor representación de la criminalidad estatal y de la validez del policial para testimoniar, desde la literatura, la verdad.

JULIO CORTÁZAR: JUEGOS CON EL POLICIAL

En una lejana entrevista con Sara Castro-Klarén, Julio Cortázar[1] señalaba que en su juventud en Buenos Aires, leía con fervor solamente relatos policiales.

En mi juventud en la Argentina, mis hábitos de lectura eran obligadamente diferentes. Tenía mucho más tiempo en mis días de maestro o profesor de provincia o de traductor oficial, y eso, evidentemente, me ha obligado actualmente a seleccionar de una manera mucho más draconiana lo que leo. Por ejemplo, hubo una época en mi vida en que, al margen de la literatura para mí importante —la gran poesía, la gran novelística—, yo encontraba tiempo y momentos para leer una incontable cantidad de tonterías. Por ejemplo, entre los dieciocho y los veintiocho años me convertí en un verdadero erudito en materia de novela policial. Incluso, con un amigo, hicimos la primera bibliografía crítica del género de la novela policial, que dimos a una revista cuyo primer número no alcanzó a salir, lo cual es una lástima, porque era bastante interesante. Sobre todo, porque le habíamos hecho un prólogo firmado por un falso erudito inglés (nosotros dos, naturalmente) y que hubiera impresionado profundamente a muchos intelectuales argentinos. Llegó un día en que la novela policial completó en mí su ciclo y la abandoné después de haber leído todas las obras maestras del género de aquella época (Castro-Klarén 1980).

Sorprende este abandono de la lectura del policial en el joven Cortázar, ya que una buena parte de su producción narrativa se asienta en el género que inventó Poe y que Cortázar consideraba la cumbre de la narrativa. Aún más, un número importante de cuentos de Cortázar están marcados por el relato policial. En palabras de Cortázar:

---

[1] Julio Cortázar nació en Bruselas en 1914 y llegó a la Argentina cuando tenía cuatro años. Fue profesor de literatura en diversas instituciones. En 1951 abandonó el país y se radicó en París, donde trabajó como traductor independiente de la UNESCO. Publicó, entre otros, libros de cuentos, *Bestiario*, *Todos los fuegos el fuego*, *Las armas secretas* y *Final del juego*; y las novelas *Los premios*, *Rayuela*, *62/Modelo para armar* y *Libro de Manuel*. Es también autor de la obra dramática *Los reyes* y del volumen de poemas *Salvo el crepúsculo*. Murió en París en 1984, sus restos descansan en el cementerio de Montparnasse.

Hablo del cuento contemporáneo, digamos el que nace con Edgar Allan Poe, y
que se propone como una máquina infalible destinada a cumplir su misión narrativa
con la máxima economía de medios; precisamente, la diferencia entre el cuento y
lo que los franceses llaman *nouvelle* y los anglosajones *long short story* se basa en esa
implacable carrera contra el reloj que es un cuento plenamente logrado: basta pensar
en «The Cask of Amontillado», «Bliss», «Las ruinas circulares» y «The Killers». [...] El
signo de un gran cuento me lo da eso que podríamos llamar su autarquía, el hecho
de que el relato se ha desprendido del autor como una pompa de jabón de la pipa de
yeso. Aunque parezca paradójico, la narración en primera persona constituye la
más fácil y quizá mejor solución del problema, porque *narración y acción* son ahí una
y la misma cosa (Cortázar 1974: 59-60).

Recordando el «Decálogo del buen cuentista» de Quiroga, Cortázar subra-
yaba la última máxima: «Cuenta como si tu relato no tuviera interés más que
para el pequeño ambiente de tus personajes, de los que pudiste haber sido uno.
No de otro modo se obtiene la *vida* en el cuento», y se muestra la forma cerrada
del cuento, esa *esfericidad* que propone Cortázar; esa redondez también la tiene
el relato policial.

Siguiendo el axioma de que la narrativa argentina tiene una relación tangencial con el policial he elegido dos cuentos lejanos entre sí: «Continuidad de
los parques» de *Final del juego* (1956) y «La noche del Mantequilla», de *Alguien
que anda por ahí* (1977) para mostrar esa relación entre el cuento moderno y el
uso del policial.

Las tribulaciones de un lector

Dice Cortázar:

Lo que precede habrá puesto en la pista al lector: no hay diferencia genética entre
este tipo de cuentos y la poesía como la entendemos a partir de Baudelaire. Pero si el
acto poético me parece una suerte de magia de segundo grado, tentativa de posesión
ontológica y no ya física como en la magia propiamente dicha, el cuento no tiene
intenciones esenciales, no indaga ni transmite un conocimiento o un «mensaje».
La génesis del cuento y del poema es sin embargo la misma, nace de un repentino
extrañamiento, de un *desplazarse* que altera el régimen «normal» de la conciencia;
en un tiempo en que las etiquetas y los géneros ceden a una estrepitosa bancarrota,
no es inútil insistir en esta afinidad que muchos encontrarán fantasiosa. Mi experiencia me dice que, de alguna manera, un cuento breve como los que he tratado

de caracterizar no tiene una *estructura de prosa*. Cada vez que me ha tocado revisar la traducción de uno de mis relatos (o intentar la de otros autores, como alguna vez con Poe) he sentido hasta qué punto la eficacia y el *sentido* del cuento dependían de esos valores que dan su carácter específico al poema y también al jazz: la tensión, el ritmo, la pulsación interna, lo imprevisto dentro de parámetros previstos, esa *libertad fatal* que no admite alteración sin una pérdida irrestañable. Los cuentos de esta especie se incorporan como cicatrices indelebles a todo lector que los merezca: son criaturas vivientes, organismos completos, ciclos cerrados, y respiran. *Ellos* respiran, no el narrador, a semejanza de los poemas perdurables *y* a diferencia de toda prosa encaminada a transmitir la respiración del narrador, a *comunicarla* a manera de un teléfono de palabras. Y si se pregunta: Pero entonces, ¿no hay comunicación entre el poeta (el cuentista) y el lector?, la respuesta es obvia: La comunicación se opera *desde* el poema o el cuento, *no por media* de ellos. Y esa comunicación no es la que intenta el prosista, de teléfono a teléfono; el poeta y el narrador urden criaturas autónomas, objetos de conducta imprevisible, y sus consecuencias ocasionales en los lectores no se diferencian esencialmente de las que tienen para el autor, primer sorprendido de su creación, lector azorado de sí mismo (Cortázar 1974: 75-77).

En *El último lector* Ricardo Piglia expone una topología del lector en dos figuras del lector: «el lector adicto, el que no puede de dejar de leer y el lector insomne, el que está siempre despierto, son representaciones extremas de lo que significa leer un texto, personificaciones narrativas de la compleja presencia del lector en la literatura. Los llamaría lectores puros; para ellos la lectura no es una práctica, sino una forma de vida» (Piglia 2005: 20-21). En «Continuidad de los parques» (Cortázar 1964: 9-10), Cortázar utiliza esa figura del lector adicto.

Cuatro secuencias organizan la trama de este cuento: En la primera, aparece la figura de un hombre de negocios, aficionado a la lectura, que busca momentos para leer con placer —le sigue un intermedio donde este hombre empieza a disfrutar de la lectura—. En la segunda, aparece el lector como un mirón que observa desde afuera las escenas finales de la novela. En la tercera, los personajes de la novela se encuentran en la cabaña, para ultimar el plan de matar al hombre que lee. La cuarta, es el desenlace: el asesino de la novela que va a matar al lector (o no). La voz de un narrador omnisciente nos acompaña; es él quien nos guía y va dando las pautas del cuento: esa forma elidida de contar, que Cortázar utiliza para distanciar a los lectores reales.

Ya en la entrada del cuento se muestra la relación de lectura y adicción:

Había empezado a leer la novela unos días antes. La abandonó por negocios urgentes, volvió a abrirla cuando regresaba en tren a la finca; se dejaba interesar lentamente por la trama, por el dibujo de los personajes. Esa tarde, después de escribir una carta a su apoderado y discutir con el mayordomo una cuestión de aparcerías, volvió al libro en la tranquilidad del estudio que miraba hacia el parque de los robles. Arrellanado en su sillón favorito, de espaldas a la puerta que lo hubiera molestado como una irritante posibilidad de intrusiones, dejó que su mano izquierda acariciara una y otra vez el terciopelo verde y se puso a leer los últimos capítulos.»

Este lector adicto se convierte en testigo en el momento en que entra cuando entra en la novela: «Gozaba del placer casi perverso de irse desgajando línea a línea de lo que lo rodeaba, y sentir a la vez que su cabeza descansaba cómodamente en el terciopelo del alto respaldo, que los cigarrillos seguían al alcance de la mano, que más allá de los ventanales danzaba el aire del atardecer bajo los robles».

En el final el lector se convierte en posible víctima.

Dos lugares diferentes del lector: El depravado que mira y se regocija con las palabras, con la trama, con los personajes que empiezan a delinearse, y el lector crítico que, a la vez, lee y aprecia la ejecución del texto: «Palabra a palabra, absorbido por la sórdida disyuntiva de los héroes, dejándose ir hacia las imágenes que se concertaban y adquirían color y movimiento, fue testigo del último encuentro en la cabaña del monte».

Los movimientos del tiempo y del espacio se arman en círculos concéntricos. El tiempo: el del narrador, el del lector, el de los personajes de la novela y, finalmente, el tiempo de la lectura. El espacio: la finca del lector, la cabaña de los amantes; espacios donde se habla, donde se ama, donde se planea la conjura de los amantes asesinos; mientras el escenario del lector es el estudio, el libro, los ventanales, el sillón de terciopelo verde, el parque de los robles. Tiempo de la lectura, tiempo del silencio.

A modo de introito: un tema recurrente en Cortázar: la mujer malvada, aquella que organiza o alienta el crimen. En «Continuidad de los parques» la mujer de la novela empuja a su amante para que cumpla el pacto criminal:

> Primero entraba la mujer, recelosa; ahora llegaba el amante, lastimada la cara por el chicotazo de una rama. Admirablemente restañaba ella la sangre con sus besos, pero él rechazaba las caricias, no había venido para repetir las ceremonias de una pasión secreta, protegida por un mundo de hojas secas y senderos furtivos. El puñal se entibiaba contra su pecho, y debajo latía la libertad agazapada. [...] Hasta esas caricias que enredaban el cuerpo del amante como queriendo

retenerlo y disuadirlo, dibujaban abominablemente la figura de otro cuerpo que era necesario destruir.

Esta mujer mala, la bella, la enredadora, la Ariadna, la araña mitológica, se emparienta con una «Circe» de barrio (Cortázar 1951).

En este cuento Cortázar traslada el mito de la Circe homérica a un ambiente de clase media, en el Buenos Aires de la década de los años 60. Delia Mañara, señorita criada en un ambiente barrial bonaerense, que tiene en su haber la hazaña de dos novios muertos en circunstancias borrosas que, difusamente, se atribuyen a la protagonista. El secreto se revelará al final cuando Delia muestre su potencial se envenenadora que alimenta y seduce a su actual novio Mario, fabricando sutiles bombones que esconden cucarachas dentro. En la escena final, Mario está a punto de estrangularla pero, finalmente, la deja vivir y se marcha asumiendo la tradición del Ulises clásico.

Al igual que la maga clásica, esta Circe de suburbio logra apartar a su candidato de los que le rodean y lo captura con su seducción distante, de tal manera que, para el protagonista, todos los demás —los vecinos, su propia familia, que murmuran sobre su Circe suburbana— se convierten en una piara de cerdos maledicientes.

La relación intertextual con el poema homérico se concentra en la explicitud del título del relato: «Circe». El nombre propio de la maga homérica —que no es ni la primera ni la última maga cortazariana— se convierte en una imagen coagulada que convoca toda la fuerza de la tradición mítica y propone una imagen estabilizada y estereotipada de la cautivadora, agresora insidiosa del héroe, al cual captura exhibiendo la duplicidad del mito clásico.

Boxeo, política y crimen

En *Alguien anda por ahí* (1977), Cortázar reúne once cuentos heterogéneos: el libro se abre con la inquietante melancolía de «Cambio de luces» y culmina con la violencia policial de «La noche de Mantequilla». Cortázar no sólo crea climas y situaciones irrepetibles, también es capaz de sorprender con proezas estilísticas como «Usted se tendió a tu lado», donde la historia se narra simultáneamente en dos registros distintos; o de rescatar un cuento escrito en los años cincuenta —«La barca o Nueva visita a Venecia»— intercalando comentarios que lo cargan de ironía y matices infinitos.[2] En «La noche de Mantequilla» Cortázar une la política, la cultura de masas y el boxeo utilizando una desviación del relato negro.

Una vez le preguntaron a Cortázar por qué le gustaba tanto el boxeo y contestó: «A mí me tocó asistir al nacimiento de la radio y a la muerte del boxeo». En *Último round* recuerda cómo en su niñez, junto a su madre, escuchó la retransmisión del combate por el título del mundo entre Luis Firpo, «El toro salvaje de la Pampa», y Jack Dempsey. Nada más comenzar la pelea, Firpo le colocó un terrible golpe a Demspsey y lo arrojó del ring un par de minutos, pero entonces los jueces no pararon la pelea; volvió Dempsey y le dio una paliza brutal a Firpo y sumió en el llanto casi eterno a los argentinos, a Cortázar y a su madre. El relato según Cortázar es «la historia de la pelea de Carlos Monzón y "Mantequilla" Nápoles en París, una pelea que dejó un recuerdo muy especial. Así cuando me ocurrió la idea del cuento, que es una historia que tiene ver con la política, situé en aquella noche en el estadio».

En una crónica de la época decía Trilla:

> Corría el año de 1973 y el gran campeón cubano-mexicano, José Ángel Nápoles, estaba en la ruina. Necesitaba una pelea para regresar por sus fueros pero con una buena bolsa de por medio. Así que retó al campeón mundial de peso medio, el argentino Carlos Monzón. Mantequilla subió 14 libras para el combate que quedó programado para el 9 de febrero de 1974 en París. El promotor era nada menos que Alain Delon. El mismo día de la pelea los periódicos parisinos mostraron fotografías de la noche anterior, en las que Mantequilla aparecía rodeado de divas francesas en el Lido, departiendo con champaña. La pelea fue una masacre y Monzón triunfó en el séptimo round por knockout técnico. Al terminar la pelea, Mantequilla Nápoles le dijo a la prensa una frase que hasta la fecha parece insuperable en muchos sentidos: «Chico, mira, era más fuerte que yo, pero no me quejo, era mejor que yo».[3]

Años después, le preguntaron a Mantequilla por qué había peleado con Monzón y respondió. «Por dinero, chico, por billetes, además me ofrecieron más dinero porque Monzón no daba el peso medio». Eso fue el error: Mantequilla era un peso ligero que ascendió a medio y Monzón, un auténtico tanque, un peso pesado que hacía polvo a los pesos medianos.

---

[2] Es de recordar que este libro no se publicó en Argentina: era la época de la dictadura de Videla y el editor le hizo saber a Cortázar que el libro solamente podría ser editado si se suprimían dos cuentos que eran mordaces para los militares: «Apocalipsis de Solentiname» y «Segunda vez». De hecho, este libro es el más comprometido de los textos de Cortázar.

[3] Véase Trilla 1983.

En este cuento el móvil es político y todo está planeado, pero todo sale mal, sobre todo para el que va ser la víctima: Estévez, un militante, cuyo jefe Peralta le pide que pase un paquete a un tal Walter en la pelea entre Monzón y Mantequilla. Tal como estaba previsto, Estévez mete disimuladamente en la cartera del otro el paquete que debe entregarle y todo parece ir bien. A la salida, no obstante, su jefe le revela que el hombre al que ha entregado el paquete no era el contacto esperado, sino un enviado del enemigo, que previamente ha apresado y torturado al militante que él esperaba. Como el hecho de que el desconocido haya conocido a Estévez supone un peligro para la seguridad de la organización, lo mata sin vacilación.

Realmente esta historia es la de un engaño: Walter es sustituido por otro y nadie se dio cuenta. Walter y Estévez son dos exiliados de Argentina o Uruguay, tienen amigos y familia desaparecidos, esos datos hacen más sangrante la ejecución de Estévez por sus camaradas. Cortázar suele introducir elementos de lo cotidiano en el relato más duro: La escena donde Estévez pide un tiempo para irse a Bélgica con su familia, la respuesta de Peralta es sacar el revólver y matarlo.

Todo el relato está mechado por el cuento de Poe y comienza con una referencia del policial: «Eran esas ideas que se le ocurrían a Peralta, él no daba mayores explicaciones a nadie pero esa vez se abrió un poco más y dijo que era como el cuento de «La carta robada» (Cortázar 1977). La carta de Poe pasa de mano a mano, como el paquete de los personajes del cuento de Cortázar.

Esa referencia al cuento de Poe que tradujo Baudelaire (y Cortázar), implica varias cosas: en «La noche de Mantequilla» hay dos tramas separadas, como el cuento de Poe: la pelea en el ring y la de la trama donde se mezcla la política y crimen. Ambas enlazadas por el dinero. La diferencia entre «La carta robada» y «La noche de Mantequilla» es que en no hay detective, aunque sí un jefe asesino que manda a sus compañeros a la muerte. Esa es la distancia entre el policial clásico y el negro.

Como dice Hoveyda: «El relato policial es, en cierto modo un juego de prestidigitación destinado a engañar al público, y el público persiguiendo al criminal junto con el protagonista se deja engañar. La novela de aventuras policiales está cortada a su medida, transpone la acción al terreno fantástico» (Hoveyeda 1967: 56).

Cultivador del género fantástico Cortázar encuentra en el relato policial un terreno donde ejercitar el rigor que pedían Chesterton y Borges.

WALSH: EL DESPLAZAMIENTO DEL ENIGMA. DEL POLICIAL AL TESTIMONIO DE
LA VIOLENCIA

Variaciones del policial clásico

La apertura propuesta por Rodolfo Walsh[4] es fundamental en la reelaboración
del policial en los 50. Su sostenida producción del relato de enigma confirma,
no solamente a un escritor de pulso narrativo riguroso, sino a un escritor que se
posiciona frente al género en una dimensión novedosa: refuerza el eje del saber
que el modelo del policial clásico despliega y, a la vez, lo nacionaliza. Es decir,
abandona la idea de artefacto paródico —ejercitada en buena parte por los autores
del la década del 40— para poner sobre el tapete los estados de la imaginación
argentina del momento.

Desde 1944 Walsh fue corrector de pruebas y traductor de novelas policiales
para la editorial Hachette de Buenos Aires. En su primera recopilación *Variaciones en rojo* (1953) (Walsh 1994) convierte a un artesano de las letras en un
detective textualista: Daniel Hernández, corrector de pruebas de la editorial
Corsario. La serie de tres novelas breves que presenta el volumen se concentra
en el contrapunto entre este Daniel —descendiente del Daniel bíblico al que
Bajarlía le otorgará el galardón de creador del género policial—[5] y el comisario
de policía, Jiménez.

En el relato policial inglés, el detective exhibía un cierto desprecio por la
policía, a la que atribuía torpeza e ineptitud; en estos relatos de Walsh, en cambio, la relación entre investigador y funcionario estatal se presenta como una
complementariedad de los saberes: el comisario posee las claves de los métodos

---

[4] Rodolfo Walsh (1927-1977) nació en Choele-Choel, provincia de Río Negro, pero
vivió en Buenos Aires desde adolescente. Trabajó como corrector, traductor y antólogo desde
mediados de la década del 40. En los 50 se dedicó intensamente al periodismo, década en
que se se publicaron sus cuentos (policiales y fantásticos) y artículos en las revistas *Leoplán*
y *Vea y Lea*. En 1959 participó en Cuba en la fundación de la agencia de noticias Prensa
Latina y luego, de regreso, colaboró con las revistas *Primera Plana*, *Panorama* y otras de
los 60. Entre 1968 y 1970 dirigió el semanario de la central General de Trabajadores de los
Argentinos; también fue redactor principal del diario *Noticias* y en los comienzos de la dictadura de Onganía organizó una agencia de noticias clandestina. En la dictadura de Videla
perteneció al peronismo combativo y fue muerto, «desaparecido», en una emboscada que lo
llevó a la ESMA. Después de su muerte y con el regreso de la democracia se han publicado
recopilaciones de sus relatos y crónicas dispersas en la prensa.
[5] Véase Bajarlía 1990.

técnicos y científicos, mientras que el corrector-detective, Daniel Fernández, se especializa en la interpretación. Esta dualidad produce una competencia entre el seguimiento de los «hechos reales» y las interpretaciones de estos hechos: la diferencia está en los modos de leer el crimen.

Paradigmático es el relato que da nombre al volumen. En «Variaciones en rojo» el asesinato de una bella mujer, modelo de un pintor famoso, en un *atelier*, se esclarece en una espiral de «variaciones» *in crescendo*, que van desde los hallazgos del comisario hasta la sutil interpretación de los hechos, basada en las deducciones «poéticas» del corrector, nunca mejor dicho, que propone una resolución diferente y justa del enigma.

Es notable el doble juego de Walsh en este relato. Por un lado, la reflexión meta-narrativa sobre el género: el relato incluye, en la trama misma de la historia contada, numerosas alusiones a la historia del policial, a los nombres de sus mejores cultores y trabaja con varios motivos clásicos del género (como la habitación cerrada por dentro de Gastón Leroux o el clásico *Estudio en escarlata* de Conan Doyle). Por otro, el esclarecimiento del enigma es posible por el conocimiento del género que posee el corrector-detective; una trama «real» se esclarece haciendo uso del saber «literario», si se prefiere «estético», que controla el interpretador. Con este juego de cruces discursivos la verdad se construye con el saber que provee la literatura que, además, permite el ejercicio de la justicia.

No obstante, como compensación a esta exaltación del saber sublimatorio de la literatura y la cultura se inserta una finta siniestra: en el centro del relato aparece una pugna secreta entre el pintor famoso y su ayudante, también descubierta por el corrector-detective. El pintor, infatuado y estentóreo, cercano en su chabacanería al Carlos Argentino Daneri de Borges[6], debe su éxito a la genialidad verdadera de su casi sirviente alemán, otrora pintor en su tierra.

En esta pugna se revela la condición de plagiario del pintor argentino y la verdadera historia de su ayudante: Es un nazi, asesino de judíos, huido y escondido en la Argentina. El artista conoce la laya de su ayudante y la utiliza para apropiarse de su obra. La sombra de Hitler, que también quiso ser pintor, y la coincidencia con los juicios de Nüremberg —la historia sucede en 1946— planea sobre el relato. Este rasgo introducido en el corazón de la trama pone en cuestión la asepsia del relato de enigma y se acerca a hechos históricos coetáneos.

---

[6] Véase Borges 1977.

En sus relatos posteriores de los años 50, Walsh continuará en esta línea. Sus relatos de *Cuento para tahúres* y los protagonizados por el detective Laurenzi[7], se articulan en el cruce entre relato policial y relato social, reforzando ese alejamiento del modelo clásico. El cruce entre relato policial, periodismo de investigación y testimonio, ejercitado por Walsh a fines de la década de los 50, está ya en germen en estos relatos. El salto de Walsh del relato policial de enigma, que había cultivado con éxito desde los fines de la década de los 40, a la crónica de denuncia política será una guía fundamental de generaciones posteriores. A partir de la mitad de la década de los 70, la narrativa argentina comienza a escorarse hacia la denuncia social y política, y la ascendencia de Rodolfo Walsh fue decisiva. Walsh hace de bisagra entre las generaciones de las décadas de los 40 y 50, cultora de la novela de enigma, con la generación de los 60 que empiezan a explorar las novedosas propuestas de la novela negra.

Walsh utiliza las líneas compositivas del policial clásico para filtrar la denuncia política. Con este viraje abre un nuevo surco de trabajo sobre el enigma: lo disloca y lo desplaza hacia los relatos sociales y estatales. El viraje de Walsh del relato policial de enigma a la crónica de denuncia política, abre una brecha de reelaboraciones e hibridaciones, que se recogerán en el desarrollo del género en las décadas siguientes.

Una acotación suya explicita el cambio:

> Mi relación con la literatura se da en dos etapas: de sobre valoración y mitificación hasta 1967, cuando ya tengo publicados dos libros de cuentos —*Variaciones en rojo* (1953) y *Los oficios terrestres* (1965)— y empezaba una novela de desvalorización y paulatino rechazo, a partir de 1968, cuando la tarea política se vuelve una alternativa.

Operación masacre: **donde la ficción literaria rivaliza con las ficciones estatales**

En 1957 Walsh publica *Operación masacre*, investigación y denuncia de la matanza de sindicalistas peronistas llevada a cabo por el ejército en las afueras de León Suárez en 1953. Al mezclar las leyes del policial clásico con el periodismo de investigación Walsh despliega una línea de la crónica periodística-política que

---

[7] Véase Walsh 1994; Walsh 1992 (recoge siete casos del comisario Laurenzi, publicados entre 1956 y 1961 en la revista *Vea y Llea*).

enlaza con la tradición del policial. A esta primera entrega le siguen el *Caso Satanowsky. (Operación homicidio)*, (1958). *¿Quién mató a Rosendo?* (1969).[8]
Dice Piglia:

> *Operación Masacre* es una respuesta al viejo debate sobre el compromiso del escritor y la eficacia de la literatura. Frente a la buena conciencia progresista de las novelas «sociales» que reflejan la realidad y ficcionalizan las efemérides políticas, Walsh levanta la verdad cruda de los hechos, la denuncia directa, el relato documental. Un uso político de la literatura debe prescindir de la ficción. Esa es la gran enseñanza de Walsh (Piglia 1994).

En efecto, Piglia da cuenta de una 'diferencia' de Walsh en la tradición argentina de novela social, extendida desde fines del xix a las narraciones del grupo vanguardismo social de Boedo en la década de los 20, hasta llegar al realismo crítico del grupo de *Contorno* en los 60. El andamiaje del policial clásico —de claro orden artificial— y los tintes de la novela negra le sirven para hacer pasar a la literatura un tratamiento político de los hechos del presente. Su diferencia es la de utilizar el policial para hacer literatura política.

Rodolfo Walsh: autor, detective y testigo

Ricardo Piglia señala:

> Cuando se ejerce el poder político se está imponiendo una manera de contar la realidad [...] El poder político también se sostiene en la ficción. El Estado es también una máquina de hacer creer (Piglia 1988:105).

Esto ocurre en relación con los hechos que narra *Operación masacre*:

> La primera noticia sobre la masacre de José León Suárez llegó a mis oídos en la forma más casual, el 18 de diciembre de 1956. Era una versión imprecisa, propia del lugar —un café— en que la oí formulada. De ella se desprendía que un presunto fusilado durante el motín peronista del 9 y 10 de junio de ese año sobrevivía y no estaba en la cárcel (Walsh 1971: 11).

---

[8] Véase Walsh 1971; Wlash ; Walsh 1986.

La trama de esta novela/documento/testimonio es la reconstrucción de este asesinato colectivo de sindicalistas peronistas en el partido de León Suárez, en el segundo año del gobierno de la Revolución Libertadora, dirigida por el General Aramburu, que había derrocado con un golpe de estado al segundo gobierno de Domingo Perón en 1955.

El contexto histórico en el que tienen lugar los hechos es el siguiente: tras una campaña electoral violenta, Juan Domingo Perón, fue elegido presidente en febrero de 1946 con el 56% de los votos emitidos. Creador de su propio movimiento, el peronismo, siguió políticas de carácter nacionalista y populista. En 1949 consiguió la aprobación de una reforma constitucional que le permitió optar a un segundo mandato presidencial. En noviembre de 1951 es reelegido. La muerte de Evita, en 1952; las dificultades económicas, la creciente agitación laboral y su excomunión por parte de la Iglesia católica debilitaron su gobierno.

Tras un intento de golpe fallido a comienzos de 1955, el 16 de septiembre, grupos insurgentes de los tres ejércitos, encabezados por el General Pedro Eugenio Aramburu y el Almirante Isaac Rojas, pertenecientes a la sección más antiperonista de las Fuerzas Armadas, lanzaron la llamada «Revolución Libertadora»: Una serie de enfrentamientos que duraron tres días, en los que murieron unas 4.000 personas, provocó la dimisión de Perón, su fuga y posterior exilio. El golpe de estado tenía el objetivo de desmantelar todas las instituciones creadas por el Peronismo y proscribir a sus líderes y partidarios. El 20 de septiembre, Eduardo Lonardi asumió la presidencia provisional. En poco menos de dos meses, el gobierno de Lonardi fue depuesto, en un incruento golpe militar, dirigido por el teniente general Pedro Eugenio Aramburu. El motivo alegado para la revuelta era que Leonardi se negaba a suprimir las actividades de los peronistas en el Ejército y en los sindicatos.

Los militares retornaron a la escena política y pasarían cerca de tres décadas antes de que la abandonasen. El período 1955-1976, se tornó fuertemente marcado por la inestabilidad política: una continua sucesión de gobiernos militares y civiles que señalaba las debilidades de un orden político que no logró encontrar la fórmula estable para conducir el Estado.

Durante todos los años de su exilio, Perón contó con la adhesión de los sindicatos y ejerció su influencia en la política argentina apoyando a sus seguidores en su intento por alcanzar el poder. Es lo que se llamó «resistencia peronista», que empieza a manejarse independientemente de la dirigencia, ya que ésta se encuentra burocratizada y desorganizada. La reacción de los peronistas no se hizo esperar. Ya desde la revolución de septiembre, comienza a surgir una oposición clandestina, protagonizada por militares peronistas o simples trabajadores que, con el tiempo, conformaron los Comandos de Resistencia encargados de realizar acciones clandestinas, actos de sabotaje y huelgas espontáneas que se extendieron prácticamente hasta 1960.

En 1956, un grupo de la resistencia peronista planificaba un levantamiento, dirigido por el General Juan José Valle y el Coronel Raúl Tanco, apoyados por un grupo de civiles. Los principales focos de la insurrección de Valle son La Plata, Campo de Mayo y Santa Rosa. El gobierno fue advertido de esta maniobra y no midió las consecuencias. Reprimió con dureza, fusiló a los instigadores y a civiles que no participaron del levantamiento y, entre otros, perpetró la matanza de León Suárez, sobre la que se edifica *Operación masacre*.

Como ya he descrito en el policial se cuentan dos historias: la investigación del detective y la historia del crimen. Sus tempos no son coincidentes, ya que la segunda es el efecto de una pesquisa que la reconstruye. El lector no suele conocer la historia de los hechos que llevan al crimen, ni cómo fue perpetrado, ni los por qué de la ejecución. El lector del policial está marcado por la línea de la investigación, que es revelada por el detective o investigador al respecto. El relato policial exige un lector crédulo de lo que el investigador le va proponer, pasa de la máxima ignorancia del comienzo al máximo saber del final.

Operación masacre sigue estos principios, encontramos separadas estas dos historias. El prólogo, que sirve de introducción, se corresponde con la investigación del detective y el cuerpo del libro se concentra en la reconstrucción de los hechos.

Revelador este prólogo: se contextualizan históricamente los hechos y se explica el proceso que siguió en busca de la verdad sobre lo ocurrido. En prólogo se asienta la veracidad de la historia a través de detalles, los nombres verdaderos de los que serán los personajes, las reticencias o facilidades de la investigación, las colaboraciones y revisiones de diversos informantes; a veces algunos detalles no son relevantes, se utilizan para reforzar la veracidad de los hechos.

Me interesa especialmente demarcar cómo configura Walsh su lugar de enunciador. *Operación masacre* juega con el policial y, a la vez, con el testimonio de «hechos reales» que él ha encontrado. Esta mezcla produce un cambio en la enunciación del relato: el autor ocupa el lugar del detective. En el prólogo sintetiza los «hechos» y el proceso de la investigación, para luego desaparecer como personaje en la historia narrada, aunque no como narrador.

El «investigador Walsh» resume los motivos que le llevan a iniciar la investigación, los indicios que tiene, los testigos (personas que son testigos de los hechos y a la vez víctimas que escaparon), los pasos que sigue, etc. Pero, también, escenifica el trayecto del propio autor frente a «los hechos»: exhibe el recorrido que lo lleva desde la indiferencia inicial hacia la política —«como periodista no me interesa demasiado la política» (Walsh 1971: 15), al creciente compromiso con las víctimas y la necesidad de reconstruir la historia de la matanza:

> Escribí este libro para que fuese publicado, para que actuara, no para incorporarse al vasto número de las ensoñaciones de ideólogos. Investigué y relaté estos hechos tremendos para darlos a conocer, en las formas más amplias, para que inspiren espanto, para que no puedan jamás volver a repetirse. Quien quiera me ayude a difundirlos y divulgarlos, es para mí un aliado a quien no interrogo por su idea política (Walsh 1971: 9).

En esta exhibición se escenifica, entonces, el «salto» del propio Walsh que abandona la novela policial de enigma y se desliza hacia la novela-documento-testimonio; es decir, el viraje del 'intelectual' al militante comprometido.

También explicita el trayecto del interés creciente que le produce la historia: Sus reticencias al comienzo y su gradual inmersión en la investigación: Tiene noticias de la masacre muy rápido; incluso de alguna manera participa en ella porque vive cerca de la sede policial de La Plata, que autorizó la orden de fusilamiento. Cuando se entera del acontecimiento dice que piensa: «Valle no me interesa. Perón no me interesa, la revolución no me interesa. ¿Puedo volver al ajedrez?». Frase que condensa la aséptica posición del autor del policial de enigma —ya se sabe, el ajedrez es el juego de guerra blanca preferido por Borges—.

Seis meses después de los hechos, concretamente el 18 de diciembre de 1957, una frase lo convence. Mientras juega al ajedrez en un bar de La Plata, escucha: «Hay un fusilado que vive». Estas palabras desatan el proceso de la investigación. Al día siguiente conoce al abogado Jorge Doglia, que hace la denuncia judicial de Juan Carlos Livraga, superviviente de aquella madrugada. El 20 recibe la copia de la demanda y, al día siguiente, entrevista a su primer testigo. Se conmueve al ver el cuerpo de Livraga marcado por el crimen. Esa frase y ese cuerpo atormentado son el disparador que motiva la pesquisa.

A partir de este encuentro, empiezan a aparecer nuevos testigos que se relevan y cuentan su experiencia: de Juan Carlos Livraga a Miguel Ángel Giunta. «Así me fusilaron», dice Giunta, a Horacio di Chiano. Aumentan los que se salvaron: una carta anónima enviada al periódico añade a Gavino y dice que puede estar en la embajada de Bolivia; al que encuentra allí es a Torres, que le da las pistas de otros dos: Troxler y Benavides. Luego Torres recuerda a otro hombre, que resulta ser Rogelio Díaz, el único con el que no consigue hablar.

Walsh diagrama a *Operación masacre* siguiendo las reglas del rigor, el orden y el método deductivo del relato policial de enigma: el texto está organizado con la idea de desplegar lo resumido en el prólogo. Por ello, propone una secuencia de capítulos que se abren con una primera parte: «Las personas», en el cual hace el retrato y la biografía de las víctimas en un *crescendo* que va desde los fusilados a los supervivientes, sus informantes, y llega al momento del comienzo de la redacción del texto y el planteamiento de «Las incógnitas». En la segunda: «Los hechos», la más extensa del libro, se presenta la reconstrucción de la matanza: «La revolución de Valle», donde se señala el motivo de la reunión en la que se encontraban los sindicalistas y termina con dos capítulos «La guerrilla de los telegramas» y «Lo demás es silencio...», que reseñan los efectos de la investigación en el espacio público. La tercera parte: «La evidencia» es una reseña conclusiva en la cual se enjuicia la violencia de Estado.

Dice Link: «Nada hay en el orden del ser que justifique el registro diferenciado de esa vida, salvo el acontecimiento estremecedor e inesperado de su muerte o desaparición [...] el caso policial pregunta qué es la vida de un hombre para llevarlo al crimen (como víctima o como victimario) y qué desarreglos se han producido en su destino para sacarlo en un lugar y ponerlo en otro» (Link 1992: 13).

El suspense, la dilación que alienta la lectura, se produce por una serie de preguntas que abren la expectativa de las respuestas. Walsh también se hace esas preguntas.

En el *Obligado apéndice* (de la primera edición, marzo de 1957), enumera las pruebas con las que cuenta: declaraciones de los supervivientes, testimonios de los familiares, informes de la denuncia del asesinato colectivo, etc.

La nota del editor dice: «El saldo: veintisiete ejecuciones entre civiles y militares en menos de setenta y dos horas. De entre el número de fusilados doce eran civiles, y al parecer, nada tenían que ver con la conspiración. Esta es su historia».

Sobrevivieron siete.

A lo largo del cuerpo central despliega los testimonios o pruebas que proceden de las entrevistas o conversaciones que tiene con los que se salvaron; muestra sus documentos, las declaraciones que tiene en su poder. La historia a través de los testimonios, de los recuerdos, sus últimos diálogos y pensamientos. La obsesión investigadora de Walsh llega hasta hacer un simulacro de la matanza en el lugar del crimen, acompañado por la periodista Enriqueta Muñiz, ayudante en la investigación.

Pero de algunas escenas no tiene testigos, los que la vivieron están muertos o los testimonios son contradictorios; Walsh intenta reconstruir las escenas, pero sólo puede imaginar hipótesis congruentes de lo que pasó. En esos agujeros, donde la historia no habla y el testimonio es imposible, empieza a emerger la novela. Es allí, donde la novela se apropia de la historia.

Cabe señalar que en *Operación Masacre* Walsh cede la voz del narrador a los actores reales que irrumpen en el texto. La palabra del excluido es incluida y esto permite la operación testimonial. El ordenamiento de la primera parte del libro lo confirma: «Las Personas: Carranza, Gariboti, Don Horacio, Giunta. Lizaso. Gavino, Mario, El fusilado que vive...». Los capítulos son titulados con los nombres reales de personas/personajes que dan testimonio de su experiencia desde un primer plano. La mirada de Walsh excluye a los Aramburu, Rojas, ni siquiera el General Valle, protagonista de la sublevación; todos ellos pasan a la trastienda de esta historia.

El relato se estructura desde la vida cotidiana de los sectores populares del conurbano bonaerense: el asalto y detención de las víctimas de León Suárez se desarrolla en medio de la audición de una pelea de un boxeador argentino, Eduardo Lausse, en un departamento de alquiler del fondo de una casa del extra-rradio. Es importante observar que la palabra de estos hombres, no sólo construye el relato, sino le permite a Walsh tomar la temperatura de la manera de ver la historia y la política por aquellos días, la producción de verdad de los sectores populares: «Que no le hablen a él de política ni de líos gremiales. Ya bastante le cuesta mantener a ese rosario de hijos que tiene [...] De ahí tal vez que Francisco Garibotti no quiera meterse en líos. Sabe desde luego que las cosas andan mal en el gremio —interventores militares y compañeros presos—, pero todo eso pasará algún día. Hay que tener paciencia y esperar» (Garibotti) Walsh 1971: 24) o «Nada más extemporáneo aquí que la idea de revolución o de violencia... Las ideas políticas del propio Don Horacio son tan imprecisas o fluctuantes, que apenas si vale la pena mencionarlas» (Walsh 1971:28).

Por otra parte, los testimonios de los involucrados en los episodios del 9 de junio, reconstruidos por el autor, son desplegados como voces testimoniales pero, también, como narración que busca un público activo que se implique en una actividad de participación frente a los sucesos. Por ello, elige crear suspenso dilatando el final, retaceando información, produciendo una tensión similar a la del folletín, a la de la novela por entregas, debido a su estructuración en forma de artículos «en la cual su publicación seriada despliega enigmas como núcleos desencadenantes del suspenso, constituyéndose en operadores de la demanda de la lectura» (Ferro 1994: 17).

También muestra la dificultad de difusión de los contra-discursos, los que resisten al mandato del poder y a las historias oficiales. La escritura de *Operación masacre* es muy próxima a los acontecimientos descritos: «Esta es la historia que escribo en caliente y de un tirón, para que no me ganen de mano...»; pero cuando ya tiene acabado el texto, no encuentra editor. El mismo Walsh, autor de relatos policiales y escritor avezado en el mundo editorial se sorprende de que una historia brutal y real se venda menos que la ficción: «Es que uno llega a creer en las novelas policiales que ha leído o escrito, y piensa que una historia así, con un muerto que habla, se la van a pelear en las redacciones...» (Walsh 1971: 12). De hecho, la posición de Walsh es el de «detective»: cumple todas las normas del procedimiento deductivo e investigador y logra desenmascarar al criminal. Pero la lucha entre dos «inteligencias puras», que se pone en juego en el policial de enigma, no puede culminar. El contrincante, el criminal, es una inteligencia «absoluta» porque puede mentir y tener las armas para ser creído o esconderse y convertirse en una abstracción: el Estado. Por ello, el lugar del autor «detective» tiene que deslizarse a otro lugar: el de acusador.

A partir de este nuevo lugar Walsh denuncia la mascarada del estado y de sus representantes, entre los que incluye a la prensa:

> Sé perfectamente que en este país un Jefe de Policía es poderoso, mientras que un periodista —oscuro por añadidura— apenas es nada. Pero sucede que creo, con toda ingenuidad y firmeza, en el derecho de cualquier ciudadano a divulgar la verdad que conoce, por peligrosa que sea. Y creo en este libro, en sus efectos [...] Durante varios meses he presenciado el silencio voluntario de toda la «prensa seria» en torno a esta execrable matanza y he sentido vergüenza (Walsh 1971: 17).

En el epílogo de la edición de 1971, Walsh manifiesta cuál era su intención al «descubrir y relatar esta matanza cuando sus ejecutores aún estaban en el poder». También señala que:

> se trataba de presentar a la Revolución Libertadora y sus herederos hasta hoy, el caso límite de una atrocidad injustificada, y preguntarles si la reconocían como suya, o si expresamente la desautorizaban. La desautorización no podía revestir otras formas que el castigo de los culpables y la reparación moral y material de las víctimas. Tres ediciones de este libro, alrededor de cuarenta artículos publicados, un proyecto presentado al Congreso e innumerables alternativas menores han servido durante doce años para plantear esa pregunta a cinco gobiernos sucesivos. La respuesta fue siempre el silencio... (Walsh 1971: 173).

Operación masacre es un texto liminar y limítrofe: funciona como hito indiscutible en las representaciones del crimen y en la denuncia de la violencia estatal, lo que lo coloca en el terreno de la *non fiction*; pero a la vez, es un texto de límites donde las estrategias ficcionales de la novela policial modifican al documento o al testimonio. Una aseveración de Walsh confirma ese carácter limítrofe de *Operación masacre:*

> Un periodista me preguntó por qué no había hecho una novela con eso, que era un tema formidable para una novela; lo que evidentemente escondía la noción de que una novela con ese tema es mejor o es una categoría superior a la de una denuncia con este tema. Yo creo que la denuncia traducida al arte de la novela se vuelve inofensiva, es decir, se sacraliza como arte. Por otro lado, el documento, el testimonio, admite cualquier grado de perfección, de selección, en el trabajo de investigación se abren inmensas posibilidades artísticas.

Operación masacre: crítica y verdad

«Existe un combate «por la verdad» o al menos «alrededor de la verdad» —una vez mas entiéndase bien que por verdad no quiero decir «el conjunto de cosas verdaderas que hay que descubrir o hacer aceptar», sino «el conjunto de reglas según las cuales se discrimina lo verdadero de lo falso y se ligan a los verdaderos efectos políticos de poder», se entiende asimismo que no se trata de un combate «en favor» de la verdad sino en torno al estatuto de verdad y al papel económico-político que juega—» afirma Foucault.

De hecho, *Operación masacre* pivotea entre la veracidad de los «hechos» y de la autenticidad de los testimonios que se exponen, es decir el discurso de la Historia asentada en el documento y la literatura como receptáculo de los «estados de la imaginación». En este cruce, los juegos de verdad que propone se sustentan en una estrategia de construcción de una verdad «otra», una verdad resistente, que se opone a los discursos del Estado (Foucault 1979: 289).

«La verdad está ligada circularmente a los sistemas de poder que la producen y la mantienen, y a los efectos de poder que induce y que la acompañan» en este sentido genera y diseña formas específicas de memoria. (Foucault 1978: 187). Es en el juego de la memoria donde la ficción estatal ejerce el monopolio de los «estados de imaginación». Cuando una verdad alternativa interviene —es el caso de *Operación masacre*— que pone en cuestión las ficciones estatales se establece una guerra discursiva de poder-contrapoder.

Walsh trabaja en esa dirección, desnuda e impugna las versiones estatales para proponer una memoria alternativa y, por ello, apela a canales de difusión que compiten con los del estado.

La marca de Walsh es la politización extrema de la investigación: el enigma está en la sociedad y no es otra cosa que una mentira deliberada que es preciso destruir con evidencias. En este punto para Walsh el periodismo es sobre todo un modo de circulación de la verdad. Por eso el uso y la construcción de canales alternativos para la difusión de la denuncia es un elemento clave (Piglia: 1994).

En efecto, lucha por la publicación del libro y lo coloca en diferentes medios; además, su trabajo no cesó: la incorporación de nuevos materiales, noticias, diferentes prólogos se van sucediendo a lo largo de las reediciones. La historia de este texto es una sucesión continua de investigación y nuevas aportaciones. Reseño sucintamente estos cambios: El 23 de diciembre de 1956 el periódico *Propósitos* de Leónidas Barletta, a instancia de Walsh, publica la denuncia de Juan Carlos Livraga. Luego logra publicar, entre el 15 de enero y el 30 de marzo, una serie de notas en el periódico nacionalista *Revolución Nacional*, de Luis Benito Cerrutti Costa, ex ministro de Lonardi.

El título era «Yo también fui fusilado» que sería el primer artículo de una larga serie que se irían publicando en otros medios. El 21 de febrero aparece una serie de nueve artículos apareció del 27 de mayo al 29 de junio en el diario *Mayoría*, de los hermanos Tulio y Bruno Jacovella.

Finalmente, la primera edición del libro, a fines de ese mismo año, tuvo como título *Operación masacre*, un proceso que no ha sido clausurado, siendo el artífice de la publicación el nacionalista Marcelo Sánchez Sorondo, en Ediciones Sigla. Esta primera edición se cierra con un «Provisorio epílogo», que anunciaba ya cambios futuros. Rescribió la obra y agregó nuevos datos en la segunda edición, publicada en el año 1964. *Operación masacre* y el expediente Livraga. Con la prueba judicial que conmovió al país, Continental Service. El prólogo alcanza aquí su versión definitiva, pero seguirá añadiendo textos al final del libro, como apéndices. En su corrección permanente agrega en los años setenta un nuevo texto a la obra, el capítulo 37 «Aramburu y el juicio histórico», donde se explaya sobre el ajusticiamiento de Aramburu en manos del incipiente grupo Montoneros.

La obra tal y como se conoce hoy le llevó al periodista cerca de quince años de trabajo, ya que en 1972 efectúa la última corrección, lo que será la cuarta edición del libro. Esta edición definitiva agrega el texto de parte del guión del film que se tituló igual que el libro. En este texto sí que aparece en Walsh una visión ideológica que no tenía cuando empezó la investigación de los fusilamientos. Su evolución queda patente en los sucesivos añadidos al libro. Su camino combativo concluirá con el guión para la película, donde cierra su itinerario, con una frase explícita: «la larga guerra del pueblo, el largo camino, la larga marcha hacia la Patria Socialista».

Operación masacre fue llevada al cine, con guión del propio Walsh y bajo la dirección de Jorge Cedrón. Fue rodada entre 1971 y 1972, y estrenada en 1973, aunque antes de eso se calcula que había sido vista por unas cien mil personas, en exhibiciones clandestinas de la Juventud Peronista, como el mismo Walsh documenta en su libro, en la edición del año 1972. Participaron treinta actores profesionales que aceptaron los riesgos de la clandestinidad.[9] La película empieza con una escena del basural, con lo muertos tirados en el suelo entre los desechos. Una figura se divisa a lo lejos, la cámara se acerca y un hombre se levanta: es Julio Troxler, uno de los sobrevivientes de la masacre, un fantasma que actúa de sí mismo. Recorre esos bultos inertes: «Me llamo Julio Troxler. Volví con la esperanza de encontrar algún compañero herido… no había nada que hacer. Estaban todos muertos». Durante gran parte de la película se escucha una voz en *off* a modo de narrador: es la de Troxler.

La persistencia de Walsh con *Operación masacre* es efecto de su empecinamiento por parar la nube del olvido; se enmarca en esa guerra discursiva contra las maquinaciones fraudulentas del poder estatal y la defensa de las memorias «otras». Una memoria fragmentada y dispersa se convierte en memoria sostenida a partir del trabajo de investigación del escritor, basado en la lógica y en la deconstrucción, revela la «otra verdad» de los hechos, componiendo la trama sobre los aparentemente deshilachados testimonios de los involucrados en los fusilamientos de José León Suarez. La proliferación de esas memorias y el deber ético de ponerlas en circulación es el signo más valiente de la obra de Walsh.

---

[9] Desde 1966 Argentina se encontraba de nuevo bajo un gobierno militar; se sucedieron como presidentes Juan Carlos Onganía, Roberto Marcelo Levingston y Alejandro Agustín Lanusse —precisamente tomó el poder en 1971, año en el que se comienza a rodar la película—.

Ricardo Piglia: el enigma en las palabras

La loca y el relato del crimen

Si Borges y Bioy Casares, en la década de los 40, cuestionaban la producción de verdades con la cual el policial clásico representaba la fe en la consistencia de la legalidad —genérica y estatal—, Ricardo Piglia[10], con el relato «La loca y el relato del crimen» establecía una nueva vuelta de tuerca a la secuencia racionalidad e investigación como garantes de la verdad pública, que afirmaba un nuevo espacio de figuración y producción de la verdad: el texto literario.

Este relato fue, en 1975, uno de los ganadores del concurso de cuentos policiales de la revista *Siete Días*; luego sería incluido en el volumen *Prisión perpetua* (Piglia 1991: 118). El cuento sigue el mecanismo clásico del policial de enigma, sobre el que Piglia reflexionó en sus textos críticos: La historia del asesinato de una prostituta y la de una investigación llevada a cabo, en este caso no por un detective, sino por un periodista improvisado, Emilio Renzi, seudónimo del propio Piglia en sus primeros relatos, y recurrente en su narrativa. Aparece como narrador y periodista en *Respiración artificial* (1980) y en *Plata quemada* (1996). A lo largo del relato, se revela como crítico literario

---

[10]   Ricardo Piglia (1940) nace y pasa su infancia en el pueblo de Adrogué en la provincia de Buenos Aires, y luego en Mar del Plata. Estudió la carrera de Historia en la Universidad de La Plata. En 1967 gana el premio de la revista *El Escarabajo de Oro* con el cuento «Los amigos», que junto a «La honda» integraron su libro *La Invasión*, finalista del Premio Casa de las Américas en 1963. Formó parte de las redacciones de las revistas culturales *Literatura y Sociedad*, *Los Libros* y *Punto de Vista*. Su obra comprende tres libros de relatos: *La Invasión* (1967), *Nombre Falso* (1975) y *Prisión perpetua* (1988); tres novelas: *Respiración artificial* (1980), *La ciudad ausente* (1992) y *Plata quemada* (1997) novela policial con la que gana el Premio Planeta (Argentina). Como ensayista publicó *Crítica y ficción* (1986) y *La Argentina en pedazos* (1993). En *Cuentos morales* (1995) recopiló sus cuentos, con introducción de A. Rodríguez Pérsico. Ha escrito el libreto de la ópera de Gerardo Gandini, *La ciudad ausente*, basado en su novela, estrenada en el Teatro Colón de Buenos Aires en octubre de 1995. Como guionista de cine escribió *Foolish Heart*, film dirigido por Héctor Babenco y el guión de *La sonámbula* de Fernando Spiner. Sobre su *nouvelle Nombre falso*, el cineasta Alejandro Agreste realizó el largometraje *Luba* (1990). Dirigió dos colecciones del relato policial Serie Negra (ed. Tiempo Contemporáneo) y Sol Negro (ed. Sudamericana). Preparador de tres antologías del género policial: *Cuentos policiales de la Serie Negra* (1969), *Cuentos de la Serie Negra* (1979) y *Las fieras* (1993). Residió largos períodos en los Estados Unidos, como profesor de Literatura en las universidades de Princeton y Harvard; también en la Universidad de Buenos Aires. En la actualidad es profesor en la Universidad de Princeton.

de un periódico, pero que en realidad, es especialista en lingüística teórica y, finalmente, cuentista.

El relato consta de dos partes separadas: La primera presenta la escena del asesinato y los dos únicos vestigios que quedan del crimen de la prostituta: una nota, «el adiós escrito con rouge en el espejo del ropero», dejada por la víctima a su amante, advirtiéndole de la llegada de su cafisho y de la posibilidad de una agresión. Junto a la escena del crimen aparece el testimonio delirante de una loca pordiosera: Echevarne Angélica Inés (otro personaje recurrente de la narrativa de Piglia).

La historia del asesinato, el descubrimiento del cadáver y la nota del amante, no muestran ningún enigma. La primera parte del relato es una exposición de hechos, lineales y tópicos, que luego será definido como «esa historia vulgar de putas baratas y cafishos». El único elemento enigmático es la presencia de esa pordiosera que responde al *macró* que llega a buscar a la mujer a un cabaret, donde la matará. En verdad, ni siquiera esto es enigmático: lo inquietante es su discurso; un discurso que comienza con el nombre de la loca: «Soy Echevarne Angélica Inés, que me dicen Anahí».

En la segunda, se presenta la escena clásica del policial protagonizada por el periodista especializado en «sucesos», que ocupa el lugar de la policía en el relato policial clásico, es decir, un incompetente que plantea una hipótesis obvia y equivocada: la prostituta ha sido asesinada por su amante, Antúnez, quien será encarcelado.

Mientras que el joven Renzi, por su inexperiencia, se interesa por lo que parece poco importante (sigue el método de Holmes): el enigmático discurso de la loca que contiene la clave y es la prueba de la verdad. Emilio Renzi, crítico literario del mismo periódico, metido por casualidad a periodista, aplica la teoría de los operadores lógicos Russell para analizar y reconstruir las estructuras repetitivas del discurso de la loca e interpretar sus desechos. Dice Renzi al director del periódico:

—Espere, déjeme hablar un minuto. En un delirio el loco repite, o mejor, está obligado a repetir ciertas estructuras verbales que son fijas, como un molde, ¿se da cuenta?, un molde que va llenando con palabras. Para analizar esa estructura hay treinta y seis categorías verbales que se llaman operadores lógicos. Son como un mapa, usted los pone sobre lo que dicen y se da cuenta que el delirio está ordenado, que repite esas fórmulas. Lo que no entra en ese orden, lo que no se puede clasificar, lo que sobra, el desperdicio, es lo nuevo: es lo que el loco trata de decir a pesar de la compulsión repetitiva. Yo analicé con ese método el delirio de esa mujer. Si usted mira va a ver que ella repite una cantidad de fórmulas, pero hay una serie de frases, de palabras que no se pueden clasificar, que quedan fuera de esa estructura. Yo hice eso y separé esas palabras y ¿qué quedó? —dijo Renzi levantando la cara para mirar al viejo Luna—. ¿Sabe qué queda? Esta frase: El hombre gordo la esperaba en el zaguán y no me vio y le habló de dinero y brilló esa mano que la hizo morir. ¿Se da cuenta? —remató Renzi, triunfal—. El asesino es el gordo Almada.

El método es detectar lo que escapa a la repetición, ciertos fragmentos inconexos que no se repiten y que son productores de sentidos coherentes; método que aplica al discurso delirante de la loca para descubrir al verdadero asesino, el previsible chulo, el gordo Almada. Muestra alborozado su descubrimiento al director de redacción, Luna, quien rechaza toda posibilidad de publicarlo en el periódico e incluso de pasarlo a la policía.

El enigma, entonces, como ya lo sabía Edipo, se construye y se devela en el lenguaje; lenguaje enigmático, atribuido a la mujer: una loca pordiosera, una especie de Esfinge transmoderna, en cuyo delirio se localiza la verdad; porque, la otra, la prostituta —también llamadas 'locas' en el Río de la Plata, y así la denomina el texto más adelante—, la que mantenía a dos hombres poniendo el cuerpo, ya ha caído.

Dos caras del enigma: cuerpo de mujer: dinero, mujer asesinada, una de las caras del enigma que posee un saber. Voz de mujer: lenguaje delirante, verdad de la historia, la otra cara del enigma. Una establece el saber del sexo; la otra el saber de la locura que contiene la verdad.

Pero, ¿quién y, mejor aún, dónde se articula esa verdad? La verdad la devela un especialista en lingüística y crítico literario. Ambos discursos no tienen espacio en los discursos estatales; ni son aceptables en el espacio de lo público, el periódico; el Renzi lingüista y crítico posee una verdad inservible para el discurso público masivo o institucional. ¿Qué importa la identidad de un asesino, si finalmente se encuentra a un culpable de su misma laya y, además, la policía ha construido ya su versión?

El 'viejo' Luna que había enviado al 'joven' Renzi a la escena del crimen porque creía que la historia «le iba a hacer bien», le enseña la 'verdad' de la experiencia que implica una aceptación realista de la 'verdad' de las instituciones:

> Oíme, el tipo ese está cocinado, no tiene abogado, es un cafishio, la mató porque a la larga siempre terminan así las locas esas. Me parece fenómeno el jueguito de palabras, pero paramos acá. Hacé una nota de cincuenta líneas contando que a la mina la mataron a puñaladas [...] ya hace treinta años que estoy metido en este negocio y sé una cosa: no hay que buscarse problemas con la policía. Si ellos te dicen que la mató la Virgen María, vos escribís que la mató la Virgen María.

No obstante, la verdad encuentra su espacio en la ficción, en la escritura literaria. Por ello, el relato se construye desde el final —como proponía Poe— en donde el 'joven' Renzi, lingüista, metido a crítico literario e improvisado periodista, se anuncia como escritor:

> Renzi se sentó frente a la máquina y puso un papel en blanco. Iba a redactar su renuncia; iba a escribir una carta al juez. Por las ventanas, las luces de la ciudad parecían grietas en la oscuridad. Prendió un cigarrillo y estuvo quieto, pensando en Almada, en Larry, oyendo a la loca que hablaba de Bairoletto. Después bajó la cara y se largó a escribir casi sin pensar, como si alguien le dictara: «Gordo, difuso, melancólico, el traje de filafil verde nilo flotándole en el cuerpo —empezó a escribir Renzi—, Almada salió ensayando un aire de secreta euforia para tratar de borrar su abatimiento».

Es el final y el comienzo del relato que hemos leído.

La verdad se construye con desechos, en realidad, el arte se hace con basura, basura urbana, desperdicios de historias vulgares cuyos fragmentos llegan a la escritura para aludir a la intriga de la realidad y develar su trama.

Pero, en camino de vuelta, este 'joven' Renzi que para escapar a la prisión perpetua de las instituciones, transmuta los hechos en ficción, a medida que escribe, como el último Aureliano construye su propia genealogía como narrador: si la historia es, como postula Piglia, la historia de los estilos, no es difícil recorrer la historia de este aprendiz de la vida, intérprete del enigma de la mujer y que transmuta 'sucesos' periodísticos en relatos. Veamos: una genealogía explícita del joven Renzi:

> A Emilio Renzi le interesaba la lingüística pero se ganaba la vida haciendo bibliográficas para el diario *El Mundo*: haber pasado cinco años en la Facultad especializándose en la fonología de Trubetzkoi y terminar escribiendo reseñas de media página sobre el desolado panorama literario nacional era sin duda la causa de su melancolía, de ese aspecto concentrado y un poco metafísico que lo acercaba a los personajes de Roberto Arlt.

Interesantes desplazamientos: Arlt se hizo cargo de la sección de policiales del diario *Crítica* en los treinta; aquel periódico en el que Borges publicó sus literarias historias de la infamia universal; también, en el diario *El Mundo*, Arlt publicaba sus crónicas urbanas —las *Aguafuertes porteñas*— que le dieron la fama. Renzi escribe «bibliográficas», es decir crítica literaria, en *El Mundo*; periódico que no le permite publicar una verdadera crónica criminal. Pero, además, su aspecto se acerca a los reconcentrados y metafísicos personajes arltianos: uno de ellos Haffner, el Rufián melancólico, como se sabe, proyectaba financiaren *Los siete locos* de Arlt un proyecto revolucionario que utilizaba los beneficios de una cadena de prostíbulos.

Y así podríamos seguir: la prostituta-la loca es un par característico de la ficción arltiana que Onetti retoma y reelabora; y el mensaje cifrado es uno de los temas favoritos de Borges. En ese triángulo se construye este narrador, cuyo estilo canibaliza al de estos tres padres literarios. Es decir: la verdad implica no tanto una prueba que la valide, ni el trabajo de investigación que la descubra, sino una apropiación de la genealogía, literaria y lingüística, a la cual se desplaza. La verdad, también se construye en el marco genealógico de una institución social, la literatura, cuya única ventaja es que, por la interferencia en los otros discursos sociales, puede ser expulsada de la ciudad[11] y desde ese exilio decir lo que no es admisible. Esa expulsión permite una mirada, que no aspira a la ficción de totalidad, sino que trabaja sobre las luminosas «grietas en la oscuridad» de las ciudades.

El trabajo literario, entonces, aparece como un lugar donde construir el origen y la memoria del origen, no sólo el individual o el de la tradición cultural sino que recuerda-recupera la memoria del crimen que fundamenta desde su origen al lazo social. No olvidemos que Caín, desterrado después de asesinar a su hermano Abel, huye encogido de la mirada de Dios, recorre un desierto, conoce a su mujer y se instala en la región de Nod. Luego funda una ciudad.

La prolijidad de lo real: ¿cómo contar los hechos reales?

Sobre este primer entramado de Piglia en «La loca y el relato del crimen», en el que los usos del policial se desplazan a hacia la ficción de la crítica literaria y a la edición crítica de un supuesto relato encontrado de Roberto Arlt, publicado como Apéndice, en un plagio casi perfecto. Según su editor este relato es el último de Arlt y en su edición apócrifa, Piglia afina su adhesión a lo que él denominó «la banda de Tinianov», se construye *Respiración artificial* (1980).[12]

Esta pregunta se plantea, en la primera parte de *Respiración artificial*, por el historiador Marcelo Maggi, y en la segunda parte, es retomada por su sobrino el joven escritor Renzi; y a la que filósofo Tardewski, un exilado polaco, que propone una finta que ilumina la novela.

---

[11] Véase Trías 1997.
[12] Véase Girona 1995.

Veámoslo: en la primera parte, esta pregunta afecta al discurso de la historia, a la dificultad de reconstruir los hechos históricos sin falsear el punto de vista del historiador. Las preguntas de Marcelo Maggi, quien intenta reconstruir la vida del exiliado Enrique Osorio, uno de los proscritos del xix, se adosan a las estrategias posibles del discurso de la historia para utilizar unas formas especiales de historia: la biografía y la novela epistolar —género utópico por excelencia que remite a un futuro indeterminado—. No obstante, en esa primera parte, no se resuelven, sino que son transmitidas como herencia a su sobrino, el escritor Renzi.

Pero es en la segunda parte de la novela, se fragua la imbricación entre literatura e historia que pone en el tapete el lugar del narrador y una pregunta que campea a lo largo de toda la novela: ¿Cómo contar los hechos reales? Si lo «literario» se conforma con los discursos consagrados y sus restos; lo «histórico» es también la historia de los fracasos dichos por la historia oficial; de los desechos de la historia —las del 1976 y las actuales— no se puede hablar y como dice Tardewski citando a su maestro Wittgenstein: «Sobre aquello de lo que no se puede hablar, hay que callar.»

Así el discurso de la historia aparece como un discurso truncado que busca un maridaje con la literatura. Es justamente el discurso «literario» que hace posible entrever lo que se puede hablar en la «historia». La figura literaria que utiliza Piglia para hacerlo visible, es la alegoría.

Para Benjamin la alegoría es la figura que arranca un elemento fuera de su contexto normal y lo priva de su función y de sus sentidos primeros. La alegoría es un fragmento en contraposición con el símbolo. Con la alegoría se extingue «la falsa ilusión de totalidad»; la alegoría reúne los fragmentos y les da un nuevo significado que no tiene que ver con el contexto original. Este procedimiento es interpretado por Benjamin como una expresión melancólica, en la cual «los objetos están aturdidos y han perdido la capacidad de transmitir sentido». La alegoría es «expresión de la historia como un decaimiento. Presenta la imagen de una historia paralizada, como un paisaje primigenio congelado» (Geyr'Ryan 1988: 50-51)

Así el supuesto hallazgo de Tardewski, en su juventud de estudiante en Londres, donde encontró las pruebas de un encuentro entre Kafka y Hitler en la Praga de 1909, donde el futuro líder nazi le habría confesado sus proyectos al escritor checo, permitiría leer la «ficción» kafkiana como prefiguración del futuro «real» del nazismo. Desgajada de su contexto y reinsertada en la historia de la reconstrucción de la memoria que *Respiración artificial* promueve, tal hipótesis adquiere un carácter alegórico que impregna la historia «real» de la novela, en la que se lee, casi como un lapsus, «Auschwitz, Belén, Catamarca» y cuyo final mantiene una incógnita: la desaparición del historiador Marcelo Maggi.

No obstante, frente a la imagen melancólica del filósofo alegórico, el que contempla lo real con la mirada atónica ante las ruinas de la historia, *Respiración artificial* coloca otra: la del historiador dialéctico, capaz de remontar el caos y, a través del montaje, construir con desechos una nueva verdad: Éste es el proyecto que esboza el primer Osorio, exiliado romántico que escribe en Nueva York, en 1839, los apuntes de una «novela utópica» compuesta por fragmentos. El joven Renzi se hará cargo de esa herencia, es él quien recibe la carta del futuro:

> Al que encuentre mi cadáver, yo soy Enrique Osorio, nacido y muerto argentino, quien en vida ha querido tener un solo honor: el honor de ser llamado, siempre dispuesto a darlo todo por la Libertad de su país. [...] Hallarán en ese lugar al ciudadano argentino D. Juan Baustista Alberdi, que es mi amigo más querido; para él he escrito una carta explicando esta mi decisión; la cara puede encontrarse en el cajón de la izquierda de mi mesa de trabajo. Él sabrá ocuparse de lo que de mí, pues soy como si fuera su hermano (Piglia 1991: 276).

Si en la serie de la historia la imagen nostálgica del alegorista tiene su contrafigura en el historiador —constructor, en la serie literaria, el correlato de la historia es dos formas de ser escritor: el «escritor malabarista» y el «escritor equilibrista»; es decir Joyce y Kafka. Un diálogo entre el escritor y el filósofo nos muestra la diferencia: Sobre Joyce habla el joven Renzi: «A Joyce le importaba un carajo el mundo y sus alrededores. Y en el fondo tenía razón [...] No creo que se pueda nombrar a ningún otro escritor en este siglo».

Pero el filósofo Tardewsky le pregunta: «¿No le parece que era un poco ¿cómo le diré? ¿No le parece que era exageradamente realista?». Renzi replica: «En el fondo, Joyce se planteó un solo problema, ¿cómo narrar los hechos reales?» y en la respuesta del filósofo aparece la dualidad: «¿Los hechos qué...? Ah, había entendido los hechos morales» (Piglia 1991: 184)

Como dato a tener en cuenta señalo que, frente al joven escritor porteño Emilio Renzi, emerge en la segunda parte aparece su «otro»: el joven escritor de Entre Ríos, Marconi. Con lo cual el juego de conflictos, es decir: las zonas de permisividad o prohibición en la relación de la literatura argentina con la europea. En el diálogo entre el escritor porteño y el escritor de provincias aparece una nueva dimensión, la de la generación de los setenta — a la que pertenece Pliglia— donde se asienta la «otra» Argentina y la «otra» literatura, la del interior.

Siguiendo con la dualidad, según Tardewsky, Joyce ni escuchaba, ni contestaba; mientras que Kafka es la del «hombre que sabe oír, por debajo del murmullo incesante de las víctimas, las palabras que anuncian otro tipo de verdad [...]» (Piglia 1991: 267).

«El genio de Kafka reside en haber comprendido que si esas palabras podían ser dichas, entonces podían ser realizadas» (Piglia 1991: 264). Es Kafka el que escucha el anuncio secreto que tienen las palabras alucinadas del joven Hitler. No esta de más señalar que en la Argentina de los setenta se aludía y se alude a la última dictadura como «El Proceso».

Dice Tardewsky: desde que escribió ese libro el golpe nocturno ha llegado a innumerables puertas y el nombre de los que fueron arrastrados a morir como un perro igual que Joseph K., es legión» (Piglia 1991: 265). Por ello frente al «escritor malabarista», concentrado en la construcción de su estilo, aparece otro tipo de escritor que no se pregunta por los «hechos reales», sino por los «hechos morales», «el escritor equilibrista», el que «en el aire camina descalzo sobre un alambre de púas», según el poema de Marconi y a sin título. La dimensión literaria de la historia y la historia de la literatura se anudan en la escritura, lugar de dispersión y reagrupación de un sujeto historizado y pulsional que interpreta los hechos «reales» en su profundidad «moral».

Arocena: el detective agazapado en los sótanos del Estado

En su crítica a *Paysans de París* de Aragón, decía Walter Benjamin:

> Mientras Aragón se mantiene en el reino del sueño, el propósito en este caso es encontrar la constelación del despertar. Mientras en Aragón queda un elemento de impresionismo —la mitología— y ese impresionismo debe considerarse responsable de los numerosos filosofemas informales contenidos en el libro, en este caso de lo que se trata es de disolver la mitología en el reino de la historia. Naturalmente, esto sólo puede ocurrir despertando un conocimiento, hasta ahora inconsciente, de lo que ha sido (Benjamin 1993: 47).

Creo que la provocativa escritura de Piglia se desarrolla en un sentido afín al de Benjamin: busca una conciencia del despertar que permita, no sólo aliviar «las pesadillas de la realidad», sino disolver los tópicos «oficiales» por medio de los cuales se han estatuido las imágenes matrices de la literatura argentina desde el xix.

¿Hay una historia? Si hay una historia empieza hace tres años. En abril de 1976, cuando se publica mi primer libro, él me manda una carta. Con la carta viene una foto donde me tiene en brazos: desnudo, estoy sonriendo, tengo tres meses y parezco una rana. A él, en cambio, se lo ve favorecido en esa fotografía [...] un hombre de treinta años que mira al mundo de frente. Al fondo, borrosa y casi fuera de foco, aparece mi madre, tan joven que al principio me costó reconocerla (Piglia 1980: 13).

Desde su arranque *Respiración artificial* coloca al texto como lugar donde se anudan la biografía, la palabra —hablada y escrita— y la historia. Por ello todo el dispositivo narrativo, en la primera parte de la novela, se organiza en una doble reconstrucción: la novela familiar y la novela histórica.

La biografía —la de Emilio Renzi, aquí escritor en ciernes— se postula como recuperación de la memoria —individual y colectiva— y se presenta como el único espacio desde el cual se puede enlazar dos series discursivas delimitadas y, tradicionalmente, separadas: la literatura y la historia. Los numerosos narradores-escritores que circulan por *Respiración artificial*, es decir, Enrique Osorio, el historiador que envía cartas desde el xix al presente siglo xx y su sobrino el Senador Luciano Osorio, el ex político que alucina la historia del presente. Marcelo Maggi, el historiador desaparecido y su sobrino Emilio Renzi. Vladimir Tardevsky, el filósofo polaco que interpreta el lugar de la palabra excéntrica del exiliado, quien se encuentra con un dato del pasado que lo modifica: el encuentro de Kafka y Hitler. Todos ellos tienen el mismo problema: cómo contar el origen, cómo dar un nuevo significado a la experiencia para recuperarla como tal.

El mensaje que llega junto con la fotografía de Renzi niño, es una cita de T.S. Elliot: «He had the experience but missed the meaning; and approach to the meaning restores the experience».

El senador, personaje que juega el papel de conector entre los discursos modernos, que para Piglia comienzan en la década del 20 en Argentina con la síntesis estilística Irigoyen/Macedonio Fernández, y los del pasado, sustancialmente la generación romántica del 37, los fundadores de la Nación y su literatura, dice en su único encuentro con el joven Renzi en el centro de la novela:

¿Ahora bien, dónde se inicia esta cadena que encadena los años para venir a cerrarse conmigo? ¿No debería ser esa la sustancia de mi relato? ¿El origen? Porque si no, ¿para qué contar? ¿De qué sirve, joven, contar si no es para borrar de la memoria todo lo que no sea el origen y el fin? (Piglia 1980: 71).

Varios problemas se concitan alrededor de este núcleo: Si el contar es recuperar la memoria del origen y el fin, ¿con qué materiales contar? Piglia propone una primera elaboración: la de la herencia. Al respecto dice el Senador: «El único legado de un hijo es una lengua muerta, una lengua paterna cuyos verbos es preciso aprender a conjugar». La herencia como enlace entre la filiación biológica, la económica y la simbólica. La herencia está compuesta en *Respiración artificial* por los discursos que marcan las filiaciones. Pero la lengua heredada está construida no sólo por sus ostensibles legados —los discursos oficiales, entre ellos la literatura, a los que Piglia desnuda y critica; sino también por los desechados: los residuos que nunca entraron en la historia ni en la literatura.

Por ello, el trabajo intertextual de *Respiración artificial* se realiza dos direcciones opuestas: dice la historia de los discursos consagrados y donde se pasean las generaciones literarias argentinas desde Sarmiento y José Hernández hasta Borges y Arlt a Borges, los formalistas rusos, con Joyce y Kafka, discursos sujetos a la deriva de la interpretación. Pero, junto a ellos aparecen discursos residuales, fuera de la historia y de la literatura: los «papeles» del desterrado Enrique Osorio, un proscrito del 37, sobre los cuales trabaja el historiador Marcelo Maggi; las cartas de se entrecruzan los argentinos —en la doble dimensión del exilio exterior e interior— en 1979 que son desguazadas por Arocena, un policía que utiliza los modernos métodos de la hermenéutica literaria, haciendo honor a la famosa frase de Jakobson.

Entre los intersticios del juego contrastados de estos tipos de discursos —afirmados y residuales— surge lo que Pliglia llama «la prolijidad de lo real». Parafraseando otra vez a Benjamin, pienso que la reflexión sobre lo «lo literario» y «lo histórico» en *Respiración artificial* no se juega en el sentido «de que el pasado arroje su luz sobre el presente o el presente sino su luz sobre el pasado, sino que la imagen se convierta en una constelación con «el ahora, en un resplandor súbito. La imagen leída viene muy claramente marcada por aquel impulso crítico y peligroso, base de toda lectura» (Benjamín 1986: 571).

Es sobre estos restos que quiero concentrarme porque en ellos aparece, además de la lectura detectivesca que esta novela propone, esa tangencialidad del policial.

En una entrevista reciente, Piglia vuelve a su teoría de la ficción paranoica y señala que no la entiende en el sentido psiquiátrico:

> Para mí es un modo de definir el estado actual del género policíaco. Después
> de pasar por la novela de enigma y la novela de la experiencia, por llamarla así, nos
> topamos con la figura del complot, que me atrae especialmente: el sujeto no descifra

un crimen privado sino que se enfrenta a una combinación multitudinaria de enemi-gos; atrás quedó la relación personal del detective con el criminal, que redundaba en una especie de duelo. La idea de la conspiración se conecta también con una duda que se plantearía así: ¿cómo ve la sociedad al sujeto privado? Yo digo que bajo la forma de un complot destinado a destruirlo, o en otras palabras: la conspiración, la paranoia están ligadas a la percepción que un individuo diseña en torno a lo social. El complot, entonces, ha sustituido a la noción trágica de destino. [...].Me parece que hoy los dioses han sido reemplazados por el complot, es decir, hay una organización invisible que manipula la sociedad y produce efectos que el sujeto también trata de descifrar. Estos serían los dos polos de la ficción paranoica: por una parte es el estado del género policíaco; por otra, la manera en que la literatura nos dice cómo el sujeto privado lee lo político, lo social.[13]

Podemos decir que los discursos de la historia y de la literatura en la novela son el efecto de los discursos consagrados y por ellos pasean las generaciones de intelectuales desde Sarmiento a José Hernández, de Arlt a Borges, los formalistas rusos junto a Joyce y Kafka, discursos sujetos a la deriva de la interpretación. Pero junto a ellos aparecen discursos residuales, fuera de la historia y de la lite-ratura.

Por un lado, se reproduce la carta de una «loca», cuyo nombre y delirios —Echevarne Angélica Inés— son los mismos que el personaje de «La loca y el relato del crimen»; carta enviada a una autoridad, el Intendente, al que le cuenta sus visiones. Por otro, aparecen las cartas que se cruzan los argentinos en 1979, en la doble dimensión del exilio exterior e interior. Todas ellas son intercepta-das y desguazadas por Arocena, un informador, ¿policía?, que utiliza los más modernos métodos de la teoría literaria formalista, buscando mensajes ocultos y clandestinos. Un verdadero detective que, desde los sótanos del Estado, lleva a cabo el barrido de esos residuos discursivos.

Echevarne Angélica Inés comunica sus visiones al Intendente. Estas visio-nes las produce un «aparato transmisor disimulado entre las arborescencias del corazón, chiquitito así, para poder transmitir. Es una cápsula de vidrio, igual que un Dije, todo de cristal, y allí se reflejan las imágenes. Yo lo veo todo por ese aparatito que me han puesto».

¿Qué ve esta loca que quiere ser contratada como Cantora oficial del Estado?:

---

[13] Piglia y Montiel 2003.

Una ve este descampado y no se imagina lo que yo he visto: cuánto sufri-
miento. Al principio sólo podía verlo al finado. Acostado sobre una cama de
fierro, tapado con diarios. Hay otros ahí, al fondo de un pasillo, piso de tierra
apisonada. Cierro los ojos para no ver el daño que le han hecho. Y entonces
canto, porque yo soy la cantora oficial [...] Yo soy la Cantatriz oficial si canto
no veo las miserias de este mundo [...] ¿Podría ser nombrada la Cantora oficial? Quisiera, Señor, solicitarle con todo respeto, el nombramiento (Piglia
1980: 99).

Incluso, este discurso de una «loca» pasa por las manos de Arocena, quien
comenta esta carta que está analizando:

Siempre alguna de éstas llegaba hasta él. Dirigida al señor Intendente, Prefecto,
Vicecónsul [...] A veces las fotocopiaba para llevárselas a su casa y divertirse un poco.
Alguna vez, pensó Arocena, voy a recibir una carta como ésta dirigida a mí. O me
la voy a escribir yo mismo. La puso a un lado, separada de las otras. Después tomó
la que seguía (Piglia 1980: 101).

El discurso de la locura le conviene al presente que la novela cerca por dos
motivos: porque desnuda la paranoia del Estado, en la figura de este detective
de la letra; y a la vez, porque el delirio escapa a la mirada del paranoico, y dice
cifradamente, la verdad escamoteada que se cifra en un inserto tan delirante
como el resto, pero que no se repite:

Yo vi las fotografías: mataban a los judíos con alambre de enfardar. Los hornos
crematorios están en Belén, Palestina. Al Norte, bien al Norte, en Belén, provincia
de Catamarca. Los pájaros vuelan sobre las cenizas.

La mirada del paranoico representante de la ley no puede ver el agujero del
discurso de la loca, por ello lo desecha. Pero sí analiza las otras cartas, las cartas
supuestamente «normales» entrecruzadas de los ciudadanos de fuera y adentro,
que sí toma en cuenta y le sirven para descubrir los mensajes cifrados de la
clandestinidad. La secuencialidad y el análisis de las cartas, ocupa la segunda
parte de *Respiración artificial*, mezcladas incluso con las cartas que vienen del
pasado remoto del XIX enviadas por Enrique Osorio y la entrevista con el Senador
Luciano Osorio.

El análisis paranoico de Arocena se va exasperando y no termina de dar por
finalizado el las entrañas de de esas cartas:

A las dos horas había reconstruido el mensaje que se encerraba en el código que acababa de descifrar. Raquel llega a Ezeiza el 10, vuelo 22.03. Miró la frase. Estaba ahí, escrita en el papel [...] ¿Y si no fuera así? ¿Quién podía confiar? Raquel: anagrama de Aquel. Escribió Aquel en una ficha. La dejó aparte. Ezeiza: e/e/i/a. Dobel z. ¿Una aliteración? [...] La e se repite seis veces en toda la frase. La a ser repite cuatro veces en toda la frase. Cada palabra podía ser un mensaje. Cada letra. ¿Quién llega? ¿Quién está por llegar? A mí, pensó Arocena, no me van a engañar (Piglia 1980: 126).

Desaparece la certidumbre, la confianza en el método, Arocena, el Estado, ha perdido toda racionalidad: todos son sospechosos, todos pueden ser conspiradores, todos pueden ser criminales. Esa es la ficción totalitaria.

Esta figura del detective paranoico, que representa el descalabro de la interpretación y de la ley, es uno de los usos del policial con los cuales Piglia hace emerger la pugna entre ficciones literarias y ficciones estatales. Desde ahí, será posible contar otra investigación: la del filósofo polaco Tardevsky, en la Praga de 1909, que descubrió, en viejos anaqueles, los rastros de un encuentro mitológico entre Hitler y Kafka, cuando Hitler quería ser pintor.

VERSIONES DEL CRIMEN. LAS MEMORIAS DEL CUERPO: LUISA VALENZUELA Y JUAN SASTURAIN

Investigar desde la amnesia: «Cambio de armas» de Luisa Valenzuela

En el año 1982, en Estados Unidos, aparece por primera vez *Cambio de armas* de Luisa Valenzuela.[14] Libro compuesto por una *nouvelle* y cuatro cuentos. En estos

---

[14] Luisa Valenzuela nace en Buenos Aires, donde reside actualmente. Se trasladó a París, donde trabajó como redactora en la Radio Televisión Francesa, de 1958 a 1961. A su regreso a Buenos Aires ocupa el cargo de subdirectora del suplemento cultural del periódico *La Nación* y colabora en la revista *Crisis* y *Gente*. Pasó varios años en Estados Unidos, como profesora en talleres literarios en las Universidades de Columbia y Nueva York. Su extensa obra narrativa comienza con la novela *Hay que sonreír* (1966) a la que siguen *El gato eficaz* (1972), *Como en la guerra* (1977), *Libro que no muerde* (1980), *Cambio de armas* (1982), *Donde viven las águilas* (1983), *Cola de lagartija* (1984), *Realidad nacional desde la cama* (1990), *Novela negra con argentinos* (1990). Sus libros de cuentos son: *Los heréticos* (1967), *Aquí pasan cosas raras* (1976), *Simetrías* (1997). En 1998 aparecen sus cuentos reunidos en *Cuentos completos y uno más*. Destacan entre sus distinciones la Medalla Machado de Assis, otorgada por la Academia Brasileña de las Artes y la Beca Guggenheim.

textos aparece una nueva forma de trabajar sobre el horror: no señalizándolo, ni describiéndolo, ni pretendiendo referirlo unívocamente en una voz testimonial, sino haciéndolo pasar por la ficción literaria e introduciendo las huellas de la experiencia en sutiles insertos.

En la novela corta que da nombre al volumen «Cambio de armas», Luisa Valenzuela se vale de una estrategia que invierte la secuencia de la investigación policial en dos líneas: Por una parte, la tarea de investigar sobre el crimen está a cargo de la víctima; pero no es una víctima cualquiera, es una víctima amnésica. Lo que el relato desarrolla en la superficie es el lento trabajo de recuperación de la memoria de una; las pistas que van desanudando los recuerdos se concentran en mínimas preguntas que avanzan hasta reconstruir la escena que ocasionó su secuestro. Por otra, la historia del crimen permanece oculta y el relato termina con una nueva apertura que reiterará el ejercicio de la violencia, esta vez, sobre el secuestrador. La voz narrativa, en tercera persona, es la de una mirada identificada y focalizada en las reflexiones de esta mujer; por ello el proceso interior de develamiento compromete al lector que lo sigue.

> No le asombra nada el hecho de estar sin memoria, de sentirse totalmente desnuda de recuerdos. Quizá ni siquiera se dé cuenta de que vive en cero absoluto. Lo que sí la tiene bastante preocupada es lo otro, esa capacidad suya para aplicarle el nombre exacto a cada cosa y recibir una taza de té cuando dice quiero (y ese quiero también la desconcierta, ese acto de voluntad) cuando dice quiero una taza de té (Valenzuela 1982: 113).

Este es el arranque del relato. Una narrador anónimo, en tercera persona, focaliza su mirada en los descubrimientos interiores de una mujer, a la que «le han dicho que se llama Laura pero eso también forma parte de la nebulosa en la que transcurre su vida» (Valenzuela 1982: 113). Una mujer que, desde este inicio, trabajosa y prolijamente, va desanudando el olvido. Desde el desenlace de esta investigación reconstruimos la historia del relato: Encerrada en una estancia vigilada por dos matones y una criada, esa mujer «llamada Laura» vive, en presente absoluto, una ficción de relación amorosa con un militar que la secuestró y que, a partir de la tortura, le ha provocado una amnesia absoluta. Este secuestrador le ha injertado una memoria apócrifa, recuerdos falsos de un pasado compartido, que incluye hasta una fotografía de bodas.

Fragmentado en breves capítulos el relato consigna el proceso de recuperación de la memoria de la mujer, pero me interesa señalar qué y cómo se desencadena el proceso. La secuencia de los capítulos titulados nos provee el primer hilo para recomponer el tapiz de la impostura que, lentamente, va destejiendo Laura: «Las palabras», «El concepto» , «La fotografía», «Los nombres», «La planta», «Los espejos», «La ventana», «Los colegas», «El pozo», «El rebenque», «La mirilla», «Las llaves», «Las voces», «El secreto (los secretos)», «La revelación», «El desenlace». Es decir, en este índice de los títulos de cada fragmento se sigue una gradación oscilante que va de las palabras a las imágenes; de las imágenes a las cosas; de las cosas al cuerpo y a la violencia escrita sobre el cuerpo; del cuerpo torturado a la memoria que desencadena más memoria, que le permite reconstruir la escena originaria del secuestro y su desenlace.

Me detengo: esa mujer que no posee nombre propio, la que llaman Laura, manifiesta una primera sorpresa: la eficacia de las palabras para producir actos. La sorpresa ante la capacidad comunicativa de las palabras abre en esta mujer —amnésica pero no afásica— una primera pregunta: si las palabras tienen nombres precisos, una taza, por ejemplo, o la sirvienta que la atiende, Martina, o ella misma ¿por qué el hombre que la visita responde a cualquier nombre? ¿Por qué este hombre es un «sinnombre» al que le puede poner cualquier nombre que se le pase por la cabeza?, total, todos son igualmente eficaces y el tipo, cuando anda por la casa le contesta aunque lo llame Hugo, Sebastián, Ignacio, Alfredo o lo que sea.

Interrogación que comienza a filtrar en el discurso de esta mujer «llamada Laura» una serie de sospechas y certezas: por qué le produce desesperación la «llamada puerta», cómo se llama eso que el hombre le hace «en una progresión no exenta de ternura». Estas preguntas por la nominación la lleva a un concepto, a una certeza: «Loca no está. De eso al menos se siente segura, aunque a veces lo comente con Martina, de dónde sacará ese concepto de locura y también la certidumbre» (Valenzuela 1982: 117). Solamente tiene ausencia de recuerdos; en un ir y venir entre el deseo de encontrar la palabra clave, que contenga todos los recuerdos borrados, y la necesidad de no encontrarlos, de seguir poseída por el olvido «que no le resulta del todo desagradable».

Entre certezas y sospechas aparece la propia imagen, devuelta desde una fotografía de bodas, en la que aparece con traje de novia acompañada del «sinnombre», que no obstante firma como Roque: «Algo duro, granítico. Le queda bien, no le queda bien. Le queda bien no cuando él se hace de hierbas y la envuelve». (Valenzuela 1982: 119). La fotografía: inquietante imagen con la cual no termina de identificarse; imagen que la conduce al espejo real y a un trazo en el cuerpo:

«Extraña es como se siente. Extranjera, distinta. ¿Distinta de quiénes, de las demás mujeres, de sí misma? Por eso corre de vuelta al dormitorio a mirarse en el gran espejo del ropero» (Valenzuela 1982: 118).

En la visión en el espejo emerge un trazo enigmático, un grafo sin sentido, en su cuerpo: «Una cicatriz espesa, muy notable al tacto, como fresca aunque ya esté bien cerrada y no le duela «, y una pregunta que anuda los signos en el cuerpo con el olvido —«¿Cómo habrá llegado ese costurón a esa espalda que parece haber sufrido tanto?»—. Una palabra chisporrotea nombrando el origen del signo: «Una espalda azotada. Y la palabra azotada, que tan lindo suena si no se la analiza, le da piel de gallina. Queda así pensando en el secreto poder de las palabras, todo para ya no, eso sí que no, basta, no volver a la obsesión de la fotografía» (Valenzuela 1982: 119).

Es allí, en ese cuerpo cruzado por una cicatriz reside la memoria del horror. Es allí donde Laura encuentra su primer «recuerdito» que la llevará a una palabra clave: «el rebenque», el látigo, el arma, la violencia depredadora, el odio: El recuerdo del amado muerto en la tortura; el de la propia Laura ejerciendo la violencia con quien ahora la violenta. Ese signo en el cuerpo hace posible el cambio de armas: el arma del poder es el olvido; pero los cuerpos guardan memoria, una memoria que permite comprender.

No obstante, la revelación llega con las premuras de la realidad: se anuncian cambios en el exterior y el militar decide terminar con la farsa del falso matrimonio, la habitación y escapar ya que está cayendo el poder militar. Nuevamente, Laura es violentada: no quiere volver al exterior, no quiere saber, no quiere que nada cambie, quiere permanecer en esa semipenumbra de la memoria. Él, ahora con su nombre verdadero, Roque, le cuenta la historia e incluso reivindica su estatuto de salvador: «Yo te salvé ¿sabés? Parecería todo lo contrario pero yo te salvé la vida porque hubieran acabado con vos como acabaron con tu amiguito, tu cómplice. Así que escuchame, a ver si salís un poco de tu lindo sueño» (Valenzuela 1982: 143).

Este relato sigue muy de cerca la composición del relato policial y lo exaspera: es la víctima quien investiga; pero además, es una investigadora que ha perdido no sólo la memoria, sino que ha vivido colonizada por recuerdos apócrifos. Es su pregunta inicial, ¿por qué las palabras producen efectos, por qué las palabras son actos?, la que desencadena la indagación. Laura analiza los detalles mínimos de su vida actual —a la manera del detective clásico—; también sus sensaciones y su paradójica sensualidad con quien la maltrata, produce el comienzo de revelación de la «verdadera historia». Pero también es una investigadora que oscila, quiere y no quiere saber todo, quiere y no quiere resolver el enigma. Y cuando más se acerca a la resolución, más se niega a recordar.

La revelación del enigma la sintetiza el secuestrador, quien reconstruye la escena originaria; pero la pesquisa de Laura se desenlaza en ese enigma del cuerpo castigado: ese signo enigmático, ese trazo escrito en el cuerpo por la violencia, la cicatriz. En El desenlace el militar le anuncia que debe marcharse porque ya se acabó el juego, porque vienen de nuevo «los otros». «Cambio de armas» opera por condensación; las figuras rectoras del policial sirven para interrogar el estatuto del saber: el de la propia memoria recuperada, el del cuerpo enigmático develado, y la historia minúscula, pero densamente histórica, testimonio del horror. Esa «mujer llamada Laura», víctima, investigadora y criminal.

La interrogación: esa forma de la espera, decía Sartre. La espera de que otro ponga sentido a mi pregunta. La pregunta sobre las palabras y su poder, y también sobre la memoria escrita en el cuerpo: el cuerpo, mapa sígnico, enigmático, desde el cual se desata la memoria.

La escena final del relato nos devuelve al principio, a la escena oculta donde comenzó todo:

> —[…] Se terminó la farra. Mañana te van a abrir la puerta y vos vas a poder salir, quedarte, contarlo todo, hacer lo que se te antoje. Total, yo ya voy a estar bien lejos…— […] Ella ve esa espalda que se aleja y es como si por dentro se le disipara un poco la niebla. Empieza a entender algunas cosas, sobre todo la función de este instrumento negro que él llama revólver. Entonces lo levanta y apunta».

Fin del relato: Si el olvido es el azote de la historia, privada y colectiva, el cuerpo-los cuerpos guardan memoria del origen violento del olvido. Si el olvido desarma los cuerpos y el lenguaje, recuperar la memoria implica rearmarse.[15]

La literatura, nuevamente, aparece «como una fuerza vigorosa de exorcismo del horror […] que sucede a la simbolización religiosa, al situarse lateralmente en relación con otros discursos, en el punto de intersección de las tensiones propias del cuerpo social y de los dramas singulares de la subjetividad» (Schière 1996: 177).

---

[15] Véase Nieblisky en Mattalia y Aleza 1995.

Escribir en el cuerpo propio. «Versión de un relato de Hammett» de
Juan Sasturain

Leo una «Versión sobre un relato de Hammett» (1997) de Juan Sasturain[16]que
trabaja el conflicto discursivo como núcleo de la narración. El título del cuento
nos promete la inscripción del relato que vamos a leer en un tipo de relato concreto
(el policial), pero que pone en el tapete el problema de la autoría (será una versión
de un relato) atribuido a Hammett, que se revelará falso, no en su traducción
sino en el supuesto relato original traducido, sino la falsa traducción de un relato
propio del supuesto traductor, esto es: invención del escritor protagonista del
relato, Hugo. Evidentemente, la palabra «versión» es la que provoca estos juegos
ambivalentes sobre la propiedad e impropiedad de lo escrito.

Versión (del latín *versum*, supino, de *vertere*, tornar, volver). 1. Traducción,
acción y efecto de traducir de una lengua a otra //2. Modo de cada uno de referir
un mismo suceso.//3. Cada una de las formas que adopta la relación de un suceso,
el texto de una obra o la interpretación de un tema. La primera acepción, refe-
rida a la acción y el efecto de traducir no recoge sin embargo el matiz ideológico
que supone hablar de versión y no de traducción. Si bien es cierto que se trata
de palabras sinónimas, no son equivalentes: en la traducción (*traducere*, hacer
pasar de un lugar a otro) se produce la ilusión de que es posible establecer una
equivalencia entre dos lenguas o dos discursos sin que nada se pierda en el camino
y por tanto el texto traducido no miente con respecto del original. La versión,
por el contrario marca la presencia de una subjetividad que se hace cargo de la
traducción dejando en ella sus propias huellas (podemos hablar de la traducción
al francés del *Quijote*, pero no de la, sino de una versión en francés del *Quijote*).
La segunda acepción de la palabra versión apunta igualmente a la emergencia

---

[16] Juan Sasturain nació en Buenos Aires en 1945. Es profesor de literatura en las Universidades de Buenos Aires y de Rosario. Ha ejercido el periodismo en *Clarín*, *La Opinión*,
Tiempo Argentin y *El Periodista*, entre otros. En la actualidad es editor del diario *Página/12*.
Como guionista de cómics, es coautor, junto al dibujante Alberto Breccia, de los cuatro
volúmenes de *Perramus*, publicados en Argentina, España, Italia, Francia, Dinamarca, Ale-
mania y Estados Unidos, y galardonados con el premio Amnesty International en 1988. Su
producción literaria es esencialmente narrativa: ha publicado numerosos cuentos y novelas,
entre las que destacan las policiales protagonizadas por el detective Etchenaik: *Manual para
perdedores I y II* (1985 y1987), *Arena en los zapatos*, finalista del premio Hammet en 1989,
Los sentidos del agua (1990) y los libros de cuentos *Zenitram* (1996) y *Con tinta sangre* (1997).
Ha publicado, además, dos novelas para jóvenes (*Parecidos, S.A*, y *Los dedos de Walt Disney*),
ensayos sobre cómics, humor gráfico y crónicas de fútbol.

de una subjetividad, ya que se refiere al modo de cada uno de referir un mismo suceso, y la tercera acepción apunta finalmente a las formas que puede tomar la narración de un mismo suceso, incidiendo, en cualquier caso, en la posibilidad de narrar de distintos modos.

Esta «Versión de un relato de Hammet» (Sasturain 2001) condensa de alguna forma las tres acepciones y puede ser entendida, como veremos, como un núcleo conceptual que vertebra todo el texto. Desde el título se apunta a la traducción de «un relato de Hammet» realizada en el espacio de la ficción, pero más tarde, cuando se revela la verdad del origen del texto (es el propio Hugo quien lo ha inventado para hacerlo pasar por un cuento del escritor norteamericano) puede pensarse que se opera un desplazamiento en la noción de versión, y a partir de él puede pensarse el relato de Sasturain (con la historia que inventa Hugo y la suya propia) como «Versión de un relato de Hammet» en el sentido de que toma rasgos estructurales de la novela negra hammetiana y los reelabora en el contexto de la Argentina de 1982, durante los últimos coletazos de la dictadura. Si en la historia inventada por Hugo encontramos los rasgos más superficiales del policial norteamericano (la figuración del hampa, la mujer fatal, el detective llamado Bless), podemos rastrear en el marco ficcional de la escritura de ese relato (el entorno de Hugo) el trabajo de lo social como enigma que Piglia ha detectado justamente en la narrativa de Hammet.

En «Versión de un relato de Hammet» no se plantea en ningún momento la existencia de un enigma en términos narrativos, y sin embargo podemos intuir que lo hay porque la narración del encuentro entre Hugo y su compañera apunta a que hay algo que está oculto y que debe ser develado. Cuando la mujer le dice a Hugo que es un cobarde por no querer ir a las marchas por los presos políticos y los desaparecidos él responde mostrando las marcas que la tortura ha dejado en su cuerpo. Es la emergencia siniestra de esas marcas, y su adscripción inmediata al orden de lo real (pueden mostrarse pero no nombrarse) lo que evidencia en este caso un trabajo de lo social como enigma.

A partir de estas ideas, veremos que el relato problematiza la posibilidad de, en un contexto en el que los sujetos son víctimas de una violencia ejercida desde el estado, dar cuenta de ella y de la forma en que atraviesa los cuerpos. Se está planteando, de alguna manera, si existe posibilidad de traducir ciertas experiencias que apuntan a la anulación de la subjetividad mediante el ejercicio de la escritura. Y en ese sentido podemos entender la afirmación de que en el cuento de Sasturain el problema de la traducción puede pensarse como núcleo conceptual.

Hacer pasar lo «real»

En una entrevista, Piglia dice:

> La Argentina de estos años es un buen lugar para ver hasta qué punto el
> discurso del poder adquiere a menudo la forma de una ficción criminal. El
> discurso militar ha tenido la pretensión de ficcionalizar lo real para borrar la
> opresión» […] «¿Qué sucedería si armáramos un diario sobre esa trama de relatos
> que usted menciona? ¿Cuáles serían las historias de 1984? El complot es una. La
> conspiración. Ése es un relato bien «argentino». La maquinación, el mecanismo
> oculto, la razón secreta. Antes que nada es un relato verdadero. Aquí el poder
> funciona así. Al mismo tiempo es un relato paranoico: viene de la época de la
> dictadura y ahora está invertido. […] La concepción conspirativa de la historia
> tiene la estructura de un melodrama: una fuerza perversa, una maquinación
> oculta explica los acontecimientos. […] Antes que nada se construyó una versión
> de la realidad, los militares aparecían en ese mito como el reaseguro médico de
> la sociedad. Empezó a circular la teoría del cuerpo extraño que había penetrado
> en el tejido social y que debía ser extirpado. Se anticipó públicamente lo que en
> secreto sde le iba a hacer al cuerpo de las víctimas. Se decía todo, sin decir nada
> (Piglia 1984: 62-63).

Un hombre, un escritor, que acaba de regresar del exilio, escribe en un apartamento de Buenos Aires, un relato. En verdad, falsifica un relato: un supuesto
texto desconocido de Hammett que será enviado, bajo nombre falso del traductor y como supuesta traducción, a una revista española. Lo acompaña una niña
pequeña que indaga y cuestiona el valor y uso ajustado de algunas palabras o
pregunta sobre los protagonistas y el desarrollo del relato. Es la hija de su mujer.
Él continúa escribiendo. Llega la mujer; viene de una manifestación, frente a la
cárcel de Caseros, donde está encarcelado su ex marido. Él continúa escribiendo.
Ella lo acusa de cobarde por no haberla acompañado a la manifestación. Él da
pruebas de que no es un cobarde: su cuerpo es la prueba. Continúa escribiendo.
La mujer regresa, lee el relato y apunta una incoherencia en la ficción.

Dos historias que convergen: la del supuesto relato de Hammett, inventado
por Hugo, de la que se cuentan varias secuencias; y la historia de la tortura, el
exilio, el regreso, la lentitud de la nueva democracia para ajustar las cuentas con
los militares. Ambas historias se desarrollan intercaladas: La pura y falsa ficción
cuenta una escena de violencia y crimen, en el mejor estilo lacónico de Dashel
Hammet, cuyo centro de conflicto es el dinero y la disputa entre dos hampones
para repartírselo en una habitación de hotel. La otra historia presenta el interior

de una habitación, en Buenos Aires y desenrolla una minúscula historia cotidiana enlazada con la historia reciente: 1982, regreso de la democracia, regreso de los exiliados. También el dinero media en la ficción falsa y en la hpresente: el falso relato de Hammett, será pagado como auténtico en España; en la historia «real» ese dinero es el único que obtiene el escritor por su trabajo.

Dos puentes comunican ficción falsa y verdadera ficción cotidiana: la primera es la niña que indaga en el lenguaje de la ficción y trata a los personajes como si fueran reales; y la relación entre la violencia social —vivida y recuperada con el regreso al país— y la violencia del falso relato. De hecho, al final del relato ambas se unen en la misma escena: la violencia urbana que penetra en el apartamento y el arma homicida del falso relato. «Versión de un relato de Hammet» nos sumerge, de entrada, en un universo narrativo claramente emparentado con la novela negra: un gánster, una pistola, una chica y un detective. O más bien con una mala traducción de una novela negra: el texto cruza el habla española y la argentina sin un orden establecido. En unas cuantas líneas se apunta la desaparición de una mujer, su relación con un asunto sucio, con armas y dinero de por medio. Pero un cambio en el registro tipográfico y la pregunta de una niña vienen a sacarnos de este espacio ficcional en el que empezábamos a acomodarnos. La pregunta «¿Qué son las bragas, Hugo?» nos remite forzosamente a un espacio narrativo muy distinto que en seguida vamos a identificar con el espacio de la escritura, el lugar desde el que se está produciendo la «versión del relato de Hammet» que el título del cuento propone.

Esa pregunta por la significación que formula la niña, Chacha, va a puntuar el desarrollo del relato, ya focalizado en el proceso de escritura de esa versión de un relato de Hammet y establece un trayecto de ida y vuelta que comunica los dos espacios narrativos, en apariencia tan polarizados, mediante la problemática de la traducción: un problema textual va a convertirse en el núcleo de tensión dramática que vertebra el relato. Porque si, en un principio, se trata de dar una traducción, una versión del relato de Hammet que pueda satisfacer a un público español (y que no denuncie la secreta identidad del traductor que en última instancia se revela estafador), poco a poco esa operación discursiva va siendo desplazada del espacio puramente ficcional que conforma el relato de Hammet, para pasar a ocupar un lugar preponderante en la realidad que viven Hugo, su compañera y la hija de esta, Chachita.

En un momento del relato, Chacha le pide a Hugo que no maten a Bless (el detective del texto que escribe Hugo), y él le promete que eso no va a suceder. Cuando Hugo está escribiendo una escena en la que Bless se enfrenta a los maleantes y escribe la frase:

Bless comprendió que algo lo amenazaba a sus espaldas pero no tuvo tiempo
de nada.

En ella se produce un cambio en la tipografía que nos aparta de ese espacio
ficcional, y sin embargo se produce una continuidad (¿deberíamos decir contigüidad?) con respecto al espacio que habita Hugo:

> La llave carraspeó en la cerradura de la puerta de la calle, giró finalmente.
> Se volvió y esperó verla aparecer.
> —Hola —dijo ella con un suspiro acalorado.
> —Suerte que eras vos y no Zottola [el gánster del relato de Hammet].

A partir del momento en que la compañera de Hugo hace su aparición en
escena (llega de la calle, regresa de una manifestación en la que ha habido enfrentamientos con la policía) la violencia que se había manifestado exclusivamente
en el ámbito del relato de Hammet comienza a hacerse permeable y a invadir
la habitación que ella y Hugo ocupan. A través de la conversación que ambos
mantienen aparecen una serie de elementos referenciales que nos permiten ubicar
la acción con arreglo a unas coordenadas espaciotemporales que se corresponden
con un momento histórico concreto: Buenos Aires, 1982, fin de la dictadura
militar, regreso de los exiliados políticos, secuelas de la represión.

En el mismo espacio reconfortante que ocupaban Hugo y Chachita, presi-
dido por Mafalda y Laurel y Hardy, donde la amenaza y la violencia sólo podían
tener un estatuto ficcional («¿Qué quiere decir clandestino? Whisky clandestino
quiere decir que estaba prohibido y lo fabricaban igual»), aparece una brecha que
actúa como vaso comunicante entre la historia de Bless y la historia de Hugo. La
compañera de éste le reprocha que no asista a las marchas por los desaparecidos y
los presos políticos mientras Hugo escribe la muerte de Bless (contra la promesa
que le había hecho a Chachita) a manos de su novia desaparecida, Marie.

La fluctuación entre una y otra historia, que comienza con la discusión entre
Hugo y su compañera, desencadena dos sucesos con estatutos ficcionales muy
distintos: la muerte de Bless y la revelación de la verdad de Hugo, el hecho de
que él mismo es una víctima de la dictadura militar y que ha sufrido la tortura
en propia piel. En ese momento, la violencia desatada en el relato que escribe
Hugo cobra un nuevo sentido, pues puede pensarse (por la contigüidad de la
escena de la muerte de Bless y de la muestra de las cicatrices de Hugo) como
correlato de la violencia que atraviesa a los personajes y que tiene su origen en
los mecanismos de represión del estado militar.

Ese desdoblamiento del espacio de la ficción, esa mise en *abîme* que casi desde el principio diseña el relato de Sasturain y que escenifica un proceso de escritura, tiende un puente entre la ficción y el contexto de su producción: hay en el relato (el que escribe Hugo pero también el que escribe es Sasturain) algo, un resto quizás, de la verdad (de la violencia) que atraviesa al sujeto y que no deja de no escribirse. Ciertamente, la traducción, el transvase, se revela imposible, pero es justo ahí donde comienza la escritura.

En este sentido el gesto de Sasturain apunta a la inscripción de lo real en el espacio de la ficción, en una especie de inversión de los mecanismos de producción de la verdad desde los aparatos del estado que durante el proceso militar habían ficcionalizado lo real para borrar la opresión. Por eso, la operación consistente en tender sobre lo real las redes de la ficción para hacerlo inteligible asume un carácter eminentemente político y el discurso de la violencia apunta a un más allá de la ficción, que tiene que ver con el planteamiento de una raigambre social de la violencia que viven los personajes de Hugo y los de Sasturain y que queda apuntada al final del relato.

Después de la dura disputa entre Hugo y su compañera, después de la muerte de Bless:

> [...] comenzó a sonar una sirena. En algún lugar de Buenos Aires comenzó a sonar una sirena policial. Primero lejana, sonó y sonó. Y sonaba más fuerte cuando Hugo salió del baño y se buscaron, se abrazaron en silencio. Y sonó más fuerte aún al pasar bajo la ventana y siguió sonando al irse. Y los dos la escucharon disolverse entre otros pequeñísimos ruidos de la calle, quietos, muy juntos y callados.
>
> —El atizador —dijo ella apartándose apenas, mostrándole el texto con las hojas en la mano.
>
> —¿Qué pasa con el atizador?
>
> —Se supone que la historia no es entre gente rica sino entre hampones. Para que haya un atizador en la habitación debe haber un hogar, tiene que ser una sala lujosa, no una sala de hotel como parece ésta...
>
> —Es cierto, ¿con qué le podría pegar?
>
> Ella miró alrededor y no encontró nada que sirviera.

La incapacidad de encontrar en la habitación nada que pueda servir como instrumento de la violencia ratifica la imposibilidad que tienen los personajes, que han sido objeto de la represión estatal, de pensar la violencia fuera del estatuto ficcional que tiene el relato que escribe Hugo. Es más, en ese mismo relato la posibilidad de ejercer la violencia queda asociada a unas condiciones de pertenencia social (lo único que sirve para pegar, el atizador, solo puede encontrase en un hogar de gente rica, con una sala lujosa, etc.). Es una última vuelta de tuerca en la producción de los juegos de verdad a partir del cruce de ficciones.

En el centro del relato hay un cuerpo que se muestra como prueba, como evidencia, de la unión entre las dos historias: el de Hugo, el escritor, que conserva los vestigios del crimen en las cicatrices de la tortura. Punto climático que une las dos violencias: «Se abrió la camisa y en el lugar de las tetillas había dos manchas de piel arrasada y brillante. —Basta— dijo ella. Pero ya Hugo se llevaba la mano al cierre del pantalón, se ponía de pie. —Esto lo viste anoche pero igual de quiero hacer acordar cómo lo tengo…— balbuceó».

Dos violencias: la de la traducción (falsa) y la de la historia anudadas al problema de la propiedad. Propiedad del dinero, pero también propiedad de la escritura: toda versión es una apropiación, una torsión violenta sobre una escritura. Propiedad, también, en el sentido de algo apropiado, adecuado: ¿Cómo contar las historias fragmentadas de la historia?, ¿cómo decir la vivencia de la violencia del Estado sobre los sujetos particulares? Parece que lo adecuado es escribir un relato negro que deslice la negrura de la ficción en la negrura de la historia para construir una verdad: la de los cuerpos.

Cuerpos que no pueden firmar con sus nombres propios y deben hacerlos pasar bajo nombres apócrifos, clandestinos, fuera de la ley: «Hugo señaló las hojas escritas, el título que las encabezaba con gruesos trazos de marcador negro: PERDÓNANOS NUESTRAS DEUDAS. Un relato inédito de Dashiell Hammett. Versión española de Rodrigo de Hoz». Tres nombres —tres rúbricas— para hacer pasar el horror.

Juan José Saer: *La pesquisa*, la memoria y el fantasma

En principio lo hago por mis amigos y, si es posible, para mí: para levantar esa pesada losa sepulcral que reposa sobre mí. Sí, para liberarme solo, por mis propios medios, sin el consejo o la consulta a quienquiera. Sí, para liberarme de la condición en que la gravedad extrema de mi estado me había situado [...], de mi crimen y también y en especial, de los efectos equívocos del mandato de no ha lugar del que me he beneficiado, sin poder ni de hecho ni de derecho oponerme a su procedimiento. Porque es bajo la losa sepulcral del no ha lugar, del silencio y de la muerte pública bajo el que me he visto obligado a sobrevivir y a aprender a vivir (Althusser 1995: 43).

Con estas palabras Althusser sintetizaba la intención con la que escribía su autobiografía, autorizada para su publicación después de su muerte en 1990, diez años después del homicidio de su esposa, y comenzada en 1982 a la salida de su primer confinamiento psiquiátrico y laboriosamente continuada. Declarado 'irresponsable' del homicidio, el dictamen de 'no ha lugar' suspende la posibilidad del juicio público aplicado a un homicida 'normal' o responsable.

El irresponsable, loco, internado, se convierte en un 'desaparecido', una especie de 'muerto viviente' para la opinión pública, para los conciudadanos, para los conocidos. «Incluso después de liberado, al cabo de dos años de confinamiento psiquiátrico, soy, para una opinión que conoce mi nombre, un 'desaparecido'. Ni muerto ni vivo, no sepultado aún pero «sin obra», esa magnífica expresión de Foucault para designar la locura: desaparecido.»

El 'no ha lugar' es el desencadenante de la escritura autobiográfica, de tal manera que el que ha sido privado de 'voz pública', por medio de la cual expiar su culpa o demostrar su inocencia, encuentra en la reconstrucción de la historia propia un lugar posible para dotarse una subjetividad o reencontrarla. El privado acto de la escritura abre la posibilidad de ejercitar la 'voz', frente al silencio del estado. Silencio impuesto sobre el cuerpo, si consideramos que la voz es un órgano más, expuesto en público: decimos está un 'poco loco' pues 'habla solo' y no nos referimos a alguien que tiene monólogos interiores, sino a quien los profiere en público o es descubierto emitiendo su voz solo. La condición de 'desaparecido' no es solamente la de aquél cuyo cuerpo ha sido escamoteado de la vida social, recluido o secuestrado, sino la de aquél que ha sido privado de su derecho de 'hablar', de utilizar su voz.

La memoria, el ejercicio de la reconstrucción de los 'hechos' —cabe señalar que Althusser anuda su 'bio'grafía con su 'biblio'grafía, imbricando su génesis como sujeto individual y como intelectual— promueve, en un ejercicio agudo de evaluación de la propia vida, la anulación de la dicotomía privado-público. La escritura emerge, entonces, como lugar de resistencia, que hace existir la biografía y restaura el cuerpo que vuelve, 'aparece', se hace público. Podemos leer este texto como un largo epitafio, minuciosamente planeado, donde la letra viva abre el espacio para que se escuche la voz muerta.

Justamente, la elección de una reformulación de la novela policial —género edípico que elabora la tríada entre identificación, asesinato y castración— hace de *La pesquisa* (1994) de Juan José Saer.[17] un texto privilegiado que apunta y ata los procesos de construcción de los imaginarios individuales y los sociales. Privilegiado digo: privado y legal. Porque, por un lado, anuda la distinción de lo particular con la carencia —ser privado, estar privado de— ; y por otro, con la ley, en su doble faz: excepción de una obligación u otorgamiento de hacer algo vedado a otros.

La eficacia narrativa de *La pesquisa* proviene de la junción de dos tramas ambas; aunque dicha junción —he ahí la reformulación del modelo— no se produce por la conexión inesperada de las dos historias sino por el desplazamiento del enigma de una sobre la otra. Pero, también se propone una diferencia sobre la novela negra norteamericana, de la que se diferencia porque en el eje de *La pesquisa* no está el dinero como término de intercambio[18], sino las intrigas del poder sobre lo real y los cuerpos.

---

[17] Juan José Saer (1937) nació en Sorodino, provincia de Santa Fe, de padres inmigrantes sirios. Fue profesor en la Universidad del Litoral, como especialista de historia del cine y de estética. Desde 1968 reside en París y es profesor en la Université de Renne. Su vasta obra narrativa es considerada como la máxima expresión de la literatura argentina, después de Borges, consta de libros de cuentos: *En la zona* (1960), *Palo y hueso* (1965), *Unidad de lugar* (1967) y *La mayor* (1976) y novelas: *Responso* (1964), *La vuelta completa* (1966), *Cicatrices* (1969), *El limonero real* (1974), *El entenado* (1983), *La ocasión* (1986, con la que ganó el premio Nadal), *Lo imborrable* (1992), *La pesquisa* (1994), *Las nubes* (1997, entre otras. En *Para una literatura sin atributos* (1988) se reúne el conjunto de sus conferencias y artículos. En 1977 se recoge su poesía completa en *El arte de narrar* y en 1991 publica *El río sin orillas*, especie de historia, libro de viajes y vivencias del río Paraná, su río natal, que tuvo un especial reconocimiento de la crítica y los lectores.

[18] Véase Piglia 1988: 111 y ss.

Entre el Pichón y el Gato

La primera historia de esta novela la cuenta Pichón Garay a dos amigos, en Argentina, durante su primer viaje de regreso después del final de la última dictadura. Investigación llevada por el detective Morvan sobre un asesino múltiple que, en París, viola y descuartiza a dulces ancianas de la clase media; cuando el relato comienza ya ha matado a veintisiete. La segunda, a cargo de una anónima voz omnisciente, es la historia del viaje a Buenos Aires, del propio Pichón Garay, después de varios años de exilio cuyo hermano gemelo —el Gato— 'desaparecido' durante el Proceso; en esta trama se inserta la investigación y hallazgo, llevada a cabo por los tres amigos, de un manuscrito de un autor, Washington Noriega, al que se le atribuye. Es decir que *La pesquisa* se arma a través de la articulación de dos tramas narrativas distantes espacial y temporalmente. De un lado, está el relato de Pinchón, un enunciado oral que constituye el cuerpo del policial propiamente dicho. Pichón cuenta a sus amigos la pesquisa que conduce a atrapar un asesino en serie quien, en virtud de la ficción, coincide con el detective que dirige las operaciones.

La segunda trama articula los hechos que le ocurren a Pichón durante su estancia en Buenos Aires haciendo referencia, especialmente, a lo que podría denominar la segunda pesquisa: la búsqueda del autor y de las circunstancias de producción que den sentido (para la comunidad intelectual) de un texto descubierto entre los papeles del difunto Washington Noriega. Estas dos tramas se articulan, además del relato enmarcado, por el problema y las estrategias más o menos similares que movilizan a los personajes de cada una de ellas. En ambos casos se está en presencia de un aspecto de la realidad que conduce a quienes lo enfrentan en una dirección determinada. Ese aspecto no es otro que el enigma; enigma literario que plantea la necesidad de determinar el autor de un texto, enigma policial que obliga no sólo a descubrir un autor sino a atraparlo, dado el peligro e incertidumbre que genera en la ciudad.

Se ha dicho que el enigma o misterio es el elemento fundamental del policial, el disparo que moviliza la máquina discursiva e inquisidora (Guberman: 1979: 7-16). Al hablar de las tramas narrativas que organizan *La pesquisa* nos damos cuenta que en gran medida es así. El problema que confronta Morvan es saber quién es el asesino. El de Pichón, Pinocho y Tomatis es descubrir el autor de un texto marcado por la extrañeza. Ambos se enfrentan a aspectos de la realidad que desconocen y organizan su quehacer en función de ello, aunque siendo honesto, la tarea de los tres últimos consiste más bien en un rastreo de hombres despreocupados que encuentran una forma de compartir sus ocios.

Pues bien, si el enigma es el eje fundamental del policial, y el enigma se define como un desafío al saber, podemos decir que junto al enigma, está el problema de la verdad. La maquinaria del policial, la técnica de que habla Chesterton (Chesterton en Gubern 1979: 35-41), parte del enigma pero se mueve hacia la verdad. Tal movimiento puede involucrar diversos procedimientos de investigación que, más que hacia el enigma, se dirigen a procedimientos que se encaminan a la revelación y a la estabilización de un orden cognitivo, por muy doloroso o terrible que pueda ser. Ese es otro de los componentes que articulan la cuestión de ambas tramas. Los personajes se mueven en consecución de la verdad. En el primer caso, el de Morvan y sus crímenes, podemos decir que es un proceso exitoso. El de Pichón y sus compañeros queda en suspenso y no llega a resolverse.

Al presentar el problema de la verdad como uno de los elementos centrales de la narración, el texto apunta a una cuestión de orden más general que tiene que ver con la constitución de regímenes de verdad correlativos a regímenes discursivos. Esas invasiones de la literatura, de las que hablaba al comienzo: la apropiación del discurso de otras disciplinas sociales. *La pesquisa* hace referencia a modalidades de discurso que son otras tantas alternativas para la representación-expresión de la verdad.

Ya en el inicio del texto se alude a ello: el Pichón, abandona momentáneamente la descripción de las ancianas parisienses, para hablarnos de uno de los procedimientos usados en el texto: la apelación a la estadística:

> Algunas viven todavía en familia, pero la mayoría o bien no tiene ya más a nadie o prefiere vivir sola; las estadísticas —quiero que sepan desde ya que este relato es verídico— han demostrado por otra parte que, a cualquier edad, las mujeres en general soportan mejor la soledad y son más independientes que los hombres (Saer 1994).

Quienes oyen a Pichón no sólo se informan acerca de ese personaje colectivo, conformado en un entramado de variables (edad, sexo, lugar de habitación, etc.), sino que, además, reciben dos cosas: el apoyo del discurso novelístico en un sistema discursivo extrínseco a la literatura y el establecimiento de una pauta de lectura que, si bien no nos involucra a nosotros como lectores, sí intenta orientar el comportamiento interpretativo de los que escuchan la narración: Soldi y Tomatis. El narrador Pichón aspira a que su relato circule por los canales de la verdad, que se le sitúe en el orden factual de los fenómenos. La verdad se enfatizaría por la remisión de autoridad a un campo pragmático y discursivo (la estadística) que, aunque alejado de la literatura, en este pasaje viene a legitimar el poder representacional del texto de Pichón y, por extensión, de la novela. El argumento es simple: Dado que la estadística provee representaciones que asumimos como verdaderas, al construirse el relato sobre la base del saber estadístico, cobra (o debe cobrar) la dignidad de la verdad.

La lucha con la realidad está marcada por una serie de dificultades que, incluso, banalizan el gesto de remisión de autoridad.

> Ustedes —dice Pichón— se deben estar preguntando, tal como los conozco, qué posición ocupo yo en este relato que parezco saber de los hechos más de lo que muestran a primera vista y hablo de ellos y los transmito, con la movilidad y la ubicuidad de quien posee una conciencia múltiple y omnipresente, pero quiero hacerles notar que lo que estamos percibiendo en este momento es tan fragmentario como lo que yo sé de lo que les estoy refiriendo, pero que cuando mañana se lo contemos a alguien que haya estado ausente o meramente lo recordemos, en forma organizada y lineal, o ni siquiera sin esperar hasta mañana, si simplemente nos pusiéramos a hablar o en cualquier otro, el corolario verbal también daría la impresión de estar siendo organizado, por una conciencia móvil, ubicua, múltiple y omnipresente. Desde el principio nomás he tenido la prudencia, por no decir, la cortesía, de presentar estadísticas con el fin de probarles la veracidad de mi relato, pero confieso que, a mi modo de ver ese protocolo es superfluo, ya que por el sólo hecho de existir todo relato es verídico, y si se quiere extraer de él algún sentido, basta tener en cuenta que, para obtener la forma que le es propia, a veces le hace falta operar, gracias a sus propiedades elásticas, cierta compresión, algunos desplazamientos y no pocos retoques en la iconografía (Saer 1994: 22).

Dos ideas principales: Toda representación de la realidad es fragmentaria, no es capaz de aprehender la continuidad de lo real. Aún así, el relato proyecta la apariencia de un orden integral en virtud de una conciencia ordenadora que opera sobre la realidad resumiendo o ampliando, desplazando e, incluso, introduciendo modificaciones necesarias para que el relato adopte su forma. Esa conciencia ordenadora no es la conciencia ordenadora de la realidad y tampoco, me atrevo a decir, la conciencia autorial, sino más bien un elemento más de los que el relato proyecta como construcción verbal. No puede haber relato ni discurso en general (esto incluye a la estadística y al resto de disciplinas del saber) sin la ilusión de un trasfondo ordenador dentro del cual las remisiones a lo real cobran un sentido.

En términos más precisos, este postulado supone relativizar cualquier discurso que se construya alrededor del crimen, incluido el relato policial. Tal vez esto explique el tono fuertemente irónico con que se elabora el primer final de la novela. El resultado de la pesquisa que se lleva a cabo en la primera trama narrativa no puede ser más insólito: el criminal es el mismo inspector Morvan que dirige la investigación, quien no tiene conciencia de sus actos. Frente a este hecho, entra a operar no el discurso de la estadística sino el de la psiquiatría. Por medio de él, se elabora lo que aspira a ser una explicación definitiva sobre esta especie de aberración en los roles previstos por el orden social. Lo que se cuestiona no es tanto la inserción del discurso psiquiátrico, sino su afán de delimitar lo incomprensible y de someterlo a un orden único como si en él se agotaran las posibilidades de significación.

Por esta razón, y aquí recojo la segunda idea presente en el fragmento, la remisión a otras instancias para apoyar la veracidad del propio discurso no pasa de ser un recurso de eficacia retórica que, no obstante, se desploma frente a esta conciencia inicial. Por esta razón, el discurso sobre la estadística «es un protocolo superfluo» como instrumento validador. Por ello, también, el discurso psiquiátrico será reapropiado en una distorsión que mostrará la facilidad, rapidez y torpeza al enfocar al hombre. Sin embargo, las respuestas que son esgrimidas en el texto a propósito de estas cuestiones presentan un carácter más positivo que negativo. Entramos aquí en una situación de tensión que según mi impresión es resuelta por el narrador mismo más adelante. Para explicar esta tensión quizá sea suficiente referirse a dos pasajes del texto:

El primero se relaciona con la dimensión retórica del policial por el hecho de estar construido como conjunto de lugares comunes.

Dice Pichón:

> Esos lugares comunes —mezcla de demencia y de lógica, gusto megalómano del riesgo, insistencia dramatúrgica y topográfica— no los atribuyan por favor a la banalidad de mi relato, sino a la del mecanismo oscuro que, ceñido hasta el ahogo en su camisa de acero, se ve obligado, por razones que probablemente a él mismo se le escapan, a aplicar una y otra vez las mismas recetas sobadas de folletín en su programa de aniquilación (Saer 1994: 29-30).

Los lugares comunes del relato se explican por los lugares comunes de la propia realidad. Es más, la estructura del relato adopta determinada configuración porque dicha configuración está ya impresa en la misma realidad, de manera que hasta cierto nivel es inevitable. Se trata de una advertencia dirigida a los «lectores literarios» o profesionales de la lectura que son Tomatis y Soldi. Con ella Pichón exige a sus interlocutores inmediatos una lectura no literaria del texto, una lectura en la que los componentes formales no sean enfocados de manera autista, sino como portadores de un valor experiencial que los trasciende, pues el lugar común se encuentra en la realidad misma.

Por otro lado, el relato no se instituye únicamente como un reflejo de la realidad sino como uno de sus componentes. Ya se veía en una de las citas anteriores: «[...] por el sólo dicho de existir todo relato es verídico [...]» (Saer 1994: 22). La veracidad del relato se funda, más que en su relación con los eventos, en su existencia dentro de la realidad. El relato es real porque existe. Esta condición sólo se puede cuestionar en los extremos del delirio.

Pero, además, el relato se introduce en una cadena de enunciados que, si bien no «reproducen» los hechos y sólo se han de asumir como lo que son: visiones fragmentarias de una realidad fragmentada, pueden tener un valor testimonial. Y más aún: visiones que se insertan en la realidad modificándola, tanto con su presencia como con su capacidad de moldear comportamientos, actitudes, valores, etc. en los seres que entran en contacto con ellas. Esto se ve en la capacidad de los folletines de construir lugares comunes que luego serán aplicados por el criminal en su locura asesina.

Vemos, entonces, en qué medida el plano metaficcional de *La pesquisa* problematiza el lugar de la literatura y de la novela, en particular, en la esfera general de la producción discursiva. Habituados a un sistema conceptual que deslinda lo literario a partir de su condición ficcional (entendiendo muchas veces ficción como sinónimo de mentira), se le escamotea la condición de conocimiento modelizador atribuido a las otras disciplinas.

En *La pesquisa*, por el contrario, se afirma ese valor aceptando, por una parte, una relación precaria con lo real en la dimensión representativa; y comprendiéndola como una presencia real que instaura significados modelizadores de la realidad misma. Así, se le sitúa en un nivel equivalente al de otras esferas discursivas. En tal sentido, es significativo que el interés de Soldi por la narración se inicie «[...] después de haberse desentendido del problema de que pueda ser ficticia o verdadera «(Saer 1994:132). Una apuesta para el lector que no deja de ser interesante.

El crimen y la ley

Si en el plano metaficcional, la novela pauta la literatura como un discurso inmerso en la realidad, qué importancia adquiere este aspecto en el universo particular organizado a lo largo de sus páginas. Aquí nos adentramos en lo que ha sido propiamente el elemento de este trabajo de investigación: la configuración del crimen y sus relaciones con la ley. La metaficción o metadiscurso constituye apenas la cáscara en que la narración adquiere su sentido. Al darle un valor a la modalidad del discurso que llamamos «novela policial», también se transfiere al «contenido» de la novela, en este caso las tramas narrativas y, de modo espacial, la primera.

Para empezar, se plantea una estrategia de configuración de la verdad sobre el crimen y la ley. En relación con esto, tal vez sea útil atender al tipo de criminal y al modo de representarlo. A diferencia de otros textos, el criminal de *La pesquisa* no es un mero trasgresor de la ley, cuya explicación pueda resolverse apelando a una argumentación sociológica o de otro tipo particularizador. Por el contrario, la novela se ubica en un plano de mayor generalidad, que se logra gracias al hecho de que el criminal se caracteriza en una dimensión psíquica (no siquiátrica). No es resultado de circunstancias sociales claramente deslindables. Es más bien un ser compelido por una fuerza que, incluso, niega su condición de ser humano, una pulsión irresistible, y como se verá en el primer final (real), no consciente.

Al organizarse de esta manera, el criminal puede entenderse como representación simbólica del ser humano en general, un ser complejo atravesado por pulsiones completamente contradictorias. Así Morvan, el policía de rectitud intachable, fiel guardián de la ley es también el criminal arrastrado por una fuerza ciega que incluso busca y desconoce, en lo que constituye un caso de desdoblamiento radical. Otro tanto podemos hallar en Pichón (aunque, por supuesto, sin una radicalidad equivalente) y las oscilaciones en relación con el repertorio simbólico de su identidad argentina. Ambos existen en una localización espacio-temporal y pueden vincularse con ella.

La historia personal de Pichón se conecta con la etapa de las dictaduras del cono Sur. Pero no llega a ser el objetivo de focalización. Constituye y, en este sentido es muy significativa, un trasfondo de imprecisiones que no movilizan las acciones de los personajes. En lugar de, por lo menos, aspirar a esclarecer la desaparición extraña de su hermano (no se sabe si por razones «pasionales» o políticas), se interesa por los avatares de un raro manuscrito que relata los eventos de la más literaria de las guerras: la de Troya.

Otro aspecto que revela el carácter universalizador de los contenidos primordiales de la novela es el tipo de leyes que el criminal transgrede. Aunque sea lícito hablar de la ley en abstracto, lo que social e históricamente existe es una pluralidad de leyes que, en algunos casos, remiten o son concreción de interdictos universales como los relacionados con el asesinato o con el sexo. La ley desestabilizada en *La pesquisa* no se identifica de manera exclusiva con un contenido del código penal; se trata por el contrario de leyes esenciales en la definición de lo humano. Justamente la brutalidad de los crímenes implica la bestialización de sujeto y la pérdida transitoria de su condición humana, que se define de acuerdo con prohibiciones esenciales. Vemos cómo la universalidad del delito es correlativa a la universalidad de la ley.

Los dobles y el desplazamiento

Pero, ese desentendimiento de las disciplinas sociológicas o históricas, se revela en las figuras que la novela trabaja. La primera, la del doble; cultivada desde su emergencia a fines del siglo xix, por autores cercanos al policial.

La historia policial —los asesinatos de París— de *La pesquisa* juega con una pareja de detectives antagónicos y se asienta en los intercambios de virtudes entre ambos: el detective Morvan, minucioso y callado, amante del trabajo bien hecho dirige y lleva a cabo la pesquisa, casi en secreto; y el inspector Lautret, su amigo, novio actual de la ex-mujer de Morvan, hace de relaciones públicas, es quien pone el cuerpo frente a las cámaras de televisión y cosecha en imagen los tropiezos y avances de la investigación. El enigma de los asesinatos monstruosos encubre un desencadenante biográfico, un enigma develado al detective Morvan en el arranque de la historia: su padre, comunista y soldado de la Resistencia, le cuenta que su madre, dada por muerta en el momento de su nacimiento, en realidad se fugó con un verdugo de la Gestapo que apresó y torturó a su padre. Después de esta confesión, el padre se suicida. Enigma —estigma originario de la investigación del presente—: la tortura, la traición y la muerte en el lugar del nacimiento.

La segunda historia se produce por un desplazamiento topológico y topo-gráfico del narrador de la primera: París-Argentina, el Sena-el Río de la Plata, (ese «río sin orillas»)[19] a cuya historia Saer le dedicó un libro híbrido: ensayo, historia, autobiografía; origen de la Patria, del autor, lugar de partida y exilio, lugar de regreso y reencuentro); salto de la narración de boca de un narrador testigo a un narrador anónimo.

Desplazamiento de los personajes: Morvan, el detective de la Sureté — Pichón, el investigador literario. La segunda historia funciona como espejo de la primera, la inversión marca la relación. En la pareja Morvan-Lautret, el perseguidor— el

---

[19] Véase Saer 1991.

perseguido: el asesino imita progresivamente al detective y finalmente se revela como él mismo.

En la pareja Pichón-el Gato, el aparecido y el desaparecido: el Gato persigue al Pichón; su identificación de origen, en el vientre materno, hace que el Pichón huya e intente diferenciarse, «no por miedo de correr , como se dice, la misma suerte que su hermano, sino por el contrario, miedo de afrontar la comprobación directa de que el inconcebible ente repetido, tan diferente en muchos aspectos, y sin embargo tan íntimamente ligado a él desde el vientre mismo de su madre que le era imposible percibir y concebir el universo de otra manera que a través de sensaciones y de pensamientos que parecían provenir de los mismos sentidos y de la misma inteligencia, se hubiese evaporado sin dejar rastro en el aire de este mundo, o peor todavía, que en su lugar le presentaran un montoncito anónimo de huesos sacados de una tierra ignorada» (Saer 1994: 117). Desplazamiento, por tanto, del horror: de los asesinatos seriados de París al del hermano gemelo desaparecido; del horror del crimen irracional e individual al horror del crimen racional e institucional. Desplazamiento de la culpa: los asesinos quedan impunes y el horror se atribuye a los investigadores.

Detención del desplazamiento. Identidad e imaginarios sociales

En el interior de estos deslizamientos *La pesquisa* es una indagación sobre la constitución de las identidades individuales y su anudamiento a los imaginarios sociales. «Los franceses», «los argentinos» son comunidades 'imaginadas' que producen sujetos identificados por sutiles lazos de semejanza fraguados sobre la exclusión, el asesinato y la culpa. En una especie de teatro común, levantado por la exterioridad y las conductas estereotipadas, cada colectivo escenifica y ratifica sus lazos.

Los franceses, esto es, los policías compañeros de Morvan, fueron

> modelados durante siglos para considerarse a sí mismos como el núcleo claro del mundo, todos sus extravíos eran descartados cuando formulaban su propia esencia, lo que, por cierto, se olvidaban de hacer cuando definían la de los otros. Los cuatro respetaban la habilidad técnica, el éxito profesional, la destreza física y practicaban la solidaridad corporativa, el relativismo moral y los fines de semana en el campo (Saer 1994: 82).

Los argentinos, esto es, los literatos con los que se encuentra Pichón ejercitan el mito de la amistad viril en encuentros y rituales intelectuales, cerveza y pizza de por medio, con diálogos elididos que tapan el sangrante pasado inmediato:

> Parecen tan bien instalados en el presente, tan dueños de sus palabras y de sus actos, tan bien recortados como caracteres diferentes y complementarios, que son como esos actores en plena actuación que, por lo que dura la obra, gozan del privilegio de vivir para el exterior [...] tan en orden consigo mismos, y tan resignados al fluir monótono y riesgoso y sin solución de la vida, que, a fuerza de no esperar más nada de ella, han adquirido una especie de serenidad», a lo que se une la percepción de «la irritación de viejas llagas que los dos creían cicatrizadas y que, de un modo levísimo por supuesto, han empezado otra vez a sangrar (Saer 1994: 116).

La investigación, la pesquisa, el trabajo sobre el enigma, conduce a los sujetos a desanudarse, a encontrar las claves de los fantasmas que los conforman y, en ese trabajo se detiene el desplazamiento que coagula en una certeza fría: la de una inexorable extrañeza frente al origen y, por tanto, a los lazos colectivos que los fundan como pertenecientes a una comunidad.

Al igual que al detective Morvan, cuando su padre le revela el pasado familiar; a Pichón Garay el esclarecimiento del origen de su identidad, que no es otra que la dualidad que comparte con su hermano «desaparecido», recuperada con el retorno al lugar del nacimiento y la rememoración de la historia individual, lo deja «frío», extrañado, sin ningún rastro de emoción:

> [...] Porque ahora por fin es un adulto, y ser adulto significa justamente haber llegado a entender que no es en la tierra natal donde se ha nacido, sino en un lugar más grande, más neutro, ni amigo ni enemigo, desconocido, al que nadie podría llamar suyo y que no estimula el afecto sino la extrañeza, un hogar que no es espacial ni geográfico, ni siquiera verbal, sino más bien , y hasta donde estas palabras puedan seguir significando algo, físico, químico, biológico, cósmico, y del que lo visible y lo invisible [...] forman parte [...] y que ese conjunto que incluye hasta los bordes mismos de lo inconcebible, no es en realidad su patria sino su prisión, abandonada y cerrada ella misma desde el exterior —la oscuridad desmesurada que errabundea, ígnea y gélida a la vez, al abrigo no únicamente de los sentidos, sino también de la emoción, de la nostalgia y del pensamiento. (Saer 1994:78).

La novela espejo de la novela espejo de…

Desplazamiento del relato 'oral' de Pichón, el aparecido, al manuscrito del autor desaparecido. Duplicación de la novela que leemos en la novela encontrada, que funciona como la alegoría que detiene el desplazamiento al coagularlo en una metáfora. Manuscrito-novela, su título —*En las tiendas griega*— condensa la Historia en el mito guerrero de Occidente: un largo intercambio de noticias entre un Soldado Viejo y un Soldado Joven, que se encuentran en el escenario de la guerra de Troya —mejor: en el margen de la mítica guerra, ya que esta acontece mientras ambos soldados están confinados en la retaguardia—. El manuscrito, del que se nos brinda una sinopsis contada por el nuevo amigo de Pichón, Soldi, su primer lector y joven crítico literario, trabaja el tema de la relación entre 'experiencia' y 'ficción': la experiencia desconoce el valor de los mitos y dice la verdad de la vivencia, mientras que la ficción trabaja sobre los mitos diciendo la mentira de la experiencia:

> —El Soldado Viejo posee la verdad de la experiencia y el Soldado Joven la verdad de la ficción. Nunca son idénticas pero, aunque sean de orden diferente, a veces pueden no ser contradictorias— dice Pichón. —Cierto— dice Soldi. Pero la primera pretende ser más verdad que la segunda—[…] —No lo niego— dice Pichón. Pero a la segunda ¿por qué le gusta tanto venderse en las casas públicas? (Saer 1994: 124-125).

Manuscrito-novela, de la que se reproduce solamente su primera frase que funciona como holofrase, frase clave, condensación del enigma:

> Lo que le ha llamado antes que nada la atención (a Pichón Garay, ahora investigador del manuscrito hallado) es que la novela empieza con puntos suspensivos, y que en realidad la primera no es una frase entera sino el miembro conclusivo de una frase a la que le falta toda la parte argumentativa: «…prueba de que es sólo el fantasma lo que engendra la violencia. (Saer 1994: 62)

Manuscrito-novela: «dactilograma» denominan los amigos al texto encontrado de Washington Noriega, recuperando para la 'novela' ese referente de las huellas dactilares del escritor que, al igual que las del artesano sobre la vasija de barro, se percibe en las 'trazas del narrador' que decía Benjamin. Novela que acaba como empieza. Los puntos suspensivos anuncian que el trabajo sobre el enigma —ese fantasma de la historia, de la experiencia, de la ficción, que hace aparecer y desaparecer los cuerpos, que constituye identidades y las escamotea— ha comenzado. La literatura, entonces, se postula como testimonio de una experiencia que abre y deja abierta las tumbas para que no se suture el duelo, para que el testimonio del horror no ingrese en el archivo.

En el fin de mi pesquisa, el final de *La Pesquisa* de Saer:

>—Va haber que irse —dice— porque ahora sí que está llegando el otoño— (Saer 1994: 175).

Bibliografía

I. Bibliografía directa

Anderson Imbert, Enrique (1930): «Las maravillosas deducciones del detective Gamboa». En: *La Nación*, 29/IX.

Arlt, Roberto (1979): *Los siete locos. Los lanzallamas* (1929 y 1931). Adolfo Prieto (ed.). Caracas: Ayacucho.

Arlt, Roberto (1981): *El amor brujo* (1932). *Obras completas*. Tomo I. Julio Cortázar (pról.). Buenos Aires: Carlos Lohlé.

Artl, Roberto (1981): «Las fieras» (1933). En: *El jorobadito. Obras completas*. Tomo I. Julio Cortázar (pról.). Buenos Aires: Carlos Lohlé.

Arlt, Roberto (1985): *El juguete rabioso* (1926). Rita Gnutzmann (ed.). Madrid: Cátedra.

Arlt, Roberto (1994): *El crimen casi perfecto*. Omar Borré (comp.). Buenos Aires: Clarín-Aguilar.

Artl, Roberto (1995): *Aguafuertes porteñas*. Rita Gnutzmann (comp. y pról.). Buenos Aires: Corregidor.

Arlt, Roberto (1997): *Tratado de delincuencia (Aguafuertes inéditas)*. Sylvia Saitta (ed. y pról.). Buenos Aires: La Página-Página 12.

Bioy Casarres, Adolfo (1948): «En memoria de Paulina». En: *El perjurio de la nieve». La trama celeste*. Buenos Aires: Sur.

Bioy Casares, Adolo (1988): *El sueño de los héroes* (1954). En: *La invención y la trama*. Marcelo Pichón Riviére (ed.). México: FCE.

Bioy Casares, Adolfo/Ocampo, Silvina (1984): *Los que aman, odian*. (1945). Barcelona: Tusquets.

Borges, Jorge Luis/Bioy Casares, Adolfo (1981): *Seis problemas para don Isidro Parodi. Obras completas en colaboración*. Madrid: Alianza/Emecé.

BORGES, Jorge Luis (1960): «Montevideo». En: *Martín Fierro*, No. 8-9. En: Sarlo, Beatriz (comp. y pról.): *Revista Martín Fierro (1924-1927)*. Buenos Aires: Carlos Pérez.

BORGES, Jorge Luis (1974): «El arte narrativo y la magia». *Discusión* (1932). En: *Obras completas*. Buenos Aires: Emecé.

BORGES, Jorge Luis (1974): «Films». *Discusión* (1932). En: *Obras completas*. Buenos Aires: Emecé.

BORGES, Jorge Luis (1974): «Sobre el doblaje». *Discusión* (1932). En: *Obras completas*. Buenos Aires: Emecé.

BORGES, Jorge Luis (1974): «La postulación de la realidad». *Discusión* (1932). En: *Obras completas*. Buenos Aires: Emecé.

BORGES, Jorge Luis (1974): «La supersticiosa ética del lector». *Discusión* (1932). En: *Obras completas*. Buenos Aires: Emecé.

BORGES, Jorge Luis (1974): «Emma Zunz». *El aleph* (1949). En: *Obras completas*. Buenos Aires: Emecé.

BORGES, Jorge Luis (1974): *Evaristo Carriego* (1930). En: *Obras completas*. Buenos Aires: Emecé.

BORGES, Jorge Luis (1974): *Historia universal de la infamia* (1935). En: *Obras completas*. Buenos Aires: Emecé.

BORGES, Jorge Luis (1974): «Funes el memorioso». *Artificios* (1944). En: *Obras completas*. Buenos Aires: Emecé.

BORGES, Jorge Luis (1974): «Fundación mítica de Buenos Aires». *Cuaderno San Martín* (1929*)*. En: *Obras completas*. Buenos Aires: Emecé.

BORGES, Jorge Luis (1998): «Prólogo» en *La piedra lunar* de Wilkie Collins (1946). En: *Prólogos con un prólogo de prólogos*. Madrid: Alianza.

CORTÁZAR, Julio (1964): «Continuidad de los parques». En: *Final del juego*. Buenos Aires: Sudamericana.

CORTÁZAR, Julio (1977): «La noche de Mantequilla». En: *Alguien que anda por ahí*. Madrid: Alfaguara.

CORTÁZAR, Julio (2003): «Circe». En: *Bestiario*. Madrid: Alfaguara.

DARÍO, Rubén (1992): *Azul… y Cantos de vida y esperanza*. Álvaro Salvador (ed.). Madrid: Espasa Calpe.

GROUSSAC, Paul (1897): «El candado de oro». En: *Sud América*, 1884. Luego titulado «La pesquisa». En: *La Biblioteca*, 1897.

HOLMBERG, Eduardo L. (1957) : *La bolsa de huesos y La casa endiablada* (1896). En: Pagés Larraya (ed. y pról.): *Cuentos fantásticos*. Buenos Aires: Hachette.

HOLMBERG, Eduardo L. (2002): «Clara» (1872). En: Marún, Gioconda (ed. y pról.): *Eduardo L. Holmberg. Cuarenta y tres años de obras manuscritas e inéditas (1872-1915)*. Madrid/Frankfurt: Iberoamericana/Vervuert.

MARTÍNEZ, Tomás Eloy (1979): *La pasión según Trelew*. Buenos Aires: Galerna.

PÉREZ ZELASCHI, Adolfo (1981): *Divertimento para revólver y piano*. Buenos Aires: Ofra.

PEYROU, Manuel (1948): *El estruendo de las rosas*. Jorge Luis Borges y Adolfo Bioy Casares (eds.). Buenos Aires: Emecé.

PEYROU, Manuel (1974): «La noche repetida» (1953). En: *Cuentos policiales argentinos*. Buenos Aires: Kapelusz.

PEYROU, Manuel (2003): «La espada dormida». En: *La espada dormida y otros cuentos*. Buenos Aires: Losada.

PIGLIA, Ricardo (1975): «Homenaje a Roberto Arlt Luba». En: *Nombre falso*. Buenos Aires: Siglo XXI.

PIGLIA, Ricardo (1980): *Respiración artificial*. Buenos Aires: Pomaire.

PIGLIA, Ricardo (1991): «La loca y el relato del crimen» (1975). En: *Prisión perpetua*. Buenos Aires: Sudamericana.

PIGLIA, Ricardo (1997): *Plata quemada*. Buenos Aires: Planeta.

POE, Edgar A. (1973): «Los crímenes de la rue Morgue». En: *Cuentos completos*. Julio Cortázar (pról. y trad.). Buenos Aires: Corregidor.

QUIROGA, Horacio (1968): *Historia de un amor turbio. Los perseguidos* (1908). Montevideo: Arca.

QUIROGA, Horacio (1991): «El triple robo de Bellamore». En: *El crimen del otro. Todos los cuentos*. Baccino Ponce de León, N. y Lafforgue, J. (eds.). Paris *et al*: Colección Archivos.

SAER, Juan José (1991): *El río sin orillas*. Buenos Aires: Alianza.

SAER, Juan José (1994): *La pesquisa*. Buenos Aires: Seix Barral.

SASTURAIN, Juan (2001): «Versión de un relato de Hammet» (1997). En: *La mujer ducha*. Madrid: Sudamericana.

VALENZUELA, Luisa (1982): «Cambio de armas». En: *Cambio de armas*. Vermont: Cuadernos del Norte.

VALENZUELA, Luisa (1990): *Novela negra con argentinos*. Barcelona: Plaza y Janés.

WALSH, Rodolfo (1971): *Operación Masacre* (1957). La Habana: Instituto Cubano del Libro.

WALSH, Rodolfo (1973): *Caso Satanowsky* (1973). Buenos Aires: La Flor.

WALSH, Rodolfo (1986): *¿Quién mató a Rosendo?* (1969). Buenos Aires: Colihue.

WALSH, Rodolfo (1987): *Cuentos para tahúres y otros relatos policiales*. En: Pesce, Víctor (comp.): *Recopilación de cuentos de revistas de los años 60*. Buenos Aires: Ediciones de la Flor.

WALSH, Rodolfo (1994): *Variaciones en rojo* (1953). Buenos Aires: La Flor.

II. BIBLIOGRAFÍA TEÓRICA E HISTORIAS DEL RELATO POLICIAL

AGAMBEN, Giorgio (1995): «La barrera y el pliegue». En: *Estancias. La palabra y el fantasma en la cultura occidental*. Valencia: Pretextos.

AGAMBEN, Giorgio (1999): «El archivo y el testimonio». En: *Lo que queda de Auschwitz (El archivo y el testigo)*. Valencia: Pretextos.

ALTHUSSER, Louis (1995): *El porvenir es largo*. Marta Pessarrodona (trad.). Barcelona: Destino.

BADIOU, Alain (1994): «La ética. Ensayo sobre la conciencia del Mal». En: Abraham, T. (comp.): *Batallas éticas*. Buenos Aires: Nueva Visión.

BARTHES, Roland (1973): *El grado cero de la escritura*. Buenos Aires: Siglo XXI.

BARTHES, Roland (1983): «Estructura del suceso». En: *Ensayos críticos*. Barcelona: Seix Barral.

BARTHES, Roland (1986): «Escritores, intelectuales, profesores». En: *Lo obvio y lo obtuso*. Barcelona: Paidós.

BARTHES, Roland (1994): *El susurro del lenguaje*. Barcelona: Paidós.

BARTHA, Agustí (1968): «Pólogo». En: *De Poe a Simenon: antología de cuentos policíacos y de misterio*. Barcelona: Martínez Roca.

BENJAMIN, Walter (1980): *Poesía y capitalismo (Iluminaciones)*. Madrid: Taurus.

BENJAMIN, Walter (1993): «El surrealismo. La última instantánea de la inteligencia europea». *Iluminaciones* I. Madrid: Taurus.

BORGES, Jorge Luis (1977): «Sobre Chesterton». En: *Otras Inquisiciones. Obras completas*. Carlos Frías (ed.). Madrid: Ultramar.

BORGES, Jorge Luis (1980): «El cuento policial». En: *Borges oral*. Barcelona: Bruguera.

BRAUDY, Leo (1986): *The Frenzi of Renow. Fame and its History*. New York: Oxford University Press.

BRECHT, Bertold (1973): «De la popularidad de la novela policíaca». En: *Compromiso en literatura y arte*. Barcelona: Península.

BRUNORI, Vittorio (1980): *Sueños y mitos de la literatura de masas*. Barcelona: Gustavo Gili.

CAILLOIS, Roger (1942): «La novela policial». En: *Sociología de la novela*. Buenos Aires: Sur.

Camp de l'Arpa (1979). Número 60-61. Barcelona.

CHANDLER, Raymond (1970): «Introducción». En: *El simple arte de matar*. Buenos Aires: Tiempo Contemporáneo.

CHANDLER, Raymond (1976): «Apuntes sobre la novela policial». En: *Cartas y escritos inéditos*. Buenos Aires: Ediciones de la Flor.

CHESTERTON, Gilbert (1961): «Sobre novelas policiales». En: *Obras completas*. Barcelona: Plaza & Janés.

CHESTERTON, Gilbert (1979): «En defensa de las historias de detectives». En: Gubern, Roman (comp.): *La novela criminal*. Barcelona: Tusquets.

COLEMEIRO, José F. (1994): *La novela policiaca española: teoría e historia crítica*. Barcelona: Anthropos.

COMA, Javier (1986): *Diccionario de la novela negra norteamericana*. Barcelona: Anagrama.

COMA, Javier (2001): *La novela negra. Historia de la aplicación del realismo crítico a la novela policíaca norteamericana*. Barcelona: Ediciones 2001.

COOK, Bruce (1989): «La versátil novela del crimen». En: *Facetas*, n°. 86.

CORTÁZAR, Julio (1974): «Del cuento breve y sus alrededores». En: *Último round* (1969). México: Siglo XXI.

CORTÁZAR, Julio (1994): «Situación de la novela» (1950). Jaime Alazraki (ed.). En: *Obra crítica 2*. Barcelona: Anagrama, 1994.

DE CERTAU, Michel (1984): «Walking in the City». *The practice of everyday life*. Berkeley-Londres: University California Press.

DEL MONTE, Alberto: (1962): *Breve historia de la novela policíaca*. Madrid: Taurus.

DE QUINCEY, Thomas (1979): *Del crimen como uno de las bellas artes*: Madrid: Alianza.

DIDI-HUBERMAN, Georges (1982): *Invention de l'hiystérie (Charcot et l'iconographie photographique de la Salpetriere)*. Paris: Macula.

EISENSTEIN, Sergei: «Novela policíaca y propiedad». En: Gubern, Roman (comp.): *La novela criminal*. Barcelona: Tusquets.

FOUCAULT, Michel (1976): *La verdad y las formas jurídicas*. Barcelona: Gedisa.

FOUCAULT, Michel (1978): «La voluntad de saber». En: *Historia de la sexualidad*. Tomo 1. Madrid: Siglo XXI.

FOUCAULT, Michel (1979): *Microfísica del poder*. Buenos Aires: Siglo XXI.

FOUCAULT, Michel (1993): *Vigilar y castigar. Nacimiento de la prisión*. Buenos Aires: Siglo XXI.

FOUCAULT, Michel (1993): *La vida de los hombres infames*. Buenos Aires: Altamira.

GIARDINELLI, Mempo (1984): *El género negro*. México: UAM.

GRAMSCI, Antonio (1961): «Sobre la novela policial». En: *Literatura y vida nacional*. Buenos Aires: Lautaro.

GUBERNEN, Roman (comp.) (1979): *La novela criminal*. Barcelona: Tusquets.

HERRÁEZ, Miguel (1992): «Novela negra y novela policíaca, dos ejes de expresión convergentes». En: *Revista de Ciencias de la Información*, N°. 2, Valencia.

HERRÁEZ, Miguel (1993): «En torno al relato fantasmático angloamericano». En: *Revista de Ciencias de la Información*, N° 3. Valencia.

HOVEYEDA, Fereydoum (1962): *Historia de la novela policíaca*. Madrid: Alianza.

KRISTEVA, Julia (1999): *El porvenir de la revuelta*. Buenos Aires: FCE.

MARTÍ, José (1982): «Amor de ciudad grande». En: *Versos libres*. Madrid: Cátedra.

LACAN, Jacques (1975): «El seminario sobre 'La carta robada' de Poe». En: *Escritos II*. México: Siglo XXI.

LINK, Daniel (comp.) (1992): *El juego de los cautos. La literatura policial de Poe al caso Giubileo*. Buenos Aires: La Marca.

Los Cuadernos del Norte (1987): marzo-abril, Oviedo.

LOUIT, Robert (1969): «La novela negra» (pól.). En: *Cuentos policiales de la Serie Negra* (antología). Buenos Aires: Tiempo Contemporáneo.

LUCIEN, Israel (1979): *El goce de la histérica*. Buenos Aires: Argonauta.

MCLUHAN, Marshall (1985): «Reestructuración de la galaxia, o condición del hombre masa en una sociedad individualista». En: *La Galaxia Gutemberg*. Barcelona: Planeta-Agostini.

Marún, Gioconda (ed. y pról.) (2002): *Eduardo L. Holmberg. Cuarenta y tres años de obras manuscritas e inéditas* (1872-1915): Madrid/Frankfurt: Iberoamericana/Vervuert.

Mendel, Ernest (1986): *Crimen delicioso. Historia social del relato policíaco.* México: UNAM.

Most, G./Stowe, W. (eds.) (1983): *The Poetics of Murder.* New York: Hand Book.

Narcejac, Thomas (1968): *La novela policial.* Buenos Aires: Paidós.

Narcejac, Thomas (1986): *Una máquina de leer: La novela policíaca.* México: FCE.

Palao, Antonio (1994): «La inquietante cercanía del enigma: amor y verdad en la trama policíaca». En: *Archivos de la Filmoteca* 17, pp. 77-91.

Palmer, Jerry (1983): *La novela de Misterio (Thrillers). Génesis y estructura de un género popular.* México: FCE.

Petronio, G./Ribera, J./Volta, L. (comps.) (1991): *Los héroes difíciles. Literatura policial en Argentina e Italia.* Buenos Aires: Corregidor.

Piglia, Ricardo: (1979): «Introducción». En: *Cuentos de la Serie Negra.* Buenos Aires: CEAL.

Piglia, Ricardo (1988): «Sobre el género policial» y «Tesis sobre el cuento». En: *Crítica y ficción.* Buenos Aires: Siglo XXI.

Poe, Edgar A. (1956): «Cómo escribir un artículo a la manera de la *Blackwood*»: En: *Obras en prosa.* Tomo I. San Juan: Universidad de Puerto Rico.

Prieto, Adolfo (1956): «La infraliteratura. Series policiales». En: *Sociología del público argentino.* Buenos Aires: Leviatán.

Reik, Theodor (1963): *The compulsion to confess: on the psicoanalysis of crime and punishement.* New York: Grove.

Rest, Jaime (1974): «Diagnóstico de la novela policial». En: *Crisis* Nº. 15. Buenos Aires.

Rest, Jaime (1978): «Crímenes de biblioteca». *Mundos de la imaginación.* Caracas: Monte Ávila.

Rivera, Jorge B. (1971): *La narrativa policial.* Buenos Aires: CEAL.

Rosa, Nicolás (2000): *Usos de la Literatura.* Valencia: Estudios Iberoamericanos.

Roucek, Joseph (1961): «La sociología de la literatura detectivesca, criminal y de misterio». En: *Revista Mexicana de Sociología*, vol. XXIII, Nº 2.

Sebreli, Juan J. (1984): «Dashiell Hammet o la ambigüedad». En: *El riesgo de pensar.* Buenos Aires: Sudamericana.

Spener, Norbert/ Allard, Yvon (1990): *Écrits sur le roman policier (Bibliographie analytique et critique de études et essais sur le roman et le film policier).* Longueuil: Le Preámbule.

Symons, Julian (1982): *Historia del relato policial.* Barcelona: Bruguera.

Todorov, Tzvetan (1970): «Tipología de la novela policial». En: *Fausto*, III-4, Buenos Aires [incluido luego en: *Poétique de la prose* (1978). Paris: Seuil].

Trías, Eugenio (1997): *El artista y la ciudad.* Barcelona: Anagrama.

Vázquez de Parga, Salvador (1981): *Los mitos de la novela criminal.* Barcelona: Planeta.

VÁZQUEZ DE PARGA, Salvador (1986): *De la novela policíaca a la novela negra*. Barcelona: Plaza y Janés.

VÁZQUEZ DE PARGA, Salvador (1993): *La novela policiaca en España*. Barcelona: Ronsel.

VÁZQUEZ MONTALBÁN, Manuel (1994): «Contra la pretextualidad». En: *La novela policiaca española: teoría e historia crítica*. J. Colmeiro (pról.). Barcelona: Anthropos.

WALTER, Albert (1997): *Detective and Mystery Fiction (An Internacional Bibliography of Secondary Sources.)*. San Bernardino: Brownstone Books.

ZIZEK, Slavoj (2000): «Dos modos de evitar lo real del deseo». En: *Mirando al sesgo. Una introducción a Jacques Lacan a través de la cultura popular*. Buenos Aires: Paidós.

III. BILIOGRAFÍA SELECTA SOBRE EL RELATO POLICIAL Y LITERATURA ARGENTINA E HISPANOAMERICANA

1. ANTOLOGÍAS DE NARRATIVA POLICIAL (PUBLICADAS EN ARGENTINA)

Relatos internacionales

Los mejores cuentos policiales (1951): Bioy Casares, Adolfo/ Borges, Jorge Luis (sel.). Buenos Aires: Emecé (Reediciones: Buenos Aires: Emecé, 1965; Madrid: Alianza, 1972).

Las más famosas novelas policiales (1955): Peyrou, Manuel (sel. y trad.). Santiago de Chile: Compañía Chilena (Incluye 8 relatos de autores argentinos).

Antología del crimen (1965): Lee, Elizabeth (sel.). Georgina Rojas (trad.). Buenos Aires: Emecé.

Cuentos policiales de la Serie Negra (1969): Renzi, Emilio (Ricardo Piglia) (sel. y notas). Robert Louis (pról.). Buenos Aires: Tiempo Contemporáneo.

El cuento policial hasta Sherlock Holmes (1978): Dottori, Nora y Lafforgue, Jorge (sel. y notas). Buenos Aires: CEAL.

Cuentos de la Serie Negra (1979): Piglia, Ricardo (sel. y pról.). Buenos Aires: CEAL.

El cuento policial (1981): Gandolfo, Elvio (pról., trad. y notas). Buenos Aires: CEAL.

Breve antología de cuentos policiales (1995): Piglia, Ricardo (sel.). Buenos Aires: Sudamericana.

Relatos argentinos

Diez cuentos policiales argentinos (1953): Walsh, Rodolfo (sel. y comentario). Buenos Aires: Hachette.

Cuentos de crimen y misterio (1964): Bajarlía, Jacobo (sel. y estudio). Buenos Aires: Jorge Álvarez. (Edición aumentada: *Historias de crimen y misterio*. Buenos Aires: Fraterna, 1990.)

El cuento policial latinoamericano (1964): Yates, Donald (intr. sel. y biog.). México: De Andrea. (De 12 cuentos seleccionados, 8 son de autores argentinos).

Tiempo de puñales (1964): Yates, Donald (presentación). Buenos Aires: Seijas y Goyanarte.

Cuentos policiales argentinos (1974): Fevre, Fermín (estudio preliminar y sel.). Buenos Aires: Kapelutz.

20 cuentos policiales argentinos (1976): Buenos Aires: Plus Ultra.

Asesinos de papel (1977): Rivera, Jorge B. y Lafforgue, Jorge (intro. y antología). Buenos Aires: Calicanto.

El cuento policial (1981): Rivera, Jorge B. y Lafforgue, Jorge (sel. y prol.). Buenos Aires: 1981.

El relato policial argentino. Antología crítica (1986): Rivera, Jorge B. (comp.). Buenos Aires: EUDEBA

Policiales. El asesino tiene quien le escriba (1991): Ferro, Roberto (sel. y prol.). Buenos Aires: Desde la gente.

Thrillers al Sur (1993): Cáceres, Germán (sel.). CD. Buenos Aires: Axxón.

Cuentos con detectives y comisarios (1995): Braceras, Elena /Leytour, Cristina (sel.). Buenos Aires: Colihue.

Las fieras. Antología del género policial en la Argentina (1993): Piglia, Ricardo (sel. y prol.). Buenos Aires: Clarín (reedición aumentada: Buenos Aires: Alfaguara, 1999).

Cuentos policiales argentinos (1997): Lafforgue, Jorge (sel. y prol.). Buenos Aires: Alfaguara.

2. NARRATIVA POLICIAL Y LITERATURA ARGENTINA

ABBONDANZA, Mirta *et al.* (1974): *Narrativa policial en Argentina*. Buenos Aires: Facultad de Filosofía y Letras, UBA.

ALETTA de Sylvas, G. (1997): «Eduardo L. Holmberg: las armonías en el viento». En: Pont, Jaume (ed.): *Narrativa fantástica en el siglo XIX: España e Hispanoamérica*. Lérida: Milenio.

ALTAMIRANO, Carlos/SARLO, Beatriz: (1983): «La Argentina del Centenario, campo intelectual, vida literaria y temas ideológicos». En: *Ensayos argentinos. De Sarmiento a la Vanguardia*. Buenos Aires: CEAL.

AMAR SÁNCHEZ, Ana María (1992): *El relato de los hechos. Rodolfo Walsh: testimonio y escritura*. Rosario: Beatriz Viterbo.

ARTL, Mirta (1968): «Prólogo». En: *El jorobadito*. Buenos Aires: Miraflor.

ARRIBA, María Laura (1996): «El género negro: continuidad y rupturas». En: *Revista Río de la Plata*, N°.17-18.

BARCIA, Pedro, L. (1988-1989): «Los orígenes de la narrativa argentina: la obra de Luis Varela». En: *Cuadernos del Sur*, N°.21-22. Bahía Blanca: Universidad del Sur.

BAYER, Osvaldo (1988): «Pequeño recordatorio para un país sin memoria». En: Saúl

Sosnowski (comp.): *Representación y recontrucción de una cultura: el caso argentino*. Buenos Aires: EUDEBA.

BENNET, Maurice (1983): «The Detective Fiction of Poe and Borges». En: *Comparative Literature*, 35, pp. 262-275.

BEVERLY, John/ACHÚGAR, Hugo (ed.) (1992): *La voz del otro: testimonio, subalternidad y verdad narrativa*. Lima: Latinoamericana Editores.

BORELLO, Rodolfo (1965): «El género policial hispanoamericano en una antología singular». En: *Cuadernos Hispanoamericanos*, N° 192.

BORGES, Jorge Luis (1952): «Sobre Don Segundo Sombra» En: *Sur*, número pp. 217-218.

BORGES, Jorge Luis (1955): «El sueño de los Héroes». En: *Sur*, 235.

BORINSKY, Alicia (1987): *Macedonio Fernández y la teoría crítica: una evaluación*. Buenos Aires: Corregidor.

BRA, Gerardo (1987): «Orígenes de la literatura policial argentino» (primera parte). En: *Todo es historia*, 240.

BRA, Gerardo (1988) : «La evolución del género policial argentino» (segunda parte). En: *Todo es historia*, 252.

BURGUIN, Miguel (1961): «El relato policial argentino». En: *La Razón*, 29/7. Buenos Aires.

BIOY CASARES, Adolfo (1976): «El jardín de senderos que se bifurcan». En: Alazraki, Jaime (ed.): *Jorge Luis Borges*. Madrid: Taurus.

CALABRESE, Elisa (ed) (1994): *Itinerarios entre la ficción y la historia. Transdiscursividad en la literatura hispanoamericana y argentina*. Buenos Aires: Grupo Editor Latinoamericano.

CALABRESE, Elisa (s.f.): «Gestos del relato: el enigma, la evocación y la observación», copia mimeo.

CLARK, Stephen (s.f.): «La vuelta a los orígenes: Borges y el relato policial». En: *Principia* (Revista de Cultura de University of Los Angeles). vol. 13.

CASTELLANI, Jean Pierre (1989): «Jorge Luis Borges y la novela policíaca». En: Polo, Victorino (ed.): *Borges y la literatura: textos para un homenaje*. Murcia: Universidad de Murcia.

CASTRO KLARÉN, Sara (1980): «Julio Cortázar, Lector«, entrevista en el verano de 1976, en Saignon, Francia. En: *Cuadernos Hispanoamericanos*, 364-366.

CONTRERAS, Álvaro E. (1998): *Experiencia y narración. (Vallejo, Arlt, Palacio y Felisberto Hernández)*. Mérida (Venezuela): Universidad de Los Andes.

CORBATA, Jorgelina (1999): *Narrativas de la guerra sucia en Argentina: Piglia, Saer, Valenzuela, Pui*. Buenos Aires: Corregidor.

DE GRANDIS, Rita (1993): *Polémicas y estrategias narrativas en América Latina (José María Arguedas, Mario Vargas Llosa, Rodolfo Walsh, Ricardo Piglia*. Rosario: Beatriz Viterbo.

DE GRANDIS, Rita (1993): «La cita como estrategia narrativa en *Respiración artificial*». En: *Revista Canadiense de Estudios Hispánicos*, XVIII, 2.

De Torre, Guillermo (1976): «Para la prehistoria ultraísta de Borges». En: Alazraki, J. (ed): *Jorge Luis Borges*. Madrid: Taurus.

Díaz, Gwendolin (comp.) (2002): *Luisa Valenzuela sin máscara*. Buenos Aires: Feminaria.

Ferrán, Miguel (1956): «Dos ignorados precursores de la narrativa policial rioplatense». En *Historium*, 210.

Ferro, Roberto (1994): «Operación Masacre: Investigación y escritura». En: *Nuevo Texto Crítico*, VI.

Flesca, Haydée (1970): *Antología de la literatura fantástica argentina del siglo XIX*. Buenos Aires: Kapeluz.

Gandolfo, Elvio (1986): «Policial negra y argentina: perdonales Marlowe porque no saben lo que hacen». En : *Fierro*, 23.

García Canclini, Néstor (1982): *Las culturas populares en el capitalismo*: México: Nueva Imagen.

García Canclini, Néstor (1989): *Culturas híbridas. Estrategias para entrar y salir de la modernidad*. México: Grijalbo.

García Ramos, Juan Manuel (1993): *La narrativa de Manuel Puig (Por una crítica en libertad)*. 2a. ed. ampliada. La Laguna: Universidad de La Laguna.

García Ramos, Juan Manuel (2003): *La metáfora de Borges*. Madrid: FCE.

Girona, Nuria (1995): *Escrituras de la historia. La novela argentina de los años 80*. Valencia: Universidad de Valencia.

Giordano, Alberto (1992): *La experiencia narrativa. Juan José Saer, Felisberto Hernández, Manuel Puig*. Rosario: Beatriz Viterbo.

Gnutzman, Rita (1984): *Roberto Arlt o el arte del calidoscopio*. Bilbao: Universidad del País Vasco.

Gnutzman, Rita (1995): «Prologo». En: *Aguafuertes porteñas*. Buenos Aires: Corregidor.

Goldar, Ernesto (1996): «La mala vida». En: Vázquez Rial, Horacio (comp.): *Buenos Aires (1880-1930). La capital de un imperio imaginario*. Madrid: Alianza.

Guerrero, Diana (1972): *Roberto Arlt: el habitante solitario*. Buenos Aires: Grancia.

Gutiérrez Girardot, Rafael (2001): *El intelectual y la historia*. Caracas: La Nave Va.

Guy, Donna (1994): *El sexo peligroso. (La prostitución legal en Buenos Aires, 1875-1955)*. Buenos Aires: Sudamericana.

Jitrik, Noé (1967): «1926: año decisivo para la narrativa argentina». En: *Escritores argentinos, dependencia o libertad*. Buenos Aires: El Candil.

Jitrik, Noé (1969): *El ochenta y su mundo*. Buenos Aires: CEAL.

Jitrik, Noé (1987): «Presencia y vigencia de Roberto Arlt». En: *La vibración del presente*. México: FCE.

Lafforgue, Jorge (ed.) (1969): *Nueva novela latinoamericana*. 2 vols. Buenos Aires: Paidós.

LAFFORGUE, Jorge (1975): «*Asesinatos, intrigas y detectives a la criolla*. En: *Siete Días Ilustrados* 426. Buenos Aires. 9 al 14 de agosto.

LAFFORGUE, J./RIVERA, J. (comps.) (1979): «Narrativa policial en la Argentina». En: *Historia de la Literatura argentina*. Buenos Aires: Centro Editor de América Latina.

LAFFORGUE, J./RIVERA, J. (1996): *Asesinos de papel. Ensayos sobre narrativa policial*. Buenos Aires: Colihue.

LASSO DE LA VEGA, Javier (1960): «Prólogo». En: *Antología de cuento policiales*. Madrid: Labor.

LARRAÑAGA, Silvia (1996): «La pesquisa: el género policial a la manera de Juan José Saer». En: *Revista Río de la Plata*, no.17-18. París. Julio.

LUDMER, Josefina (1988): *El género gauchesco. Un tratado sobre la patria*. Buenos Aires: Sudamericana.

LUDMER, Josefina (comp.) (1994): *Las culturas de fin de siglo en América Latina*. Rosario: Beatriz Viterbo.

LUDMER, Josefina (1999): *El cuerpo del delito. Un manual*. Buenos Aires: Perfil libros.

MALDAVSKY, David (1968): *La crisis en la narrativa de Roberto Arlt*. Buenos Aires: Escuela.

MASSOTA, Óscar (1965): *Roberto Arlt: sexo y traición*. Buenos Aires: Jorge Álvarez.

MATTALIA, Sonia (1977): *Miradas al fin de Siglo. Lecturas modernistas*. Valencia: Estudis Iberoamericans/Tirant lo Blanch.

MATTALIA, Sonia (coord.) (1991): *Borges, entre la tradición y la vanguardia*. Valencia: Generalitat de Valencia. Incluye el artículo: «Gómez de la Serna, Macedonio Fernández, Jorge Luis Borges: el cruce vanguardista y la agonía de la novela»

MATTALIA, Sonia (1992): «Modernización y desjerarquización cultural en América Latina: el caso Arlt». En: *Revista Iberoamericana*, LVIII, 159. Pittsburg University, abril-junio.

MATTALIA, Sonia (2003): *Máscaras suele vestir. Revuelta y pasión: escrituras de mujeres en América Latin*. Madrid/Frankfurt: Iberoamericana/Ververt.

MATTALIA, Sonia/COMPANYM, Juan M. (1986): «Lo real como imposible en Borges». En: *Cuadernos Hispanoamericanos*, 431, mayo.

MATTALIA, Sonia/GIRONA, Nuria (coord.) (2001): *Aún...y más allá. (Mujeres y discursos)*. Valencia/Caracas: Ex-cultura.

MILNER, Jean Claude (año): *Los nombres indistinto*. Buenos Aires: Manantial.

MOLLOY, Sylvia (1979): *Las letras de Borges*. Buenos Aires: Sudamericana.

MOLLOY, Sylvia (1996): *Acto de presencia. La escritura autobiográfica en Hispanoamérica*. México: FCE.

MONTALDO, Graciela (comp.) (1989): *Yrigoyen. Entre Borges y Arlt. (1916-1930)*. Buenos Aires: Cotrapunto.

MORENO, María (1994): «Dora Bovary (El imaginario sexual de la Generación del '80)». En Ludmer, Josefina (ed.): *Las culturas de fin de siglo en América Latina*. Rosario: Beatriz Viterbo.

Morillas, Enriqueta (ed.) (1991): *El relato fantástico en España e Hispanoamérica*. Madrid: Siruela.

Mosqueiro, Jorge (1975): «La aproximación a la realidad: Informe sobre la nueva novela policial 'dura' en Argentina». En: *La Opinión cultural*, 29/06.

Newman, Kathleen (1991): *Violencia del discurso: el estado auroritario y la novela argentin*. Buenos Aires: Catálogo.

Niebylski, Diana (1995): «Rearmando a la mujer desarticulada: estrategias de deconstrucció-reconstrucción». En: Mattalia, S. y Aleza, M. (coords.): *Mujeres, escrituras y lenguajes*. Valencia: Universidad de Valencia.

Onetti, Juan Carlos (1972): «Semblanza de un genio rioplatense». En: Lafforgue, Jorge (comp.): *Nueva novela latinoamericana II*. Buenos Aires: Paidós.

Paley, Marta (1975): «Entrevista a A. Bioy Casares». En: *Hispamérica*, 9.

Pagés Larraya, Antonio (ed.) (1957): *Cuentos fantásticos*. Buenos Aires: Hachette.

Panessi, Jorge (1994): «Identificaciones científicas y resistencias políticas». En: Ludmer, J. (ed.): *Las culturas de fin de siglo en América Latina*. Rosario: Beatriz Viterbo.

Pastor, Beatriz (1980): *Roberto Arlt y la rebelión alienada*. Gaithersburg: Hispamérica.

Pastormerlo, Sergio (1997): «Dos concepciones del género policial. Una introducción a la narrativa policial borgeana». En: *Literatura policial en la Argentina. Waleis, Borges, Saer*. Monográfico. *Revista de Facultad de Humanidades y Ciencias de la Educación*, 32, 1997.

Perilli, Carmen (1994): *Las ratas en la torre de Babel. La novela argentina entre 1982 y 1992*. Buenos Aires: Letra Buena.

Pezzoni, Enrique (1984): «Memoria, actuación y habla en un texto de Roberto Arlt». En: Shwarts, Lía/Lerner, Isaías (comps.): *Homenaje a Ana Marta Barrenechea*. Madrid: Castalia.

Peris, Llorca, Jesús (2003): «Gauchos en el mundo del 80. Eduardo Gutiérrez y Eugenio Cambaceres». En: *Quaderns de Filología*.

Pichón-Riviére, Marcelo (1987): «La novela policial en la Argentina». En: *Panorama*, 307, 15-21 de marzo.

Piglia, Ricardo (1973): «Roberto Arlt, una crítica de la economía literaria». En: *Los libros*, 29, marzo-abril.

Piglia, Ricardo (1993): «Quiroga y el horror». *La Argentina en pedazos*. Buenos Aires: La Urraca.

Piglia, Ricardo (1994): «Rodolfo Walsh y el lugar de la verdad». En: *Nuevo Texto Crítico*, VI.

Piglia, Ricardo (1999): *Las fieras (Antología del género policial en Argentina)* (1992). Buenos Aires: Alfaguara.

Ponce, Néstor (1996): «Un justiciero en busca de piedad: avatares del detective en el policial argentino». En: *Revista Río de la Plata*, no. 17-18. París. Julio.

PONCE, Néstor (1997): «Una poética pedagógica: Raúl Waleis, fundador de la novela policial en castellano». En: *Literatura policial en la Argentina. Waleis, Borges, Sae.* Monográfico *Revista de Facultad de Humanidades y Ciencias de la Educación*, 32.

PREMAT, Julio (2002): *La dicha de Saturno. Escritura y melancolía en la obra de Juan Jose Saer.* Rosario: Beatriz Viterbo.

PRIETO, Adolfo (1969): «El hombre que está solo y espera». En: *Estudios de literatura argentina.* Buenos Aires: Galerna.

PRIETO, Adolfo (1988): *El discurso criollista en la formación de la Argentina moderna.* Buenos Aires: Sudamericana.

RAMA, Ángel (1968): «Prólogo». En: Quiroga, Horacio: *Cuentos.* Vol. 4. Montevideo: Arca.

RAMA, Ángel (1972): *Diez problemas para la novelística latinoamericana.* Caracas: Tiempo Nuevo.

RAMA, Ángel (1974): *Literatura y praxis en América Latina.* Caracas: Monte Ávila.

RAMA, Ángel (1982): *La novela latinoamericna: panoramas 1920-1980.* Bogotá: Instituto Colombiano de Cultura.

RAMA, Ángel (1985): *Transculturación narrativa en América Latina.* México: Siglo XXI.

RAMA. Ángel (1985): *La ciudad letrada.* Hanover: Ediciones del Norte.

RAMA, Ángel (1987): *Más allá del Boom. Literatura y mercado.* México: Folio.

RAMA, Carlos (1978): *Historia de América Latina.* Barcelona: Bruguera.

RAPORT, Mariana (1991): «Cuando el crimen paga». En: *Clarín Revista*, 15/06.

RIVERA, Jorge B. (1975): «La generación arquetipista del 40». En: Lafforgue J. (comp.): *Nueva novela latinoamericana II.* Buenos Aires: Paidós.

ROCCA, Pablo (1996): «Las novelas, fronteras de la ficción». En: *Horacio Quiroga, el escritor y el mito.* Montevideo: Ediciones de la Banda Oriental.

RODRÍGUEZ CARRANZA, Luz (2000): «Populismos entre dos siglos». En: Mattalia, S./ Alcázar J. (coords.): *América Latina: literatura e historia entre dos siglos.* Valencia: Ediciones del Centro de Estudios Políticos y Sociales.

RODRÍGUEZ MONEGAL, Emir (1956): *El juicio de los parricidas.* Buenos Aires: Deucalión.

RODRÍGUEZ MONEGAL, Emir (1976): *Borges: hacia una interpretación.* Madrid: Guadarrama.

ROMERO, José Luis (1986): *Latinoamérica: las ciudades y las ideas.* Buenos Aires: Siglo XXI.

ROMERO, José Luis (1987): «La obra de la Generación del 80». En: *Las ideas en la Argentina del siglo XX.* Buenos Aires: Nuevo País.

ROZITCHNER, León (1988): «Exilio: guerra y democracia. Una secuencia ejemplar». En: Sosnowski, Saúl (comp.): *Representación y recontrucción de una cultura: el caso argentino.* Buenos Aires: EUDEBA.

Sábato, Ernesto (1945): «Geometrización de la novela». En: *Uno y el universo*. Buenos Aires: Sudamericana.

Saítta, Sylvia (1997): «Prólogo». En: *Tratado de delincuencia (Aguafuertes inéditas)*. Buenos Aires: La Página/Página 12.

Saítta, Sylvia (1998): *Regueros de tinta; el diario Crítica en la década de 1920*. Buenos Aires: Sudamericana.

Saítta, Sylvia (1999): «Delitos, infamias, misterios.» En: *Crítica. Revista Multicolor de los Sábados, 1933-1934*. Buenos Aires: Fondo Nacional de las Artes.

Saítta, Sylvia (2000): «De este lado de la verja: Jorge Luis Borges y los usos del periodismo moderno». En: *Variaciones Borges* 9.

Salessi, Jorge (1994): *Médicos, maleantes y maricas. (Higiene, criminología y homosexaulidad en la construcción de la nación argentina, Buenos Aires, 1871-1914)*. Rosario: Beatriz Viterbo.

Sarlo, Beatriz (comp.) (1960): *Martín Fierro 1924-1927*. Buenos Aires: Carlos Pérez.

Sarlo, Beatriz (1981): «Sobre la Vanguardia, Borges y el criollismo». En: VV.AA., *La crítica literaria contemporáne*. Buenos Aires: CEAL.

Sarlo, Beatriz (1985): *El imperio de los sentimientos*. Buenos Aires: Catálogo.

Sarlo, Beatriz (1989): *Una modernidad periférica. Buenos Aires 1920-1930*. Buenos Aires: Nueva Visión.

Sarlo, Beatriz (1994): «Borges y el criollismo urbano de vanguardia». En: *Punto de vista*.

Sarlo, Beatriz (1994): *Escenas de la vida posmoderna*. Buenos Aires: Ariel.

Sarlo, Beatriz (1995): *Borges, un escritor en las orillas*. Buenos Aires: Ariel.

Scavino, Dardo *et al.* (1997): *Literatura policial en la Argentina: Waleis, Borges, Saer*. La Plata: Universidad Nacional de La Plata.

Scroggins, Daniel (1981): *Las aguafuertes porteñas de Roberto Arlt*. Buenos Aires: Ediciones Culturales Argentinas.

Sinay, Sergio (1991): «El caso argentino». En: *Clarín Revista*, 15/06. Buenos Aires.

Sinay, Sergio (2006): «Una dama y los cadáveres» (entrevista con P. H. James). En: *Clarín, Revista*, 15/06.

Solari, Hipólito (1988): «Antidemocracia y democracia en la Argentina». En: Sosnowski, Saul (comp.): *Representación y reconstrucción de una cultura: el caso argentino*. Buenos Aires: EUDEBA.

Solostorevsky, Miran (1986): «"La muerte y la brújula": Parodia irónica de una convención genérica». En: *Neophilologus*, 70, pp. 547-554.

Sosnowski, Saúl (1976): *Borges y la cábala: la búsqueda del verbo*. Buenos Aires: Hispamérica.

Sosnowski, Saúl (ed.) (1981): *Más allá del boom, Literatura y mercado*. México: Marcha Editores.

Sosnowski, Saúl (comp.) (1988): *Representación y reconstrucción de una cultura: el caso argentino*. Buenos Aires: EUDEBA.

SUSAÑAVIA, Ricardo (1999): *Aproximaciones a la novela policial en Latinoamérica y su presencia en* Luna caliente *de Mempo Giardinelli.* Lima: Yachay.

TRILLA, J. (1983): «Cortázar: el boxeo y el jazz». Entrevista. En: Crespo, Antonio (comp.): (1995): *Confieso que he vivido y otras entrevistas.* Buenos Aires: LC Editor [disponible en <http://www.nodo50.org/Cortazar>].

ULLA, Noemí (1996): *La insurrección literaria. De lo coloquial en la narrativa rioplatense de 1960 y 1970: Puig, Ocampo, Cortázar, Bioy Casares, Somers, Ricci, Rozenmacher, Viñas, Peri Rossi, Benedetti, Mujica Láinez.* Buenos Aires: Torres Agüero.

VÁZQUEZ RIAL, Horacio (1994): *Frontera Sur.* Madrid: Alfaguara.

VÁZQUEZ RIAL, Horacio (comp.) (1996): *Buenos Aires (1880-1930). La capital de un imperio imaginario.* Madrid: Alianza.

VERDEVOYE, Paul (1991): «Orígenes y trayectoria de la literatura fantástica en el Río de la Plata a comienzos del Siglo XX». En: Moriilos Ventura, Enriqueta (comp.): *El relato fantástico en España e Hispanoamericana.* Madrid: Siruela.

VIÑAS, David (1966): «Arlt: humillar y seducir». En: *Marcha* 1298.

VIÑAS, David (1971): *Literatura argentina y realidad política. De Sarmiento a Cortázar.* Buenos Aires: Siglo XX.

VIÑAS, David (1973): *Literatura argentina y realidad política. La crisis de la ciudad liberal.* Buenos Aires: Siglo XX.

VV.AA. (1987): *Ficción y política. La narrativa argentina durante el proceso militar.* Buenos Aires: Alianza Editorial.

YATES, Donald (1971): «La novela policial en las Américas». En: *Letras Nuevas,* 7, enero-marzo.